Auténticas impostoras

Auténticas impostoras

Violeta Alcocer

Rocaeditorial

Penguin
Random House
Grupo Editorial

Primera edición: junio de 2024

© 2024, Violeta Alcocer
© 2024, Roca Editorial de Libros, S. L. U.
Travessera de Gràcia, 47-49. 08021 Barcelona

Printed in Spain – Impreso en España

ISBN: 978-84-19965-04-2
Depósito legal: B-7957-2024

Compuesto en Grafime, S. L.

Impreso en Liberdúplex
Sant Llorenç d'Hortons (Barcelona)

RE 6 5 0 4 2

A mis hijas

Índice

Introducción
Adaptarse a todo

Muchas creemos firmemente que merecemos los mismos derechos que los hombres pero, desde que nos levantamos hasta que nos acostamos, actuamos como si pensásemos lo contrario. Disimulamos, fingimos, agradamos, aceptamos, nos mordemos la lengua, negamos, sonreímos, nos hacemos las sordas, nos apartamos, ignoramos el cansancio, nos sometemos y ponemos toda nuestra inteligencia y energía en juego para estar tranquilas, para encajar y para encontrar nuestro supuesto lugar en el mundo.

Pero ¿y si hubiera un lugar para nosotras distinto al que nos han contado?

A lo largo de los más de veinte años que he ejercido como psicóloga me han interesado distintos ámbitos relacionados con la salud de las personas pero, si tuviera que quedarme con uno, me quedaría con los malestares de las mujeres.

Quizá porque considero que arrastramos una herida histórica, quizá porque me interesa especialmente cuestionar lo que nos parece normal, o quizá porque, una y otra vez, en mi consulta, me encuentro con mujeres que, independientemente de sus síntomas, comparten un denominador común: las dificultades para adaptarse a una sociedad que nos pide lo imposible y los esfuerzos que hacen para conseguir salir adelante a pesar de tanta exigencia, tanto juicio y tanta violencia.

«El hombre es un ser social por naturaleza; quien está fuera de la sociedad es un ser monstruoso o un dios». La cita se le atribuye a Aristóteles y solamente se equivocó en la segunda parte. Nuestra supervivencia depende, en gran medida, de la capacidad de vincularnos con otras personas; y una parte importante del comportamiento humano está encaminado a la búsqueda del sentimiento de pertenencia, guiado por el deseo innato de formar parte de una comunidad o grupo. Por eso haremos cualquier cosa que nos garantice que no vamos a ser objeto de exclusión. Y adaptarnos a cualquier precio al sistema social imperante es una de ellas.

La cuestión es que la sociedad, a lo largo y ancho del planeta, nos pide cosas muy distintas a hombres y mujeres.

Por ejemplo, en relación con las posiciones de poder y autoridad, mientras que a los hombres se les capacita para roles protagonistas en las instituciones y estructuras de la sociedad (como la política, la economía, la educación o la religión), a las mujeres se nos exige permanecer a un lado, bajo el pretexto de la complementariedad y las diferencias supuestamente naturales, y ocuparnos del ámbito doméstico y los cuidados. Pero si miramos más de cerca esta lógica de la media naranja, enseguida le vemos las costuras: dicha división de roles no se plantea en un plano de igualdad, sino de sumisión.

A las mujeres se nos pone al servicio del otro, y se espera que vivamos para cubrir los deseos y las necesidades de los hombres, que son los que se dedican a hacer las cosas consideradas importantes. Por ejemplo, la división sexual del trabajo, pese a ser uno de los ingredientes fundacionales de las sociedades patriarcales, está vigente en el siglo XXI, lo que implica que las mujeres seguimos teniendo menor acceso al poder y los recursos.

Los estereotipos de género sostienen este entramado con firmeza: las distintas representaciones de hombres y mujeres en la cultura, la educación y los medios de comunicación refuerzan la superioridad masculina y la sumisión femenina desde la infancia.

En 1998, la catedrática de Psicología en la Universidad de Córdoba Rosario Ortega propuso una interesante formulación de los ámbitos en los que podemos englobar los estereotipos ligados al género: cuerpo, capacidades intelectuales, carácter e interacciones sociales.

El cuerpo, en primer lugar, es uno de los territorios más fértiles para la proliferación de diferencias. Mientras que la masculinidad es fuerza, vigor, virilidad, habilidad, energía y rudeza, la feminidad es delicadeza, torpeza, fragilidad, ligereza y suavidad. Ellos van al gimnasio para muscular. Nosotras, para reducir. Mientras ellos rugen en manada para ensalzar su potencial sexual, nosotras nos debatimos ante el espejo para decidir qué partes han de ser mostradas y cuáles disimuladas para ser bonitas, femeninas.

En cuanto a las capacidades intelectuales, a los hombres se les atribuye un mejor desempeño en tareas científicas, técnicas y manuales, se les considera más exitosos, pragmáticos, lanzados, competentes, racionales, hábiles para las finanzas y resistentes al estrés propio de los puestos de poder, mientras que a las mujeres se nos asignan habilidades cooperativas y organizativas, y se nos considera humildes (menos ambiciosas), soñadoras, sensatas y menos capacitadas para el liderazgo y la gestión de asuntos complejos como la economía o la política. Los hombres, para serlo, han de demostrar que son unos cracs y que ellos saben de lo que

15

hablan, mientras que las mujeres hemos de contemporizar, arrimar el hombro y dejarles a ellos los asuntos de calado. En la dimensión afectiva, al género femenino se le atribuye mayor emotividad. De nosotras se espera que seamos, tranquilas, románticas, educadas, miedosas, intuitivas, bondadosas, generosas y amables. De los hombres se espera una mayor estabilidad emocional y se les considera nobles, inquietos, perseverantes, orientados al logro, con carácter, despreocupados, celosos, valientes y autosuficientes. Las mujeres nos esforzaremos por modular nuestros excesos emocionales para no ser tachadas de exageradas, inestables o histéricas, mientras que ellos tratarán de cultivar y mostrar una gran seguridad en sí mismos.

Por último, en las relaciones sociales, a las mujeres se nos asigna una mayor habilidad para la comunicación, pero se espera que seamos conciliadoras, amables, pacíficas, hogareñas, serviciales, sencillas y reservadas. En ellos se valora que sean espontáneos, ingeniosos, violentos, competitivos, asertivos, aventureros, territoriales, independientes, directos e inconformistas, de forma que encontrarán el terreno abonado para hacerse notar y abrirse camino aunque sea a codazos, mientras que nosotras más bien habremos de estar atentas para barrer los desperfectos y ser la prudencia personificada.

La conclusión es paradójica: los hombres tienen que esforzarse en parecer lo que no son (ensalzando sus atributos físicos, emocionales, intelectuales y expandiéndose en todos los sentidos), mientras que las mujeres ponemos toda nuestra energía en no parecer lo que en realidad somos. En ocultar la realidad, disimular, cerrar la boca, ocupar poco espacio y mostrarnos predecibles, amables, conformes y agradables a la vista.

Que el mundo está hecho a partir de una cosmovisión masculina es un hecho prácticamente irrefutable: las mujeres hemos sido y somos las grandes ausentes en la cultura, la historia, la literatura, el cine, la ciencia, la economía y, en definitiva, en casi todos los ámbitos de la existencia humana.

¿Dónde estábamos nosotras?, ¿qué hacíamos mientras nuestros coetáneos ganaban premios, planificaban ciudades, intercambiaban cabras o daban discursos de agradecimiento? Probablemente, estábamos disimulando.

Es cierto que todo el mundo puede sentir la presión social de ocultar, fingir o falsear la verdad. Sin embargo, somos las mujeres las que ocupamos el trono dentro del mundo de la falacia porque, en más ocasiones de las que nos gustaría reconocer, tenemos que poner en marcha una realidad paralela a la propia para salir airosas de nuestras propias vidas. En prácticamente todos los ámbitos (la apariencia física, el comportamiento sexual, las responsabilidades familiares y las elecciones profesionales, entre otras) las mujeres, en todas las partes del mundo, tenemos que lidiar con mandatos explícitamente restrictivos sobre lo que se espera de nosotras, desde niñas. Y con ello nos alejamos cada vez más de nosotras mismas y de nuestra salud física y mental.

Por eso, si lo que queremos es reencontrarnos con nuestra verdad, tendremos que mirar de cerca nuestras mentiras.

La periodista Lux Altpraum, una estudiosa del fenómeno de las mentiras femeninas en el ámbito de la sexualidad, explicó en 2018 en su libro *Faking it* que las mujeres «mentimos porque eso hace nuestras vidas diarias más sencillas, mentimos porque así nos mantenemos a salvo, mentimos porque nadie nos cree cuando decimos la verdad. [...] pero, sobre todo, mentimos porque el mundo espera que encajemos con un estándar imposible; a menudo, es la única manera que tenemos de ir por la vida con nuestra cordura intacta».

Pero merece la pena hacer una aclaración. Aunque la palabra «mentira» es útil para describir ciertos comportamientos, mentir no es exactamente (o al menos, no solo) lo que hacemos las mujeres. Lo que hacemos es impostar: la mentira tiene una finalidad de engaño que es voluntaria y consciente, mientras que la impostura es, muchas veces, inconsciente, compleja y abarca una gran magnitud de estrategias en distintos ámbitos, incluyendo, en muchos casos, la interiorización de un sistema de valores que poco o nada tiene que ver con nosotras mismas, a fin de encajar y evitar el alto precio que solemos pagar si no lo hacemos, ya que nuestra salud física y mental están comprometidas desde la cuna.

De hecho, según la Encuesta Nacional de Salud de 2017, en Atención Primaria, 8 de cada 10 personas que acuden por síntomas para los que no se encuentra causa médica (dolor inespecífico, problemas de sueño, palpitaciones, vértigo, cansancio, irritabilidad...) somos mujeres. Los diagnósticos de depresión y ansiedad en mujeres duplican las cifras de los hombres. Los intentos de suicidio son, aproximadamente, tres veces más frecuentes entre nosotras, y de cada 10 personas que consumen antidepresivos o ansiolíticos en España, más de 8 son mujeres.

En la Encuesta Europea de Salud en España de 2020 los hombres declaran tener mejor estado de salud que las mujeres. Y su percepción no les engaña: nosotras requerimos más hospitalizaciones, tenemos más problemas de salud crónicos, menos autonomía funcional, más accidentes, y nos encontramos más limitadas que ellos para realizar actividades cotidianas.

Teniendo en cuenta que, paradójicamente, en nuestro país las mujeres tenemos mayor esperanza de vida que los varones, estos resultados dan mucho que pensar: vivimos más, pero vivimos peor.

Este libro, por tanto, describe los hechos y pretende también defender los derechos. El derecho a fingir, a callarse, a ocultarse y a disimular, si eso es lo que queremos, y el derecho a hacer exactamente lo contrario. A lo largo de estas páginas, reivindico que esa elección no sea el eje sobre el que se articula nuestra existencia. El escenario en el que me gustaría vernos es aquel en el que dejemos de estar sometidas a examen en todos los aspectos de nuestra vida. Ese y no otro debería ser nuestro lugar en el mundo.

El deseo que expresan estas páginas es, por tanto, que el autoconocimiento nos acerque a las condiciones necesarias para mantener nuestra dignidad, nuestra salud mental y un entorno justo en el que crecer con nuestras criaturas y nuestros compañeros y compañeras de vida.

Para ello, propongo poner el foco en todo aquello que damos por verdadero y bueno y preguntarnos: ¿bueno para quién?

1

Imagen, expectativas y presiones estéticas

> Con trece años empecé a preocuparme por mi aspecto. Me comparaba constantemente con mis amigas, mis primas..., todas tenían mejor cuerpo que yo. Así que probé a disimular las cartucheras con una faja, y me sentí mejor. Como mi cuerpo seguía creciendo, yo seguía haciendo de todo para impedirlo: me saltaba comidas, me compraba ropa para disimular los muslos. Sé que suena raro, pero cuantas más tallas aumentaba, más fajas me ponía. Así que, con quince años, iba al instituto con cuatro fajas, una encima de la otra. Nadie lo supo nunca.
>
> Carmen, 26 años, enfermera

Gente guapa

La preferencia por lo que nos resulta atractivo es universal: colores brillantes, exuberantes plumajes, cuerpos y cuernos de gran tamaño, olores corporales o cantos y vocalizaciones armoniosos. Y Brad Pitt. O Kim Kardashian.

Su truco para conseguir ese atractivo, a diferencia del resto de los animales, consiste en la manipulación consciente de señales visuales, desde el corte de pelo o la ropa hasta el uso de herramientas culturales como los medios de comunicación o determinadas profesiones, en lugar de deberse a cambios genéticos y evolutivos.

¿Quién está dispuesta a esperar a que la evolución haga su trabajo pudiendo comprarse una buena paleta de maquillaje? Nadie que sepa lo que la ciencia confirma: a las personas que son consideradas atractivas se les ofrece mejor trato, más oportunidades sociales, laborales, de pareja, y hasta mejor trato jurídico en procesos penales.

Pero ¿en qué consiste el atractivo? Si nos centramos en el aspecto físico, al parecer existen algunos marcadores que se consideran deseables en todas partes y que funcionan para ambos sexos: la simetría del rostro y del cuerpo o determinada combinación de olores son irresistibles para nuestro lado más animal.

Sin embargo, más allá de esos aspectos básicos, a la hora de definir lo que consideramos atractivo, la influencia más potente sobre la imagen corporal son los matices culturales. Por eso la cosa se complica cuando la sociedad patriarcal y sus imperativos entran en juego.

Partiendo de la base de que dos de los estereotipos femeninos estrella en las sociedades occidentales son la fragilidad y la inocencia, su correlato en términos de imagen corporal serán, por lógica, la delgadez y la juventud.

En los últimos años, además, con la aparición de los filtros faciales en las redes sociales, la atención se ha desplazado también hacia el rostro como una forma de completar el maniquí de mujer occidental blanca y delgada: narices finas, mandíbulas estrechas y labios carnosos, ojos almendrados, pestañas infinitas y rubor adolescente son los nuevos paradigmas del rostro perfecto, en línea con el resto del cuerpo.

No queda ahí la cosa. Otro de los mandatos de la feminidad es el de resultar sexualmente atractivas. Por tanto, a un cuerpo desvalido, aniñado y sin curvas, hay que añadirle, para cumplir con los cánones, tres elementos que supuestamente van a estimular el deseo del hombre: pechos prominentes (pero no demasiado) y glúteos firmes y redondeados.

Todos estos atributos, bien dispuestos, se equiparan ya no solo a la atracción, sino a la categoría social, el éxito, la felicidad y la deseabilidad social. Diversos estudios han demostrado que se espera que las personas atractivas obtengan mejores resultados en el trabajo, en la escuela y en la vida, y, por tanto, se les ofrecen mejores oportunidades. Y en este sentido, el género importa: es a nosotras a quienes se nos exige tener mejor aspecto físico, en todos los ámbitos.

Un poco de historia

El canon femenino no es nuevo. Nuestro cuerpo ha sido ampliamente representado (principalmente por hombres) a lo largo de los siglos en distintas manifestaciones artísticas y culturales. Gracias a esta mirada, podemos tener una incontestable información sobre lo que en la historia de Occidente se ha entendido y se entiende por un «cuerpo de mujer».

Si ya la *Venus de Willendorf* funciona como una primitiva declaración de intenciones sobre lo que se esperaba de una buena moza —grandes senos y caderas anchas eran un anuncio andante de fertilidad y abundancia—, *El nacimiento de Venus* de Botticelli en el Renacimiento o *Las tres gracias* de Rubens en el Barroco suben la apuesta y proponen un cuerpo de mujer voluptuoso, sí, pero frágil y manejable: manos y pies finos, tez blanca, mejillas sonrosadas y cabello largo; en definitiva, una imagen sensual pero a todas luces vulnerable.

Pero ¿cómo conseguían nuestras antepasadas parecerse a una dama de cintura de avispa y boca de pitiminí si se daba el caso de que la materia prima no era precisamente fina? Las pelucas, el corsé, los encajes y el maquillaje vinieron a socorrer a todas esas señoras que empezaban a hacer malabarismos para parecerse a sus representaciones.

No es difícil imaginar que, ataviadas con toda esa indumentaria y asfixiadas por los corsés, el rango de acción femenino no fuera demasiado amplio: las señoras no podían correr, practicar deporte, saltar, agacharse ni simplemente respirar. Y todo por encajar en el molde. Sin embargo, el sacrificio merecía la pena, porque aquellas que cumplían con las normas de belleza de su época tenían más posibilidades de conseguir un buen matrimonio o acceder a oportunidades económicas y sociales (aunque sin salirse del esquema clásico de subordinación y dependencia).

Con los avances sociales llegaron también los avances corporales, y a partir del siglo XIX empezaron a cambiar las cosas: la Revolución industrial trajo consigo la incorporación de las mujeres a las fábricas y avances tecnológicos como la máquina de coser, que, al ofrecer nuevas posibilidades de vestimenta, cambiaron además las posibilidades corporales de las mujeres. Fueron años de desafíos al poder, de reclamación de derechos políticos y sociales y de cuestionamiento del lugar de las mujeres en el mundo. Bien por ellas.

En 1881, por ejemplo, se fundó en Londres la Rational Dress Society (Sociedad para el Vestido Racional), que editó una gaceta para publicar su «protesta contra la introducción de ninguna moda en el vestido que deforme la figura, impida los movimientos del cuerpo o perjudique la salud». Protestaban contra los corsés excesivamente apretados, los

zapatos de tacón muy estrechos o los voluminosos miriña-
ques, y proponían, como regla general, que el atuendo femenino no debía pesar más de siete libras.

Es verdad que la moda se transformó para adaptarse a
las nuevas actividades femeninas (laborales, culturales y deportivas). Pero hasta finales del siglo XX y con más o menos
fajas, lencería, hombreras y tacones, los cuerpos delgados
y los pechos voluptuosos siguieron marcando tendencia
(con algunas andróginas excepciones en los años veinte y
sesenta, como la bailarina Louise Brooks o la actriz Audrey
Hepburn, que llevaban por camerinos de todo el mundo sus
cuerpos delgados y sin curvas, muy en línea también con el
ideal de mujer frágil).

Desde entonces poco ha cambiado. Sobre el cuerpo femenino recaen las exigencias de siempre y llegamos a los
inicios de nuestro siglo con las pasarelas apostando por la
delgadez extrema como parte del ideal de belleza. En cualquier caso, unos glúteos y unos pechos explosivos en un
cuerpo delgado siguen siendo un pasaporte válido para ser
considerada bella.

En mitad de estos extremos, en la actualidad el imperati-
vo es la llamada «belleza natural», que no es otra cosa que
la belleza de siempre (es decir, delgada, joven y deseable),
pero sin que se note el artificio.

Así, aunque los roles de género femeninos se flexibilizan
con el transcurso de los años y las mujeres vamos ganando
espacios para nosotras más allá de lo doméstico, las nuevas
representaciones del ideal de belleza mantienen la huella de
la identidad femenina primitiva: frágil y deseable. La sociedad evoluciona, sí, pero siempre bajo los mismos códigos
estructurales que nos mantienen en una posición social su-
bordinada.

En nuestra cultura, el aspecto, y en particular la juventud, la figura sensual y el bajo peso son uno de los ejes en función de los cuales nos evaluamos y nos valoramos a nosotras mismas. Lo vemos a diario en la consulta: independientemente de la edad de la paciente, casi todas las mujeres están, de alguna manera, en conflicto con su aspecto.

La imagen que perseguimos, sin embargo, es imposible. El ideal actual occidental para las mujeres es alcanzable por una parte muy pequeña de la población femenina, y eso solo en términos de peso y tamaño. Si además queremos una cara bonita y unas proporciones determinadas, el número de afortunadas es mínimo.

Solo a través de la impostura podemos optar a lo que se espera de nosotras.

El cuerpo femenino como bien social

Las claves del cuerpo femenino no están en el qué, sino en el porqué y desde cuándo.

Varias historiadoras defienden que la apropiación del cuerpo de las mujeres —y más concretamente, de nuestra capacidad sexual y reproductiva— para el posterior beneficio de las sociedades patriarcales ocurrió antes de la formación de la propiedad privada y la sociedad de clases. Es decir, que el cuerpo de las mujeres fue la primera propiedad de los hombres, antes que el trigo, los bueyes y las tierras.

El intercambio de mujeres, fenómeno que se observa en numerosas sociedades primitivas en distintas partes del mundo, ya sitúa el cuerpo femenino en el plano de la cosificación; en este caso, como un bien intercambiable. Los antropólogos Claude Lévi-Strauss y Claude Meillassoux señalan esta práctica como principal causa de la subordinación femenina y también como el origen de la división sexual del trabajo y la propiedad privada.

En las tribus que subsistían gracias a la caza y la recolección, tanto hombres como mujeres y niños de uno y otro sexo participaban en la producción y consumo de los alimentos y objetos que necesitaban para subsistir. Y dado que las relaciones sociales tenían un carácter desestructurado e inestable, no era necesario el parentesco ni los intercambios entre tribus.

Cuando comenzaron a cosechar, la disponibilidad de los alimentos se volvió inestable y sujeta a cambios climáticos, por lo que en los años de malas cosechas el grupo dependía de la caza, la pesca y la recolección para alimentarse y sobrevivir. Empezaba a hacer falta un cierto equilibrio demográfico entre hombres y mujeres, que se consiguió a través del hurto de mujeres de otros grupos, dado que ellas tenían tanto la capacidad reproductora como la de trabajo.

Con el desarrollo de la agricultura, los requisitos para sacar adelante las cosechas hicieron que fuera aún más necesaria la cohesión de grupo, lo que dio paso al nacimiento de la unidad doméstica o familia, como eje desde el cual se podían asegurar los bienes y su continuidad en el tiempo. En este punto, los hombres aprendieron a instaurar la dominación y la jerarquía sobre otros pueblos mediante el dominio de las mujeres, tanto las propias como las ajenas. Separar a las mujeres de su tribu a la fuerza (el rapto de la novia), la violación ritual (desfloramiento) y los matrimonios acordados son algunos arcaicos ejemplos del uso del cuerpo de las mujeres como moneda de cambio.

Finalmente, esta subordinación sexual —corporal— quedó institucionalizada en los primeros códigos jurídicos y, por distintas vías impositivas a lo largo de los siglos, la han seguido el resto de las subyugaciones.

El derecho de las mujeres ya no a decidir sobre nuestros cuerpos, sino a ser dueñas de los mismos es entonces el primer derecho y la primera propiedad que perdimos y que nunca hemos recuperado por completo. Nuestros cuerpos dejaron de pertenecernos muy pronto para quedar a las órdenes del marido como máquina de trabajo doméstico, sexual y reproductivo, a disposición de la tribu como bien intercambiable y bajo el poder del Estado, que legisla la presencia o ausencia de esos cuerpos en la vida pública.

La imagen de las mujeres en este escenario se ve atrapada por lo que es apropiado frente a lo que no lo es, conscientes como somos de que cualquier aspecto relacionado con el cuerpo es una auténtica declaración de intenciones.

Si mostramos o no mostramos, si ocupamos más o menos espacio, si somos más o menos vistosas..., el cuerpo femenino es un lienzo sobre el que dibujar no quiénes somos realmente, sino quiénes queremos ser, cómo queremos que nos vean, nos traten, a quiénes queremos conformar, excitar o calmar. Porque nuestros cuerpos, como objetos que cualquiera puede coger y utilizar, se leen y se interpretan como un libro abierto.

La pregunta «¿Qué llevaba puesto?» a las mujeres víctimas de violencia sexual es un ejemplo perfecto de cómo la sociedad nos advierte de que nuestros cuerpos van a estar siempre sujetos a la mirada e interpretación de los otros —sus dueños— y nos alerta del riesgo de sufrir distintos tipos de violencia si no emitimos los mensajes adecuados.

Nuestra sociedad ha evolucionado durante siglos con el germen de que el cuerpo femenino existe para conformarse a las necesidades del otro, para darles respuesta y para hacerlas propias. Por eso el estándar de belleza femenina y sus normas no son sino una forma moderna de aplicar el viejo control social y político sobre las mujeres.

Vigilar la propia imagen para que se adapte a los imperativos estéticos es el equivalente a vigilar nuestro lugar en el mundo, a asegurarnos la protección social y a evitar el castigo por desobedecer.

Cortar, borrar, pegar

Está claro que en la actualidad hombres y mujeres vivimos bajo una alta presión estética y que esta se encuentra estrechamente relacionada con los estereotipos de género y catapultada hasta la demencia por la sociedad de consumo y los medios de comunicación. Y dentro de este entramado, es el cuerpo femenino sobre el que se ejercen los mayores requerimientos y exigencias.

Los niños, por ejemplo, pasan por una breve fase de relativa insatisfacción con su apariencia en la adolescencia temprana, pero los cambios físicos asociados a la pubertad pronto los acercan al ideal masculino: se vuelven más altos, más anchos de hombros, más peludos, más musculosos y viriles.

En el viaje hacia el cuerpo adulto, los niños ya cuentan con todo el aliento para darle espacio a su desarrollo natural y reciben múltiples mensajes en esa dirección: potenciar el desarrollo muscular por medio de la práctica de deportes, alimentarse concienzudamente para dar el estirón, desarrollar vello facial y corporal y mostrar todo ello con orgullo va a garantizar su éxito social y personal.

Para las niñas, sin embargo, la insatisfacción corporal empieza mucho antes (un alto porcentaje de alumnas de primaria ya piensa que tiene sobrepeso o rechaza partes de su cuerpo), y la pubertad empeora las cosas.

Los cambios físicos normales a esa edad (aumento de peso y grasa corporal, especialmente en las caderas y los muslos), lejos de acercarlas, las alejan del ideal cultural. Según los datos con los que contamos, hasta dos tercios de las niñas de doce años con bajo peso se consideran demasiado gordas. A los trece, al menos la mitad están significativamente descontentas con su apariencia. A los catorce, las insatisfacciones específicas crecen y se focalizan en caderas y muslos. A los diecisiete, solo 3 de cada 10 niñas no se han puesto a dieta y hasta 8 de cada 10 no se muestran contentas con lo que ven en el espejo.

La presión que experimentan es inversa a la que reciben los niños. Cuando llegan a la pubertad, las niñas se dan de bruces con la exigencia de ocultar y controlar por todos los medios el desarrollo, para no resultar demasiado altas, demasiado peludas, demasiado exuberantes, demasiado expansivas, demasiado sexuales o demasiado poco.

Los mensajes culturales ofrecen instrucciones muy claras sobre cómo podemos manipular nuestro aspecto para resultar atractivas, pero sobre todo nos enseñan a odiar y a temer nuestros cuerpos desde niñas, hasta el punto de que muchas veces deseamos desaparecer.

Así, la mayor parte de los esfuerzos que las mujeres hacemos de cara a sostener una imagen aceptable tienen que ver con el borrado de la realidad. Bien sea a través de la eliminación y afinamiento de supuestas imperfecciones faciales y corporales, bien sea a través de la creación de volúmenes que reemplazan a los originales, el objetivo es no ser las que somos, sino una versión de nosotras mismas más sutil y detenida en el tiempo.

La aplicación del sistema de premios y castigos sociales, además, difiere en su lógica dependiendo de si eres hombre o mujer. Mientras que el cuidado masculino se valora y genera reconocimiento social, el cuidado femenino se da por hecho —aunque no exento de críticas— y se penaliza socialmente si no se atiende: una mujer con un peso superior a la media, con el pelo sin teñir o más vello corporal de lo esperable (algo que vemos todos los días en hombres de toda condición y no pasa nada) automáticamente es considerada por una mayoría como descuidada, sucia y desubicada.

Encontramos un ejemplo perfecto de este sesgo en las películas y series de televisión: los actores maduros siguen trabajando durante años y son especialmente bien considerados aquellos que cuidan su aspecto (maduros interesantes), mientras que las actrices maduras ven volar sus ofertas de trabajo hasta desaparecer. Aunque se esfuercen por mantenerse bellas, su pecado es simplemente cumplir años.

El deseo de ser jóvenes y delgadas se incorpora como propio en todas las mujeres occidentales y lleva aparejado, sin remedio, el miedo a ser viejas, feas y gordas. Por eso las mujeres nos lanzamos al cuidado personal, no tanto para acercarnos al ideal, sino para evitar su contrario.

Para nosotras, una forma de adquirir bienestar personal es ir a la peluquería o a hacernos un tratamiento facial cuando nos sentimos mal o hemos tenido una semana dura: aunque no seamos conscientes, llegamos a los tratamientos de belleza desde el miedo y las emociones negativas, por eso la belleza se convierte en ese lugar seguro donde nadie puede hacernos daño. La presión estética es tan grande que nadie puede culparnos por ello. Como decía Jessica Rabbit en la película *¿Quién mató a Roger Rabbit?*: «Yo no soy mala, es que me han dibujado así».

El uso de tratamientos y procedimientos cosméticos para mantener la belleza es prácticamente obligatorio en la industria del entretenimiento y entre muchas celebridades, pero el asunto no es nuevo. Por ejemplo, la actriz Joan Crawford, en la era dorada de Hollywood, ya era bien conocida por su meticuloso cuidado de la piel y por someterse a múltiples cirugías plásticas. Y a Rita Hayworth le depilaban el vello de la frente para disimular sus raíces latinoamericanas.

En la actualidad ni siquiera es necesario pasar por el quirófano. El llamado *beauty work* no es ni más ni menos que un trabajo estético digital: borrado de arrugas, estiramiento de mejillas, eliminación de ojeras o lo que demande la industria cinematográfica o publicitaria.

Precisamente, la aplicación sistemática del borrado digital en revistas de moda ha generado no pocas controversias. En 2015 la actriz Inma Cuesta denunció a través de sus redes sociales el impacto que le causó ver su imagen corporal totalmente distorsionada en la portada del suplemento dominical de *El Periódico*:

> Verte y no reconocerte, descubrir que tu imagen está en manos de personas que tienen un sentido de la belleza absolutamente irreal.
>
> Imagino que era necesario resaltar el azul cobalto del vestido, quitar algunos pliegues del mismo y subir los niveles de luz para hacer brillar más mi piel, pero no entiendo la necesidad de retocar mi cuerpo hasta dejarme casi en la mitad de lo que soy, alisar mi piel y alargar mi cuello hasta convertirme casi en una muñeca sin expresión.

Un par de años más tarde, en 2017, la actriz Lupita Nyong'o denunció el tremendo alisado que la edición inglesa de la revista *Grazia* hizo de su pelo afro. Lupita expresaba en estos términos su disconformidad con el retoque:

> Como he dejado claro muy a menudo con cada fibra de mi ser, abrazo mi herencia natural pese a haber crecido pensando que la piel clara y el pelo sedoso eran los estándares de belleza. Ahora sé que mi piel oscura y mi pelo indomable también son bellos.

De hecho, el uso de blanqueadores y alisadores provoca que las mujeres negras presenten niveles más altos de productos químicos en su sangre que las blancas, ya que muchos de estos productos contienen sustancias como mercurio o disruptores endocrinos. En África, América o la India, la piel oscura se asocia a los estratos sociales más bajos, y conseguir una tez clara puede llegar a ser una obsesión. Las cifras no mienten: el 61 por ciento del mercado de dermatología lo copan las cremas blanqueadoras.

Pero el paraíso absoluto de la belleza y los retoques lo encontramos en las redes sociales. Filtros para poner, quitar, realzar y cambiar caras y cuerpos tenemos para todos los gustos. Y si pensábamos que no podíamos ir más allá, la inteligencia artificial ha llegado para demostrarnos que estábamos equivocadas: filtros faciales como el Bold glamour, de TikTok, han llegado para llevar el deseo de ser otra persona a su máxima expresión, generando imágenes en movimiento tan perfectas que son casi indistinguibles de la realidad. Lo que hace el filtro es, básicamente, convertir a cualquier mujer en una quinceañera sin acné... y sin pezones, por favor.

El movimiento FreeTheNipple tuvo su boom en las redes sociales en 2014 y coincide con el estreno ese mismo año del documental *Free the nipple* de la actriz Lina Esco. En él se aborda el hecho de que, en gran parte de Estados Unidos (y del mundo), mostrar el pecho femenino (especialmente el pezón) se considera inadecuado, y cómo esta censura se trasladó a la normativa de las redes sociales, que prohíben y borran las publicaciones que contienen pezones de mujeres. El asunto de los pezones *despistados* no es nuevo. Recordemos el escándalo del pezón a la deriva de Janet Jackson en 2004 durante su actuación en la Super Bowl o, mucho antes de aquello, en la Nochevieja española de 1987, cuando uno de los pechos de la cantante italiana Sabrina se salió de su corsé y provocó una auténtica revolución. Ambos sucesos fueron similares, pero el tratamiento que se les dio fue completamente distinto: mientras que el americano fue visto como muy bochornoso, el español fue aplaudido por una gran legión, sobre todo de señores. Y es que la censura sobre nuestro cuerpo termina cuando empieza el espectáculo para los hombres, es decir, que no se puede enseñar el pezón a menos que lo hagamos para excitarlos sexualmente.

Aplicando esta lógica del poder de sexualización instantáneo del pezón, no es difícil sacar la conclusión de que los pezones, dejados a su aire, son potentes disparadores de deseo. Son algo que mejor hay que tapar si queremos andar por la vida más seguras, y prueba de ello es la cantidad de productos, como los cubrepezones de silicona, que se encuentran presentes ahora mismo en los cajones de multitud de mujeres (especialmente adolescentes) para que no se note ni la más mínima protuberancia en sus pechos.

En palabras de Sergio Fernández, vicepresidente segundo de la SEME (Sociedad Española de Medicina Estética), «el uso de las redes sociales, la posibilidad de usar filtros y la aparición de aplicaciones que permiten cambiar el rostro han contribuido a generar nuevas necesidades en pacientes jóvenes». De hecho, si antes la edad media de entrada a la medicina estética era de treinta y cinco años, en la actualidad las chicas de veinte ya demandan rellenos de ácido hialurónico en labios y toxina botulínica.

Según el Estudio de Dimensionamiento e Impacto Social de la Medicina Estética en España, publicado en 2021, el 40 por ciento de la población española utilizó los servicios de medicina estética en alguna ocasión. El 71,8 por ciento eran mujeres. En cuanto a la cirugía estética, en España se realizan en torno a las 400.000 intervenciones al año. El 83,4 por ciento se practica a mujeres y el 16,6 por ciento a hombres. El objetivo, sobre todo en las jóvenes, es parecerse a su imagen en las redes sociales.

La insatisfacción alcanza también a las zonas más íntimas. Según el último informe de la Sociedad Española de Cirugía Plástica Reparadora y Estética, en España el número de cirugías genitales ha aumentado exponencialmente en muy pocos años; en 2021 se sometieron a ellas 636 hombres y 3.294 mujeres, de las cuales 74 eran menores de edad.

Sam Hil Atalanta explica en su fantástico proyecto The Vulva Gallery:

> Todas las vulvas son únicas, al igual que nuestras manos, narices y ojos. Sin embargo, generalmente solo se muestra un tipo de forma de vulva en los medios populares. Ya sea en revistas, en el porno convencional o incluso en libros de biología, en todo el mundo nos enfrentamos constantemente a una imagen distorsionada de la vulva «perfecta», presentada como «normal». Esto nos ha llevado a muchas de nosotras (que lucimos diferentes a esta vulva «perfecta») a creer que

no encajamos en la imagen normal. Como resultado, niñas con solo nueve años están investigando en línea sobre la cirugía de labioplastia (el procedimiento quirúrgico que altera la apariencia estética de los labios y/o el capuchón del clítoris), y en los últimos años estamos viendo un fuerte aumento global de niñas menores de quince años que se someten a una cirugía genital, lo que convierte este procedimiento en uno de los tipos de cirugía estética de más rápido crecimiento en el mundo.

Pero ni las creaciones digitales ni las intervenciones estéticas que las siguen son fruto del azar. Ni siquiera, como se excusan las empresas responsables de las mismas, forman parte de un criterio editorial o de la voluntad de ofrecer a las usuarias una forma de experimentación creativa.

La realidad es que siguen unos patrones muy concretos, descritos a la perfección por la socióloga Esther G. Pineda al hablar de los ingredientes que conforman los cánones actuales de belleza. En primer lugar, el cuerpo concebido como partes modificables, intercambiables e intervenibles, que se alteran mediante filtros de forma selectiva. En segundo lugar, la ausencia de defectos y la eterna juventud, que se manifiestan en la ausencia de mujeres adultas sin retocar en la publicidad y la industria de la belleza. En tercer lugar, el rechazo a la fealdad, que genera diferentes formas de violencia, como la manipulación de la propia imagen por parte de terceros y el acoso. Y por último la exclusión de toda belleza alternativa a la europea, mediante la presencia controlada o el borrado de cualquier tipo de diversidad racial, étnica y fenotípica en la industria de la moda.

Si el cuerpo femenino es un mensaje, cuando creemos que ese mensaje no es el adecuado, las mujeres vamos a hacer lo imposible por esconderlo. Esto es lo que les sucede a los millones de mujeres en todo el mundo que abren el armario no con la intención de vestirse, sino de esconderse, independientemente del cuerpo que tengan.

El denominador común de esta conducta es el rechazo del cuerpo o algunas de sus partes. Y la impostura viene dada por la elección de aquellas prendas y complementos que van a servir de cortina de humo para esos supuestos defectos. Prendas de ropa y tejidos que, combinados de una determinada manera, van a crear el efecto óptico deseado, fajas incluso para los brazos y la espalda, ropa interior o deportiva con la capacidad de reducir y elevar son algunos ejemplos del arsenal de productos textiles disponibles para ocultarnos y reemplazar nuestra verdad por otra.

El maquillaje y los distintos artilugios diseñados para terminar de darle forma a la necesidad de esconder supuestos defectos nos permiten completar el ritual. El maquillaje actual, por ejemplo, está marcado por el uso de técnicas y productos profesionales que, gracias a las redes sociales, están al alcance de prácticamente todo el mundo. La máxima expresión de estas técnicas se encuentra en el llamado «contorno» (más conocido como *contouring*), que utilizado por actores de teatro durante la época isabelina, posteriormente modernizado por las drag queens y popularizado por las hermanas Kardashian, actualmente se utiliza para exagerar y transformar la estructura ósea de la cara y conseguir efectos como el cincelado de pómulos o la transformación de la forma de la nariz y la línea de la mandíbula.

Y siguiendo con la construcción del arquetipo femenino, llegamos a uno de los territorios más significativos: el cuidado del pelo, la melena, las cejas, las pestañas y la depilación son un peaje ineludible en la construcción de toda mujer.

Quizá, de todas las disidencias, la del pelo es la más temida y castigada por la sociedad. Especialmente el vello de las piernas, ingles y axilas. Pero también el vello facial, de los brazos, la aureola del pezón u otras partes del cuerpo han de someterse a la desaparición, hasta el punto de que muchos hombres desconocen que las mujeres también podemos tener barba, bigote o entrecejo (también desconocen que podemos ser calvas). Hemos crecido viendo cuerpos de mujeres depiladas, ¿cómo van a saberlo?

Lourdes León, la hija de Madonna, en su debut como modelo en la Semana de la Moda de Nueva York en 2018, desfiló por la pasarela sin depilar, lo que suscitó una durísima oleada de críticas y fue noticia en diversos medios. La ropa que vestía dejó de importar y toda la atención se desplazó a su vello. Si algo tan simple puede generar tantas reacciones es que estamos ante un factor que tiene una inmensa carga simbólica.

La ilustradora Flavita Banana materializa de forma genial este fenómeno en un dibujo en el que una mujer señala asustada, con el brazo levantado, el impacto inminente de un meteorito en llamas, mientras que un señor mira horrorizado no el meteorito, sino el vello en sus axilas.

El pelo no solo ha sido un indicador de género a lo largo de la historia, sino también de la condición social, económica, religiosa e incluso de raza, en particular de las mujeres. No en vano, las tres religiones monoteístas han obligado a las mujeres a ocultar su pelo, bien mediante el rapado y uso de pelucas, bien mediante el uso del hiyab, del *nicab*, del chador y del burka, o bien cubriéndose la cabeza para entrar en la iglesia.

Sin embargo el pelo femenino también ha funcionado como castigo político: en nuestro país el rapado de cabeza y la humillación pública posterior a mujeres y niñas fue utilizado como forma de represión contra aquellas sospechosas de estar vinculadas con el bando republicano durante la Guerra Civil. El escarnio público funcionaba como advertencia para futuras disidencias políticas femeninas. Y sigue funcionando en 2022, cuando leemos noticias como la de Mahsa Amini, una mujer kurda de veintidós años que falleció después de ser detenida por la Policía de la Moral en Teherán, acusada de violar la ley que exige que las mujeres se cubran el cabello con un velo o pañuelo. Algunas iraníes respondieron mostrando su pelo en las redes sociales y cortándoselo en señal de protesta. Y en poco tiempo mujeres de todo el mundo las imitaban cortándose mechones.

Las mujeres negras también llevan años denunciando la presión que sufren, desde niñas, para acercarse a los estándares de cabello eurocéntricos. La investigadora americana Cynthia L. Robinson denuncia:

> La evaluación del cabello de las mujeres negras se remonta a la esclavitud. Es un identificador racial solo superado por el color de la piel. El cabello está ligado más directamente a la belleza de las mujeres. Los hombres pueden llevar la cabeza calva, sobre todo los negros, y aun así ser considerados atractivos. No ocurre lo mismo con las mujeres.

La lista de exigencias sobre nuestros cuerpos es tan interminable como la lista de cosas que hacemos las mujeres para intentar alcanzar ese imposible. ¿Cuántas veces hemos escuchado a una mujer enunciar en voz alta su deseo de comer y no engordar? Detrás de este deseo se esconde nada menos que la necesidad de atender sus propias necesidades y establecer una relación con la comida libre y placentera, pero sin que el cuerpo nos delate: porque las mujeres de verdad, las ligeras, «comen como un pajarito».

Para encajar en la talla normativa, muchas personas recurren a la dieta. Evitar comer, restringir cantidades, evitar ciertos alimentos o clasificarlos como buenos y malos, contar calorías o compensarlas mediante el uso de laxantes y el ejercicio físico intenso son algunas de las obligaciones de quienes se ponen a dieta para perder peso.

Pero ponerse a dieta no supone solamente adquirir ciertos hábitos comportamentales: desde el punto de vista cognitivo y emocional, estar a dieta implica la supresión sistemática de pensamientos, sentimientos y sensaciones fisiológicas relacionadas con la comida y el hambre.

A nivel emocional, por ejemplo, estar a dieta conlleva la inhibición de los estados emocionales que las personas identifican como predisponentes para comer de más o fuera del horario establecido.

El aburrimiento, la tristeza, la ansiedad y la fatiga mental pueden ser estados internos normales, pero estando a dieta a menudo se viven como peligrosos. Al reemplazar la narrativa personal respecto a determinados estados emocionales —he tenido un mal día, estoy un poco triste— por una señal de miedo —he tenido un mal día, seguro que me pongo morada—, se dificulta enormemente el procesamiento emocional y el foco se desplaza progresivamente de la emoción a la comida.

En paralelo, las sensaciones fisiológicas normales de hambre y saciedad, y las apetencias puntuales por determinados alimentos, también representan una amenaza, por lo que las personas a dieta aprenden a inhibirlas, reemplazando esas señales por las que figuran en el menú propuesto. A medio plazo, las personas pierden la capacidad de discernir si lo que sienten es hambre o ansiedad, o si están saciadas o angustiadas. El cuerpo deja de hablar.

Y cuando no se puede comer, la comida se piensa. Desde el punto de vista cognitivo, estar a dieta significa entrar en una auténtica batalla interna protagonizada por pensamientos sobre comer frente a pensamientos para distraerse de los primeros. Los relacionados con el cuerpo y la comida ocupan gran parte del espacio mental de las personas a dieta, lo que modifica el foco atencional, que progresivamente se va cerrando en torno a la comida y al cuerpo propio y ajeno.

Como mantener este estado de tensión de todos los sistemas es imposible, antes o después se falla. Y ese fallo conlleva una gran culpabilidad. En las dietas, la culpa funciona como autocastigo o emoción correctiva. Y el malestar es lo suficientemente intenso como para activar toda una estrategia destinada a evitar dicho malestar en un futuro: esforzarse más aún en la dieta.

Estar a dieta para reemplazar nuestro cuerpo por otro más normativo implica fingir que no necesitamos comer, nos vulnerabiliza, deteriora nuestra salud mental y es la puerta de entrada a los trastornos de la conducta alimentaria. Literalmente, llegamos a enfermar hasta morir para que nuestro cuerpo encaje.

Como dice Virginie Despentes en su libro *Teoría King Kong*: «Nunca antes una sociedad había exigido tantas pruebas de sumisión a las normas estéticas, tantas modificaciones corporales para feminizar un cuerpo».

Sin embargo, aunque hay un reconocimiento bastante unánime acerca del peso de la cultura en la causalidad de los trastornos de la conducta alimentaria (TCA), en la realidad clínica todavía se responsabiliza a la paciente y a su entorno social de sus males. Como si fuera nuestra culpa sucumbir a las tentaciones (comer o dejar de hacerlo) que el propio sistema que nos culpa se encarga de crear.

Vivimos bajo el bombardeo constante de dietas y productos para adelgazar por un lado y de opulencia alimenticia por otro; bajo la oferta omnipresente de fórmulas dietéticas, farmacéuticas y cosméticas para cambiar el cuerpo, y al mismo tiempo de la obligatoriedad de aceptarlo y amarlo. Y una vez todo esto está en el mercado, sus efectos ya no son responsabilidad de nadie que no sea la persona.

Los TCA se explican en la actualidad por una supuesta mayor vulnerabilidad de las mujeres (en su mayoría) a los dictados de la moda, por una baja autoestima, una alta dependencia emocional o dificultades para comunicarse. Pero lo que no está sobre la mesa es la función que cumple el síntoma, es decir, la manera en la que las mujeres usamos algo con tantísimo valor simbólico como es nuestro cuerpo, en relación con la comida. Si el cuerpo es el mensaje, a través de los cuerpos de muchas mujeres podemos leer el miedo, la rabia y el inmenso conflicto interno ante las normas familiares, sociales y sanitarias.

Si el punto de partida de muchos TCA es una dieta, y hacer dieta es prácticamente obligado si queremos controlar el cuerpo para que no se desarrolle fuera del canon, ¿cómo no pensar que a la enfermedad se llega por pura sumisión a la norma, por hacer lo correcto? Las pacientes con TCA no expresan el deseo de adelgazar: expresan el miedo a engordar, es decir, a darse de bruces con la exclusión social.

Perseguir algo y su contrario

Naomi Wolf, en su libro *El mito de la belleza,* relaciona muy acertadamente el progreso social y los logros políticos de las mujeres con distintas reacciones encaminadas a ponernos de nuevo en nuestro sitio, entre ellas la imposición de la delgadez o la moda como formas de control social.

Así, a lo largo de la historia, todos los avances sociales, políticos y económicos han traído aparejada una imagen ideal de mujer que vincula el cuerpo femenino a un lugar y a una actividad concreta dentro de ese sistema y se concreta en un canon de belleza determinado.

Si la imagen femenina es uno de los territorios en el que se materializan las conquistas sociales, políticas y económicas de las mujeres, también es el territorio en el que proyectan las reacciones a dichas conquistas, traduciéndose en representaciones de lo que se espera de nosotras totalmente contradictorias.

En cuestión de imagen, los estereotipos que nos afectan son divergentes (dominante o dominada, sumisa o rebelde, fría o sensible, racional o emocional, lanzada o recatada, ángel o demonio), pero se nos exige la capacidad de representarlos todos al mismo tiempo.

Por ejemplo, tenemos que estar delgadas, pero a la vez tener curvas. Ser altas, pero menos que nuestros compañeros. Hacernos retoques estéticos, pero que no se noten. Ser sexualmente deseables, pero no parecerlo. Eliminar el vello, pero tener una larga y cuidada melena.

La frase «Señora en la calle, puta en la cama» representa a la perfección el dilema al que nos enfrentamos. Si para cada territorio que habitamos tenemos que responder con el cuerpo, cuantos más avances sociales y más territorios ocupamos las mujeres, más compleja de construir es nuestra imagen.

Los medios de comunicación y la industria de la belleza son los perfectos portadores —y beneficiarios— de este mensaje: no hay característica del cuerpo femenino, independientemente del punto de partida, que no sea susceptible de ser primero rechazada y después cambiada y mejorada.

Si una es delgada y algo andrógina, debe añadir volúmenes para ser más deseable. Si tiene un pecho o unos glúteos voluminosos, debe reducirlos para ser más ligera. Si una mujer es alta, debe lucir prendas que contrarresten su estatura. Si por el contrario, su estatura es media o baja, debe aumentarla con zapatos de tacón o plataforma. Si tiene el pelo liso, hay un método para sacar el rizo. Si lo tiene rizado, también puede alisarlo con productos específicos. Si tiene la piel demasiado pálida, siempre puede autobroncearse. Y si la tiene oscura, debe aclararla un poco. Y así una lista eterna.

En la práctica es imposible estar conformes con nuestra imagen corporal porque el cuerpo de mujer perfecto siempre es otro cuerpo.

Por eso no es de extrañar que las mujeres pasemos más horas delante del espejo y que, además, cuando lo hacemos, el resultado solo refuerce la insatisfacción: todas las investigaciones realizadas hasta la fecha sobre la imagen corporal muestran que somos mucho más críticas con nuestra apariencia que los hombres. Al mirarnos al espejo, aproximadamente a 8 de cada 10 no nos gustará demasiado lo que vemos, y más de la mitad verá una imagen distorsionada de sí misma. Y de esa mitad, aproximadamente el 2 por ciento desarrollará un trastorno dismórfico corporal, que es la preocupación obsesiva por defectos reales o percibidos, sumada a una angustia clínicamente significativa ante la visión del propio cuerpo.

En 2022 la investigadora Antonella Tramacere publicó un estudio cuyo título traducido sería «Enfréntate a ti misma. La neurociencia social de mirarse en el espejo», en el que analiza los factores que afectan a la percepción de la propia imagen.

Basándose en los hallazgos de la neurociencia social, que demuestran que utilizamos mecanismos cerebrales y cognitivos similares durante la percepción del rostro de los demás y del nuestro, Tramacere propone lo siguiente: si la percepción del rostro de los demás se ve afectada por nuestros sentimientos hacia ellos (vemos más guapas a las personas hacia las que sentimos emociones agradables), es probable que los sentimientos hacia nosotras mismas afecten a la forma que toma nuestra propia imagen en el espejo. Y esto crea un círculo vicioso: si la forma en que nos sentimos con nosotras mismas puede producir una serie de respuestas emocionales negativas o positivas a la imagen especular, es probable que estas desencadenen diversas formas de antipatía y desprecio hacia una misma. Y dado que es probable que estas respuestas sean automáticas y rápidas, este bucle podría ser difícil de romper.

El efecto descrito por Tramacere en su estudio podría también explicar, en parte, la dificultad que experimentan las personas con trastorno dismórfico corporal para verse como realmente son, en vez de verse «como se sienten».

Pero resulta que cuando las mujeres, por fin, nos ponemos en marcha para intentar ser bellas —es decir, para hacer lo que se nos pide—, a veces somos objeto de durísimas críticas. A las mujeres que se operan se las tilda de narcisistas o locas del bisturí. A las que pierden peso se las llama anoréxicas (sin que padezcan un trastorno de la conducta alimentaria). Y a las que hacen deporte, vigoréxicas. Se dice de nosotras que estamos obsesionadas. Que somos muy coquetas. Se nos acusa de derroche, frivolidad y falta de autoestima cada vez que entramos a hurtadillas a un centro estético.

Cuando crecemos inmersas en la interpretación del propio cuerpo como si fuera algo siempre imperfecto y concebido para agradar al otro, es casi imposible que no experimentemos un rechazo interiorizado hacia nosotras mismas, en mayor o menor medida. Es como si pasáramos los primeros años de nuestra vida empapándonos como esponjas de rechazo hacia, por ejemplo, los pies, y antes de llegar a la pubertad descubriésemos que tenemos no solo uno, sino dos. Que somos exactamente eso que hemos aprendido a temer y rechazar. Como un gato que se mira por primera vez al espejo.

Si cualquier característica del cuerpo femenino es criticable o susceptible de ser imperfecta, no queda centímetro de nosotras que antes o después no tenga el potencial de ser vivido como imperfecto.

La palabra «control» es una de las claves para explicar la relación que algunas mujeres tenemos con nuestra imagen, y no resulta justo leerla siempre con connotaciones de sumisión o negativas. El control se nos impone, pero también podemos tomarlo. Por ejemplo, el uso de zapatos de tacón puede funcionar como un objeto coercitivo que limita los movimientos o los impone, pero también puede ser una herramienta de poder, sexualidad y libertad.

De hecho, detrás de muchas de las acciones que las mujeres llevamos a cabo para modificar o adornar nuestros cuerpos hay un proceso de toma de decisiones sobre lo que queremos que se vea de nosotras. Las mujeres no somos tontas. Si somos una pantalla encendida y todas las miradas van a atravesarnos, al menos reivindiquemos el derecho a decidir qué ficción queremos que se vea.

La escritora Caitlin Moran, en el Festival de Literatura Expandida de 2022, lo explicaba en estos términos:

> Espera a llegar a los cuarenta y siete años sin haber dormido durante años. Entonces cambiarás tu opinión sobre el bótox. En el feminismo está bien blanquearse los dientes, teñirte... Pero, por alguna razón, el bótox sigue siendo un pecado. Vemos a esas actrices famosas de las que se dice que no se han hecho nada, pero yo voy a la doctora de Londres que les inyecta bótox. Os hablo de actrices de setenta años, supermodelos y mujeres cuyo rostro se alaba por su expresividad. Todas llevan bótox. ¿Por qué nos dicen que es vergonzoso?

Enseñarnos a sentir nuestro cuerpo como imperfecto y, al mismo tiempo, hacernos sentir mal por ello resulta perverso y conduce a muchas mujeres a odiarse por odiarse.

Esa presión social y cultural ejercida sobre las personas para que se ajusten a ciertos ideales de belleza tiene un nombre: violencia estética. Y como hemos visto, aunque las exigencias estéticas son para todo el mundo, las mujeres somos las principales receptoras, por más canales y de forma más agresiva, de mensajes sobre nuestros cuerpos.

Una forma sutil de violencia estética la encontramos, por ejemplo, en el fenómeno de la talla única. Supuestamente, la práctica de diseñar y fabricar prendas de vestir que encajan con cualquier persona cumpliría la función de adaptarse a una amplia gama de tamaños de cuerpo, desde tallas pequeñas hasta grandes. Pero la realidad es bien distinta: muchas marcas de moda promueven un tallaje limitado; lo que en realidad persiguen es que solamente personas con un determinado peso y forma corporal luzcan sus prendas, contribuyendo así a construir una imagen de marca muy concreta y alineada con las aspiraciones irreales de miles de mujeres.

No tan sutil es la exclusión de las personas corpulentas —especialmente mujeres— de la vida pública, ni las distintas presiones que reciben para mantenerse apartadas. Este fenómeno se conoce como «gordofobia» y es uno de los castigos sociales más extendidos y normalizados. Según el último informe de la Unesco, por ejemplo, la apariencia física es la principal causa de acoso escolar, seguida del racismo. En este sentido, las niñas son más propensas a sufrir acoso debido a su aspecto. «En todas las regiones, las niñas informan de que se burlan de ellas por el aspecto de su rostro o su cuerpo con más frecuencia que los niños».

En respuesta a todas estas violencias, surgen movimientos como el llamado Body Positive (en 1996), que, cargado de buenas intenciones, nos invita a romper las cadenas y mostrar todo aquello que se nos pide que escondamos. Y aunque hay que reconocer la relevancia que tuvo en su momento un cambio en el discurso, la propuesta pasa por enfatizar la disidencia (es decir, mostrar los cuerpos al natural), en un intento de fomentar la normalidad. No funcionó porque, aunque sea para bien, la atención sigue estando en el mismo sitio y la exigencia en las mismas personas. Ese sitio es un cuerpo femenino que necesita y busca aprobación, por lo que nada cambia.

Magda Piñeyro, autora del libro *Diez gritos contra la gordofobia,* escribe:

Si todo es cuestión de actitud y de quererse, entonces la deducción obvia era que la causa de mis complejos estaba en mí, en que yo no estaba haciendo el esfuerzo suficiente por quererme ni tenía la actitud necesaria para ser bella, para gustar y gustarme, para ser feliz. Sus palabras me hacían entender que yo era la única responsable de mi infelicidad. Este discurso es muy peligroso, pues pone el foco en la persona oprimida y no en la estructura de la opresión [...]. La próxima vez que alguien diga que querernos es una cuestión de actitud lo invito a armar un castillo de naipes con un ventilador encendido.

Y es que el problema no es lo que las mujeres impostamos, sino lo que sucede cuando no lo hacemos. Tanto las omnipresentes críticas como la admiración y el reconocimiento social por la heroicidad de ponerse unos shorts teniendo celulitis invitan a pensar que, hagamos lo que hagamos, es imposible que nuestro cuerpo pase desapercibido.

La actriz Sarah Jessica Parker ha realizado declaraciones en diversas ocasiones acerca de la presión sobre su imagen:

Yo no sufro ninguna ansiedad por envejecer. Pero no es que me crea mejor que aquellas mujeres que sí la tienen, porque además pienso que esa ansiedad es auténtica y es comprensible, sino que me da la sensación de que todo el foco y la atención está puesta en las mujeres y en su envejecimiento.

En 2021 la actriz fue vista en las calles de Nueva York luciendo el pelo canoso, lo que levantó una auténtica oleada de aplausos por su valentía. Su respuesta fue la siguiente: «Han sido meses y meses de conversación sobre lo valiente que soy por tener canas. Por favor, ¡aplaudid el coraje de otra persona en algo!».

La verdadera libertad llegará el día en que, efectivamente, no pase nada cuando dejemos de esforzarnos por dejar de ser lo que somos. Cuando nuestros cuerpos dejen de verse como objetos portadores de mensajes, las decisiones que tomemos sobre los mismos dejarán de suscitar tanta atención y juicios valorativos.

Ser fea (es decir, gorda, vieja y no sexy) es garantía de expulsión del paraíso de los privilegios patriarcales y, por tanto, garantía de exclusión social. Por ejemplo, en los episodios de acoso callejero, resulta casi circense el ejercicio de transformación que puede sufrir una mujer desde el instante en el que es piropeada («pibón», «tía buena», etcétera) al minuto después de rechazar ese piropo («fea», «frígida», etcétera). Y es que, cuando una mujer rechaza una invitación a recibir comentarios públicos sobre su aspecto, automáticamente se la traslada a la cárcel de las que jamás van a ser amadas.

En el imaginario colectivo y contrapuesto al mito de la belleza, encontramos entonces el mito de la fealdad. Toda mujer que señale los defectos del sistema o que denuncie las opresiones y violencias que recibe por el hecho de serlo, aquella que no se deje tocar por la mirada aprobatoria del otro, es ridiculizada y humillada con adjetivos que la sitúan fuera de la norma. En realidad, las mujeres nos manejamos en esa permanente disyuntiva guapa/fea, como si nuestra imagen y nuestro comportamiento nos hicieran oscilar permanentemente entre uno u otro lado de la balanza, sin términos medios. ¿Por qué perseguimos la belleza? La respuesta es simple: porque no queremos el castigo de las feas.

PARA REFLEXIONAR

- ¿Cuándo fue la última vez que te miraste en el espejo sin buscar o ver defectos?
- ¿Alguna vez te has planteado que hacer dieta puede afectar de forma negativa a tu salud mental?
- ¿Cuántas veces has intentado mejorar o corregir supuestas imperfecciones con tratamientos estéticos, maquillaje, ropa o productos cosméticos? ¿Y cuántas veces has ocultado que lo haces?
- ¿En qué grado te afectan los comentarios de los demás sobre tu imagen o la de otras personas?
- ¿Sabías que cuando nos hacemos una foto con el teléfono tendemos a usar el plano cenital (desde arriba) porque desde esa perspectiva nuestro rostro se ve más infantil?

2
Cuerpo de mujer

Hace unos años, esperando en el aeropuerto a que saliera mi vuelo, tuve que ir al baño. Estaba sentada haciendo pis cuando oí un pedo muy sonoro en uno de los aseos contiguos y me sorprendió, pero pensé que alguna señora estaba teniendo problemas intestinales. Al rato sonó otro gran pedo, pero esta vez provenía del otro extremo del cuarto de baño. En ese momento comprendí lo que estaba sucediendo: me había equivocado y me había metido en el baño de hombres. Las mujeres no nos atrevemos a tirarnos un pedo delante de otras personas ni locas, ni siquiera amparadas por el anonimato de unos aseos compartimentados. Cuando salí del baño, comprobé que estaba en lo cierto, me había metido en el sitio equivocado.

Silvia, 45 años, ilustradora

Un hombre dado la vuelta

Pensar en el cuerpo humano desligándolo de sus funciones parece un sinsentido; sin embargo, uno de los borrados más drásticos que las mujeres hacemos de nuestra realidad tiene que ver con las funciones corporales, especialmente aquellas relacionadas con las distintas etapas de nuestra vida sexual y reproductiva. Menstruación, embarazo, aborto, parto, puerperio, lactancia y menopausia son siete capítulos de nuestra vida con un discurso propio, cada uno de ellos marcado por sus propias características, ritmos y ciclos. Y cada uno de ellos censurado a su manera y desconocido muchas veces hasta por nosotras mismas.

El cuerpo femenino tiene unas características neuroendocrinas propias que difieren enormemente de este mismo sistema en versión masculina. Podríamos decir que el cuerpo de las mujeres es indivisible de sus etapas sexuales. No se puede separar la vida y el psiquismo femeninos de nuestra realidad corporal, porque esta solo se puede entender desde una perspectiva biopsicosocial, pero, mucho más a menudo de lo que pensamos, en el ámbito de la salud mental nos encontramos con mujeres que viven en su cuerpo como si navegaran por una inmensa laguna sin nombre.

Aunque ahora nos resulte muy difícil hablar de nuestro ciclo menstrual, de la lactancia o del flujo vaginal sin ser víctimas del reduccionismo que los encuadra solamente en el ámbito reproductivo o médico, la realidad es que nuestras funciones sexuales son mucho más que eso: nos hablan del momento de la vida en el que estamos, matizan nuestras emociones, nuestras necesidades nutricionales, organizan nuestros ritmos y necesidades afectivas, de descanso y actividad, les dan sentido a nuestros proyectos de vida, contribuyen a la creación de redes de apoyo social y son un potente motor en la vida femenina.

Es la apropiación de estas funciones por parte de la medicina tradicional (como brazo ejecutor de ese sistema que privilegia lo masculino) lo que resignificó cada uno de esos momentos y les dotó de una narrativa totalmente alejada de la verdadera experiencia femenina: si la sociedad patriarcal y las religiones nos condenaron a ser vistas solo en el marco de nuestra capacidad reproductiva, la medicina tradicional hace siglos que empeoró las cosas patologizando, desde el desconocimiento, todo lo relativo a nuestra vida íntima y sexual.

En las sociedades primitivas uno de los saberes femeninos por antonomasia, considerado un misterio para los varones, era todo lo relativo precisamente al desarrollo y la vida sexual de las mujeres. Desde los comienzos de la historia hasta la Edad Media, en Europa eran las comadronas, las curanderas, las adivinas y las herbolarias las que transmitían el conocimiento sobre la salud de generación en generación, siendo muy apreciadas por sus comunidades.

Eran ellas las que conocían en profundidad el funcionamiento del cuerpo femenino y las que atendían la gestación y los partos. Pero además también se encargaban de transmitir conocimientos a las mujeres respecto a la menstruación, la anticoncepción y la lactancia, así como de ofrecerles ayuda cuando la necesitaban.

Un buen ejemplo de lo que hacía una curandera es *La Celestina* de Fernando de Rojas, pues de ella se decía que:

> Tenía seis oficios, a saber: lavandera, perfumera, maestra de hacer aceites y en la reparación de virginidades dañadas, alcahueta y un poquito bruja. Su primer oficio era cubrir a los demás y con esta excusa muchas chicas que trabajaban como sirvientas iban a su casa a lavar. No es posible imaginar el trajín que se traía. Era médica de bebés; cogía lino de una casa y lo llevaba a otra, todo esto como una excusa para entrar a todas partes. Alguien le decía: «¡Madre, venga!». O: «¡Acá viene la señora!». Todos la conocían. Y a pesar de sus muchas tareas ella encontraba tiempo para ir a misa o víspera.

En la España del siglo xv, por ejemplo, las parteras ejercían un oficio importante, reconocido por la legislación: en 1434 las Cortes de Zamora y en 1448 las Ordenanzas de Madrigal permitieron el ejercicio de la matronería a aquellas que demostraban conocimientos y experiencia probada.

Sin embargo, entre los siglos xiv y xvii, en Europa se superpusieron dos movimientos que despojaron de forma drástica y violenta a las mujeres de la posibilidad de ejercer estos y otros conocimientos, y, por tanto, quedaron condenados al olvido multitud de saberes ancestrales sobre la fisiología y el funcionamiento de los cuerpos femeninos.

Por un lado, en el periodo de crisis de los siglos xiv al xvii tuvo lugar lo que se denomina la «caza de brujas», que no es sino un gran eufemismo para referirse a la apropiación y privatización de todos esos conocimientos, acusando a las mujeres de poseer saberes pragmáticos e inmorales que solo podían ser fruto de tratos diabólicos.

Por otro lado, en el siglo xvi los médicos varones comenzaron a interesarse por el trabajo de las pocas comadronas que conservaban su espacio social y su prestigio, desplazándolas a un rol secundario en la atención de la salud.

El progresivo monopolio político y económico de la medicina fue durante mucho tiempo un privilegio de la clase dominante, ya que únicamente los varones de las clases sociales altas podían dedicarse al estudio de la misma. Por eso, pese a sus pretensiones curativas, el advenimiento de la medicina moderna estaba cargado de sesgos y carencias, porque las curanderas habían acumulado años de conocimientos y práctica que los médicos despreciaron.

Según Michel Foucault, la consolidación de la medicina moderna como disciplina científica, poseedora no solo de la *verdad* acerca de los cuerpos y sus procesos, sino también acerca de las prácticas correctas o incorrectas, normales o desviadas, coincide con el proceso histórico de consolidación del capitalismo como sistema dominante.

Así, cuando los varones médicos vetaron a las mujeres en la medicina y la ciencia dio la espalda a curanderas, brujas y sanadoras, se eliminó la posibilidad de poner en práctica, mejorar y transmitir todo un saber empírico acumulado sobre las hierbas, los remedios curativos y otras formas de terapia, que desde entonces quedaron huérfanos detrás de un muro de teoría y ya no pudieron ver ninguna evolución más allá del marco del esoterismo o las seudociencias.

Esto trajo consigo el arrinconamiento definitivo de los conocimientos sobre el funcionamiento íntimo del cuerpo de las mujeres, de las experiencias ligadas a las distintas etapas de nuestra vida sexual y reproductiva y de las necesidades que se derivan de esas experiencias, muchas de las cuales fueron consideradas sucias y pecaminosas.

A su vez, el desarrollo teórico de la medicina supuso la imposición hegemónica de la visión androcéntrica del cuerpo (y del mundo), que se nutría directamente de la tradición aristotélica. Esa visión presupone, por ejemplo, que el cuerpo masculino es «la medida de todas las cosas».

De hecho, el mismísimo Aristóteles consideraba el sexo femenino como una deformidad natural y, por tanto, una monstruosidad. En su *Investigación sobre los animales,* el filósofo sienta las bases de lo que será el sesgo más longevo de la historia de la medicina: «Igual que de seres mutilados unas veces nacen individuos mutilados y otras no; de la misma forma, de una hembra unas veces nace una hembra y otras nace un macho. Y es que la hembra es como un macho mutilado».

Desde esa perspectiva, las hembras humanas no eran otra cosa que un macho «dado la vuelta hacia dentro», los ovarios eran los testículos femeninos, y el útero, el escroto. Sorprendentemente, esa concepción del cuerpo femenino se mantuvo viva durante siglos en la tradición médica. Por ejemplo, el considerado padre de la anatomía moderna, Andrés Vesalio, realizó en 1543 una representación gráfica de la vagina que hoy resulta especialmente grotesca porque es, nada más y nada menos, que un pene al revés. ¿Qué pensarían las comadronas, que llevaban siglos atendiendo mujeres y que habían visto miles de vulvas y vaginas reales, de aquel dibujo?

La medicina moderna ya no considera a las mujeres una monstruosidad, pero sigue considerando que el cuerpo masculino es «la norma»: para la ciencia, estudiar al varón es sinónimo de estudiar al ser humano.

De hecho, durante decenios y hasta la actualidad los ensayos clínicos se han presentado como válidos para hombres y mujeres, incluso cuando nosotras hemos estado excluidas de dichos estudios. Uno de los casos más conocidos sobre esta ausencia de mujeres fue el estudio realizado en 2015 del fármaco Flibanserin, conocido como «Viagra para mujeres», que, a pesar de estar pensando para un público femenino, se hizo con veintitrés hombres y tan solo dos mujeres.

Y un ejemplo más reciente todavía de este sesgo androcéntrico en la investigación lo encontramos en la vacuna de la COVID-19 y las alteraciones menstruales. Esta investigación sí se hizo teniendo en cuenta a ambos sexos, pero el diseño no tuvo en cuenta la variabilidad hormonal de las mujeres durante la edad fértil y el efecto que esto podía tener en aquellas que participaron en los ensayos clínicos.

De hecho, es precisamente esa variabilidad hormonal la que aducen los investigadores para descartar a las mujeres de sus estudios, aunque sea una excusa que se cae por su propio peso porque es perfectamente posible diseñar estudios experimentales que tengan en cuenta estas u otras variables como las raciales.

A estos sesgos se les suma la relativización que las propias mujeres hacemos de nuestros problemas de salud sexual y reproductiva. Si cuando nos quejamos se nos tacha de exageradas o ansiosas, si muchas veces llegamos a la consulta de ginecología esperando en secreto que nos atienda una mujer porque vamos a tener que hablar de algo sensible o porque hemos sufrido algún tipo de violencia sexual en la vida, si se nos invita habitualmente a convivir con el dolor y las limitaciones de la endometriosis, el vaginismo o la dismenorrea y ante este desconocimiento se nos prescriben fármacos para paliar los síntomas en vez de ir a las verdaderas causas del malestar, ¿a alguien le sorprende que muchas mujeres minimicen sus dolores, y que sus cuerpos aprendan a negarlos y a convivir con ellos?

La medicalización excesiva de la salud de las mujeres —y la desatención de problemas propios de nuestro sexo— como consecuencia de este desconocimiento secular es, de hecho, la punta del iceberg del fracaso del tradicional modelo biomédico en la producción de conocimiento útil para la asistencia y el tratamiento de nuestras particularidades.

El exceso de prescripción de terapia hormonal sustitutiva, el alarmante número de cesáreas, las barreras a las interrupciones voluntarias del embarazo y los innecesarios rituales del parto (rasurado, episiotomía, inmovilización) son algunos ejemplos de este alejamiento de la verdadera naturaleza —que no siempre es patológica— de nuestras funciones femeninas.

Enfermas o invisibles

La llegada de la menstruación marca la madurez sexual de las mujeres. Pero desde el punto de vista simbólico es mucho más: es nuestro cuerpo queriendo ser. Si los primeros signos del desarrollo (mamas, vello) son disparadores de enormes miedos en las chicas relacionados con la belleza y la imagen y existe un intento desesperado en muchas de ellas por controlarlos o borrarlos, la llegada de la menstruación es la confirmación sangrienta de que nuestro cuerpo de mujer, con todas sus funciones, ha llegado para quedarse.

Sabemos que el valor del cuerpo de las mujeres, desde las primeras tribus cazadoras-recolectoras, se focalizó en nuestra capacidad reproductiva. Pero el control obsesivo de nuestros cuerpos no solo se circunscribía al espacio que debíamos ocupar (el doméstico), sino al control de nuestras funciones sexuales. La llegada de la menstruación, anunciando la madurez sexual, marcaba el momento en el que una niña pasaba a ocupar un lugar totalmente distinto en la sociedad.

Las primitivas sanadoras y curanderas, observadoras cercanas de los fenómenos íntimos femeninos, encontraron rápidamente en la menstruación una conexión con las fuerzas sobrenaturales. Dado su carácter cíclico, la menstruación se podía relacionar con las fases de la luna, las estaciones del año y los ritmos de las mareas, equiparándola a las fuerzas tanto productivas como destructivas y dotándola de una naturaleza sagrada y mágica.

No es difícil imaginar el desconocimiento y el temor que suscitaban esos cuerpos sangrantes en los hombres y, al mismo tiempo, el enorme significado simbólico desde el punto de vista sexual. Por eso, en el contexto de las primitivas sociedades patriarcales, el momento de la menstruación era de obligado anuncio y de obligado control.

El ritual de celebración de la menarquia (primera menstruación) es un rito de paso que se ha celebrado en culturas de todos los continentes. Su función es la de socializar este suceso íntimo, poniendo en conocimiento de la comunidad el paso de la infancia a la adolescencia y el nuevo rol de la chica (que pasa a ser mujer) en el grupo.

El fotógrafo Anders Ryman documenta, en su libro *Ritos de la vida*, la forma en la que el pueblo apache de Arizona rinde culto a las chicas que comienzan a menstruar a través de la llamada Danza del Amanecer. El ritual consiste en cuatro días de celebraciones durante los cuales se celebra la unión de la chica con la Madre Tierra. Bailes, cantos, ritos sagrados y regalos forman parte del festejo. A partir de ese momento, a la mujer se la considera poderosa y bendecida por su fertilidad.

Sin embargo, los rituales de visibilización y festejo se quedan pequeños al lado de los innumerables tabúes sobre la sangre menstrual, destinados justo a lo contrario, a su ocultación y control a través del estigma.

Ya en el Levítico se dice:

> La mujer que tiene su flujo, flujo de sangre, estará siete días en su impureza. Quien la tocare será impuro hasta la tarde. Aquello sobre lo que durmiere o se sentare durante su impureza será impuro, y quien tocare su lecho lavará sus vestidos, se bañará en agua y será impuro hasta la tarde.

El aislamiento menstrual es el máximo exponente de este tabú del que podemos encontrar ejemplos en comunidades de todo el planeta. Por ejemplo, para algunos pueblos esquimales, durante la menstruación la mujer era considerada impura y contagiosa, por lo que quedaba aislada en cabañas especiales, con restricciones en la comida y en los utensilios que podía tocar.

En España hace apenas treinta años aún se les decía a las chicas jóvenes que no era bueno ducharse o bañarse en el mar durante esos días, que si tocaban una flor esta se marchitaría o que se abstuviesen de hacer mayonesa porque el resultado sería desastroso. Y en la actualidad, en algunos países como Nepal todavía se practica el aislamiento de las niñas que empiezan a menstruar.

A lo largo de la historia, por tanto, la menstruación se ha utilizado como excusa para negarnos derechos sociales. Excluidas de la vida de la comunidad, las mujeres han tenido prohibido durante siglos plantar o cosechar, cocinar, relacionarse con los hombres o caminar libremente por la calle durante su sangrado menstrual. Durante al menos cuatro días al mes eran, o bien enviadas a una «choza menstrual» —una pequeña cabaña lejos de la aldea—, o bien invitadas a mantenerse confinadas en sus casas, alejadas de la vida pública.

Así, la menstruación es una función fisiológica cargada de significados culturales y psicológicos. Por un lado, marca la diferenciación definitiva entre hombres y mujeres en la comunidad, facilitando el control de las mujeres a nivel familiar y social y decretando para ellas el hogar como único lugar seguro. Por otro lado, se interpreta como un suceso cargado de impureza, demostrando así la imperfección biológica de las mujeres e invistiéndolas de una fragilidad paralizante. Por último, como consecuencia de esta imperfección, se patologiza el proceso equiparándolo a una enfermedad de la que hay que proteger tanto a ellas mismas como a los demás.

Estas creencias y prácticas van mutando a lo largo del tiempo, pero la perpetuación de mitos persiste, con distintos contenidos, contribuyendo a que el tabú de la menstruación esté aún vigente. De hecho, se convierte en una cuestión de derechos humanos cuando constatamos que en el mundo todavía muchas mujeres no tienen acceso a agua limpia, instalaciones sanitarias adecuadas, privacidad, productos de higiene menstrual (compresas, paños lavables, tampones, copa menstrual, etcétera...), lugares para la correcta eliminación de los desechos o acceso a los conocimientos, el apoyo y los recursos necesarios, aumentando así el impacto de la pobreza en sus vidas.

En 2023 Gloria Orwoba, senadora de la Alianza Democrática Unida (UDA, por su sigla en inglés), se bajó de su coche vestida con un flamante traje blanco para dirigirse al Senado de Kenia. Enseguida se dio cuenta de que llevaba los pantalones manchados de sangre. Y aunque su primer pensamiento fue el de marcharse a su casa a cambiarse, finalmente decidió seguir adelante y entrar al edificio. En menos de una hora la expulsaron, acusada de incumplir el código de vestimenta, lo que Orwoba aprovechó para hablar con los medios de comunicación sobre, precisamente, la pobreza menstrual y las dificultades que muchas keniatas tienen para comprar y pagar compresas, tampones o copas menstruales.

Desde el punto de vista médico, la menstruación es el momento a partir del cual se inicia la medicalización de toda nuestra vida sexual. Y las categorías con las que la medicina clasifica los cuerpos que menstrúan generan un relato que se basa en las creencias culturales sobre la feminidad más que en las experiencias concretas de quienes menstrúan.

Por ejemplo, se pone todo el foco en el momento del sangrado, ignorando por completo que nuestros cuerpos son un motor de cuatro tiempos, con características neu-roendocrinas diferenciadas, de los cuales la menstruación es solo uno. Y todo lo que sucede fuera de la menstruación se engloba dentro del llamado «síndrome premenstrual».

La realidad es que las mujeres tenemos un ciclo mens-trual, que se compone de cuatro fases: folicular, ovulatoria, lútea y menstrual. La duración de este ciclo es de aproxi-madamente 28 días (algunas mujeres más, otras menos) y cada fase implica una forma distinta de sentir el cuerpo y los estados emocionales. Para comprender realmente la vida física y psicosexual de las mujeres habría que abarcar toda la experiencia y no solo una parte de la misma. De hecho, incluso dentro de cada fase del ciclo menstrual existen, ade-más, variaciones diarias de algunos niveles hormonales.

Aunque la experiencia del ciclo menstrual puede variar enormemente de una mujer a otra, en líneas generales po-demos hablar de manera genérica de algunas característi-cas propias de cada fase. Por ejemplo, en la fase folicular, a medida que los niveles de estrógeno aumentan gradual-mente, muchas mujeres pueden sentirse enérgicas, con un estado de ánimo positivo y una mayor claridad mental. En la fase ovulatoria, algunas mujeres pueden sentirse más atractivas, con confianza en sí mismas, sociables y con la libido más alta, debido a los niveles elevados de estróge-no. En la fase lútea los niveles de progesterona aumentan, por lo que algunas mujeres pueden sentirse más sensibles a las injusticias, fuertes y asertivas, además de experimentar signos físicos que anuncian la fase menstrual. Y en la fase menstrual, con el descenso de los niveles de estrógeno y progesterona, se puede experimentar una mayor conexión con los estados emocionales y tener más disposición a la introspección.

Pero el ciclo menstrual no solo incide en el funcionamiento de nuestro sistema emocional o sexual, sino que influye en todos los sistemas del cuerpo: desde el metabolismo de lípidos, prótidos y glúcidos, hasta la capacidad pulmonar, la función digestiva y la función renal.

El ciclo menstrual es indivisible del resto de las funciones corporales femeninas, por lo que parcelarlo, invisibilizar tres cuartas partes del mismo y aislar la que queda del resto del cuerpo es un ejercicio de reduccionismo asombroso y bastante delator sobre el verdadero interés de quien lo ejecuta: saber si la mujer está o no embarazada, si cumple o no cumple debidamente con su rol y su obligación social, ya que todo esto se puede observar con la presencia o ausencia de sangrado.

La periodista y escritora Gloria Steinem, en su satírico artículo de 1978 «Si los hombres menstruaran», afirma que si fuera así, la menstruación se convertiría en un evento envidiable y digno, el Congreso financiaría un Instituto Nacional de Dismenorrea, los suministros sanitarios estarían financiados por el Gobierno y serían gratuitos, inventarían una jerga menstrual («Es un hombre de tres compresas»), los programas de televisión, el cine y la cultura hablarían de ello abiertamente, siendo incluso el tema de algunas películas (Paul Newman y Robert Redford podrían haber rodado *Hermanos de sangre*), y la menopausia se celebraría como un acontecimiento positivo.

Me atrevo a fantasear con que, además, la organización política, religiosa y económica de nuestra sociedad sería muy distinta: se articularían los horarios y los tiempos de acuerdo a una lógica flexible, se cuidarían los cuerpos y sus necesidades específicas y se ofrecerían distintas oportunidades para el mejor aprovechamiento de las cuatro mujeres en una que somos quienes menstruamos.

En cualquier caso, la idea de menstruación como enfermedad limitante dejó de ser útil cuando las mujeres nos incorporamos al mercado laboral. Antes, confinadas en casa y peligrosamente sangrantes, podíamos seguir atendiendo las labores domésticas y de cuidado de los menores y de los enfermos porque en realidad nuestra vida no consistía en otra cosa. Pero, en el momento en que fuimos de utilidad para algo más que para la vida doméstica y familiar, la menstruación amenazaba seriamente una de las dos jornadas de las mujeres, es decir, la laboral. Si el modelo capitalista que nos sustenta, tal y como está concebido e implementado (es decir, a medida de los hombres), tuviera que tener en cuenta las necesidades y el funcionamiento fisiológico de la mitad de la humanidad..., la economía haría aguas.

Por eso, frente a la noción de menstruación como enfermedad, se propone un modelo de normalidad que, con el pretexto de eliminar el estigma, en realidad contribuye a aumentar el desconocimiento y la invisibilización de nuestra vida menstrual —retrasando diagnósticos importantes como el de la endometriosis, entre otros—. La fantasía de la menstruación como algo que sucede pero no sucede, con sangre de color azul, durante la cual podemos hacer el pino, practicar deportes extremos, trabajar de sol a sol y paliar el dolor con analgésicos, demuestra un vergonzoso desconocimiento de las necesidades fisiológicas, logísticas y emocionales de muchas mujeres reales cuando menstrúan.

La invitación a hacer «como si nada» y a que «no se note» (eslogan obsesivo de las marcas de tampones y compresas) nos sitúa de nuevo en el marco de la impostura. Las mujeres con la regla no tenemos más remedio que pasarnos los tampones por debajo de la mesa como si fuesen sustancias ilegales, fingir que no la tenemos, que no estamos incómodas, que no nos da asco cambiarnos de compresa en cuclillas en un aseo público, que no andamos por la vida doloridas o cansadas y que no sangramos abundantemente. Porque la alternativa, en vez de disponer de recursos, tiempos y espacios que se adecúen a nuestras necesidades y darnos el poder de manejar nuestras vidas de acuerdo con lo que necesitan nuestros cuerpos, es ser tratadas como enfermas. Es decir, que tenemos que escoger entre quedarnos enfermas en casa y su contrario, hacer como si nada estuviera pasando. En ambos casos hay que esconderse.

En 2016 se publicaron los resultados de una encuesta a gran escala realizada por la aplicación Clue que fue respondida por personas de 190 países. Se identificaron más de cinco mil eufemismos para referirse a la menstruación.

Hablar de la menstruación sin nombrarla y tenerla sin que se note son dos perfectos ejemplos del estado de las cosas: ¿la menstruación tiene un sitio en la sociedad? Sí, pero la silla está ocupada por un fantasma.

Alotta Fagina

Pussy Galore es una de las principales antagonistas de James Bond en la novela *Goldfinger*, de Ian Fleming (1959), y también en su adaptación cinematográfica de 1964. En la película, cuando esta se presenta a Bond y dice su nombre, él dice que cree estar soñando, porque *pussy* es un término que se refiere a un gato *(pussycat)*, pero también a la vagina. Y la traducción del apellido, Galore, es «abundancia». En las primeras películas de Bond no es de extrañar que los guionistas se permitieran sin complejos este tipo de chistes sobre los atributos sexuales de las mujeres: no en vano, el espía encarnado por Sean Connery fue el más misógino e irónico de la saga, degradando a las mujeres constantemente y asegurando su hombría seduciendo a unas y acosando a otras.

Años más tarde, en *Austin Powers. Misterioso agente internacional* (1997), una de las secuaces del malvado Dr. Evil tuvo como nombre Alotta Fagina, una alusión directa al chascarrillo de la película de Bond, ya que fonéticamente la pronunciación del nombre y el apellido juntos suena casi igual que *a lot of vagina* (mucha vagina). En España, sin embargo, a la hora de adaptar el texto original al castellano, el juego de palabras que se propuso no hacía alusión a las dimensiones de los genitales femeninos, sino a otro factor: Olora Vagina, la espía italiana, provocó cientos de carcajadas y codazos de complicidad en las salas de cine de nuestro país.

La película que nos ocupa, sin embargo, es bastante más antigua que las de espionaje y menos divertida: la pureza del cuerpo femenino, y especialmente la pureza de nuestras vaginas, ha sido excusa para justificar el control sexual de las mujeres y para llenarnos de vergüenza durante siglos. Y las religiones monoteístas han apoyado esta misión sin miramientos.

Por ejemplo, para la religión cristiana, la mujer es impura y corruptora por naturaleza y, por tanto, es la culpable de que el hombre caiga en la tentación. Por eso las mujeres requieren de un particular enclaustramiento de carácter protector, que es algo que ha servido de pretexto para abrir conventos, encerrar a las casadas e imponer rituales como los menstruales, ante el peligro de que la impureza de nuestro sexo se escapara por debajo de las enaguas y provocase un desorden público.

El concepto de impureza femenina trasciende lo simbólico y lo religioso y se materializa en la vagina impura, capaz de emitir efluvios tentadores y fluidos diabólicos. El mito de la vagina que huele mal vive con fuerza en nuestros días. Y por desgracia miles de mujeres hacen lo imposible no por borrar el mito, sino por borrar sus vaginas. Y no es extraño que en la intimidad de la consulta psicológica muchas se atrevan a expresar estos temores, alimentados por algún comentario al azar por parte de sus parejas sexuales o por haber escuchado conversaciones masculinas sobre otras mujeres.

En los años cincuenta la publicidad de productos femeninos en Estados Unidos empezó a utilizar el viejo mito de la suciedad vaginal como gancho para vender productos que nadie necesitaba. La empresa fabricante de Lysol, un desinfectante para limpiar baños, aprovechó para lanzar en sus anuncios que su producto también podía utilizarse, además de para lavar el fregadero o el inodoro, para lavar el canal de la vagina y eliminar cualquier tipo de mal olor, bajo amenaza de perder al marido en caso de no hacerlo. El problema fue que Lysol contenía materiales que dañaban las membranas mucosas, por lo que muchas mujeres sufrieron graves quemaduras tras su uso.

En 2020 la marca Vagisil recurrió también al miedo al mal olor vaginal para lanzar su producto Odor Block. Desde entonces, el mensaje, en apariencia reivindicativo y en línea con la idea de que normalizar es disimular, es el siguiente: «Tal vez haces ejercicio durante el almuerzo... o tienes una cita directamente después del trabajo. Puedes sentirte limpia y fresca al instante en cualquier momento y en cualquier lugar. Simplemente rocía sobre la ropa interior, la compresa o salvaslip o la piel» (texto de la marca para explicar las bondades de su desodorante íntimo). El objetivo es que la vulva huela bien. Es decir, que no huela a vulva normal, sino a otra cosa.

Un equipo de investigadoras canadienses realizó un estudio en 2017 para buscar las razones que mueven a las mujeres jóvenes a usar productos de higiene íntima femenina. En su estudio encontraron que 47 de las 49 encuestadas buscaban «frescura» y «limpieza» cuando usaban jabones desodorantes, toallitas perfumadas u otros productos destinados a la vulva y la vagina. Para muchas mujeres del estudio, estar frescas y limpias significaba la ausencia total de flujo vaginal y la ausencia total de olor, interpretando estas ausencias como sinónimo de salud. Y la preocupación no era tanto la propia conciencia del olor, sino que este pudiera ser detectado por otras personas, incluyendo el rechazo de sus parejas sexuales, lo que les producía mucha inseguridad y vergüenza.

Un año después el mismo equipo de investigadoras realizó una encuesta a 1.435 chicas canadienses de dieciocho años para valorar la prevalencia de uso y los distintos métodos de higiene íntima femenina. El 95 por ciento de las encuestadas reveló que usaba al menos un producto o un método para eliminar el olor, entre los que se encontraban cremas hidratantes vulvares/vaginales, cremas para el picor, toallitas húmedas, irrigaciones vaginales, supositorios, espráis, polvos y rasurado del vello púbico. Las que usaban estos productos mostraron una probabilidad tres veces mayor de sufrir infecciones que las que no.

Los resultados de estos estudios reflejan algo más que un deseo de cuidarse y oler bien, que es perfectamente legítimo para cualquier persona. Reflejan discursos culturales más amplios que consideran que los genitales de las mujeres son sucios y que hay que sanearlos de algún modo.

La realidad es que la vulva, la vagina y el flujo vaginal tienen olor, como cualquier fluido corporal. En el caso de los genitales femeninos, gracias a su microbioma, el flujo tiene un aroma característico que algunas personas comparan con el del yogur. De hecho, el olor varía a lo largo del ciclo menstrual, así como su textura. Nada desagradable, salvo que haya una infección.

La ginecóloga Jen Gunter, autora de *La biblia de la vagina*, considera que se retuerce la terminología del bienestar para invitarnos a pensar que hay que devolverles a nuestras vaginas y vulvas la limpieza; las palabras «pureza», «olor a rosas» y «fresco» se usan en todos los productos dirigidos a la higiene femenina, no siendo así en los productos de hombres. El mensaje implícito es que nosotras estamos sucias salvo que hagamos algo al respecto.

Las mujeres, o bien se aplicarán productos, o bien se lavarán varias veces al día para acabar con el supuesto problema, consiguiendo justo lo contrario: alterar el pH natural y exponerse precisamente a contraer una infección.

Gunter es muy clara al respecto y alerta sobre los peligros de caer en la trampa de pensar que necesitamos ajo, huevos de jade, vapor o productos especiales de higiene personal femenina: «A las mujeres que están durmiendo con huevos de jade en sus vaginas, me gustaría decirles que como el jade es poroso podría causar la entrada de bacterias, lo que puede ser un factor de riesgo para la vaginosis», escribió en 2017 en una columna dirigida a la actriz Gwyneth Paltrow, quien comercializa algunos de estos productos.

Este énfasis en una vagina que huela a flores del campo en ocasiones va más allá y directamente nos sugiere que la vulva buena es aquella que no huele a absolutamente nada.

En España fue muy famosa una campaña de Evax que en 1999 preguntaba a sus usuarias: «¿A qué huelen las nubes?», en relación con el olor de su vulva durante la menstruación. La campaña tuvo mucho éxito, entre otras cosas porque trasladaba la pregunta a la consumidora, mientras que al mismo tiempo le susurraba a su subconsciente una pista: a aire, a nada. Así, mientras que algunas mujeres encontraron en la pregunta justo la respuesta a sus ya presentes inseguridades, otras tantas se cuestionaron por primera vez la adecuación de sus olores corporales: «¿Mi vulva huele a algo? ¿A qué? ¿Eso está mal? ¿Alguien más se puede dar cuenta?». Cosas que hasta ese momento posiblemente no habían ni pensado.

Todas ellas se lanzaron en masa a hacer desaparecer ese olor y, con él, la posibilidad de darles a sus vulvas el derecho a existir tal cual son.

Maternidad y camisones blancos con lacitos

Embarazo, parto y puerperio son tres momentos en la vida de algunas mujeres que, por su valor simbólico, social, político y económico, conforman los tres pilares que sostienen nuestro lugar en el mundo. Imposible pedirnos que los escondamos o que nos avergoncemos de ellos. Sin embargo, precisamente por su lugar privilegiado dentro del funcionamiento del sistema social, son tres etapas especialmente susceptibles de ser vigiladas, controladas y guiadas para que nos ciñamos a la estructura y los mandatos pertinentes.

Para obtener la necesaria sumisión frente a procesos tan trascendentales y personales como son la gestación y el alumbramiento, a las mujeres se nos aplica a menudo una estrategia sutil, una especie de adormidera universal para que las mamás acepten sin rechistar la autoridad de otros y sean manejables. Esa droga hipnótica es la infantilización, y el resultado son generaciones enteras de mujeres a las que no les queda más remedio que aceptar el rol de niñas necesitadas de consejo en los momentos más importantes e íntimos de sus vidas.

Ya hemos visto que en Occidente los oficios de sanadora y comadrona fueron las primeras (y las únicas) labores femeninas que quisieron los hombres para sí. Desde entonces, todo lo relativo a nuestra vida sexual y reproductiva ha quedado bajo el control masculino, de formas más o menos institucionalizadas.

Así, desde muy temprano en la historia, la reproducción fue considerada una razón de Estado y, como tal, fuera de la autonomía y la voluntad de las mujeres. Siguiendo este modelo, la autoridad y el poder sobre una mujer encinta fueron quedando en manos de los médicos, que convirtieron el embarazo y el parto en patologías y se dispusieron a tratarlos como cualquier otra enfermedad, aunque en este caso la paciente quedaba excluida, sin poder participar en la toma de decisiones acerca de su salud y considerada carente de dominio de su propio cuerpo.

Por ejemplo, en 1738 el médico de la reina de Francia introdujo por primera vez la práctica de parir tumbada, porque el Rey Sol quería ver nacer a su hijo cómodamente sentado en una butaca. Diez años después, el doctor William Cadogan escribía: «Con gran placer veo que el fin de la preservación de los niños se ha convertido en responsabilidad de los hombres. Este oficio se ha dejado demasiado tiempo en manos de la mujer, de quien no pueden esperarse conocimientos adecuados para esta labor».

Si analizamos el interesante caso de España, la época franquista se relacionó con la maternidad y el control de la fertilidad de tal manera que, si fuera un manual, bien podría haberse titulado «Cómo hacer que las mujeres renuncien a los derechos que habían ganado, se dediquen a tener hijos, se sometan a sus maridos y encima crean que han ganado algo». Como muchas otras potencias mundiales, el proyecto nacionalista instaba a las mujeres a ser madres y de ese modo a aumentar la población, diezmada por la Guerra Civil, entre otras razones. Sin embargo, el nivel de exaltación de la maternidad, la cantidad de recursos propagandísticos al servicio de este ideal y el lugar que se les dio a las mujeres comprometidas con la causa son dignos de estudio.

El culto a la mujer ideal cuya única vía de realización era la maternidad y el cuidado de su casa no era nuevo, ni mucho menos. Bajo la prerrogativa de que estamos dotadas de forma natural para la dedicación al esposo y la familia, las mujeres del mundo llevaban siglos sometidas a su destino, aunque no lo desearan en absoluto.

Así, el régimen franquista, heredero de estos valores más tradicionalmente patriarcales, aplicó una férrea vigilancia de las funciones sexuales y reproductivas de las mujeres mediante diversos mecanismos coercitivos (negando por ejemplo medios anticonceptivos o abortivos).

Pero en paralelo, y en un agudo ejercicio de conductismo aplicado a la política, a las mujeres se les concedió un espacio (el hogar) y una misión (la maternidad) que podrían dotar de sentido a su existencia, convirtiéndolas en depositarias de una gran responsabilidad: la de crear, a través de la entrega familiar y doméstica, una nación envidiable.

Los mensajes que recibían eran contundentes: «Sois vosotras a las que corresponde la misión extraordinaria y sagrada de forjar la grandeza de España», rezaba una ilustración conmemorativa del Día de la Madre de 1945 del calendario de las Juventudes de la Sección Femenina de FET y de las JONS. Sobre fondo rojo, una mujer de porte angelical y cubierta con un velo —que bien podía ser la Virgen María— atiende a dos mocitas escolarmente uniformadas, en actitud de entrega.

De ese modo, la reproducción venía con premio: un simbólico carnet de patriota. Las madres de muchos hijos, amas de casa y entregadas a sus esposos eran buenas españolas porque cumplían con sus deberes sociales, y contaban ya no con el reconocimiento y el aplauso de su entorno, sino con un auténtico eslogan nacional para ellas solitas: ser los ángeles del hogar.

El médico Jesús Villar Salinas escribió en 1942 la siguiente sugerencia: «La verdadera misión de la mujer es ser madre prolífica y toda su educación debe ir dirigida a la formación de su espíritu maternal y al desarrollo físico de su fecundidad».

Y es que, por si fuera poco, el regalo venía con manual de instrucciones. La Sección Femenina fue uno de los mecanismos de legitimación de los que se valió el régimen franquista como medio de difusión de sus ideales. Las enseñanzas eran fundamentalmente religión, cultura general básica, corte y confección, cocina, labores domésticas, maternidad, gimnasia y todo tipo de manualidades que les sirvieran para el desarrollo de su vida como mujeres.

Viniendo de siglos de indiferencia hacia las abnegadas amas de casa y después de una guerra cruenta y traumática, este gesto político de visibilización y reconocimiento de los cuidados no remunerados como motor económico y social del país caló hondo en el corazón de muchas, anhelantes de un merecido protagonismo.

Sin embargo, la propuesta era en realidad un premio de consolación porque, durante los años previos a la dictadura franquista, en España las mujeres ya habían conseguido unos avances estelares en materia de derechos: igualdad ante la ley, ley del divorcio, reconocimiento de la paternidad, legislación sobre la prostitución, leyes que ayudaban a llevar a cabo la planificación familiar, derecho a la educación, sufragio femenino, incorporación al terreno laboral en igualdad de condiciones que los hombres y participación política. Todos ellos les fueron arrebatados con la victoria del bando golpista y, a cambio, se les ofreció liderar sus casas y participar en la reconstrucción de la nación desde una privilegiada atalaya de bizcochos, ejercicios de mantenimiento, sonajeros, encajes y guisos calientes.

Muchas aceptaron y asumieron esa identidad y ese rol, aun no tiendo nada que ver con sus aspiraciones, llevadas por la necesidad de vivir en paz.

Como podemos intuir, lo que parecía una promesa de igualdad, desgraciadamente, no era otra cosa que más de lo mismo: un lugar de subordinación total dentro del sistema. Eso sí, vestido con un gran lazo rosa.

Y ese gran lazo rosa es lo que, precisamente, adormecía cualquier posibilidad de espíritu crítico.

En el imaginario de la época las españolas estaban invitadas a seguir el modelo europeo de mujer joven y sana, preparada para levantar la nación y al servicio del Estado. Pero esta imagen convivía con el estereotipo de que la mujer necesita ser guiada, que no tiene carácter ni poder de discernimiento y debe delegar en otros el manejo de las situaciones importantes. Esa mujer, en realidad, es como una niña. Y su supuesta fortaleza no es otra cosa que una gran vocación de servicio.

La infantilización de las mujeres, especialmente de aquellas que se encontraban en «estado de buena esperanza», se

convirtió en el sedante perfecto para conducir a las embarazadas, las parturientas y las puérperas por un sendero di-
señado como los pasillos de una tienda IKEA: un recorrido
completo en el que no hay que pensar.

Si un sistema patriarcal ejerce presión sobre las mujeres
en los momentos en los que estas pueden representar una
mayor amenaza, no es difícil comprender que justo uno de
los momentos cumbre de madurez y poder femenino (el embarazo) simbolice un auténtico peligro.

La infantilización masiva y sistemática de las mujeres
encintas es una de las formas de control femenino más eficaces, porque bajo el ofrecimiento de protección se esconde
la asunción de invalidez de la gestante, quien la incorpora
como cierta.

Así, una de las grandes herencias de la alianza entre el
modelo biomédico y los últimos cien años de la historia de
España es, precisamente, el de la madre-niña: mujeres adultas, en la plenitud de su vida sexual, comportándose y sin-
tiéndose como niñas pequeñas porque son tratadas como tal.

Actualmente, y no solo en nuestro país, la infantilización
durante el embarazo, parto y puerperio consiste en una disciplina, casi rutinaria, a la que se somete a muchas mujeres
desde su primera visita a la consulta de ginecología. El trato
condescendiente, la despersonalización, el cuestionamiento
sobre la edad, las críticas al peso, el uso de diminutivos, el
descuido y la invasión de la intimidad sexual, la cosificación,
la iconografía y la obligación de «estar contenta» son parte
del proceso de secuestro de la propia autonomía. Mujeres
adultas, inteligentes e independientes tienen que asumir un
rol que no tiene nada que ver con ellas, el de niñas pequeñas
que casi no saben ni cómo han llegado hasta ahí, que no
saben nada de sí mismas ni de sus cuerpos y que tienen que

dejarse hacer, con tal de ser asistidas en sus partos. Y las que se quejan antes o después son aleccionadas por otras con más experiencia: «Tienes que pasar por el aro».

La anulación total del poder ya no de decisión, sino de opinión, o de capacidad de asimilar información importante, deja a millones de nosotras impostando conformidad en situaciones en las que, si pudiéramos hablar, tendríamos casi tanto que decir como nuestras silenciadas ancestras las comadronas: porque la experiencia íntima, fisiológica y emocional de las mujeres respecto a sus embarazos y sus partos, sus sensaciones y sus cuerpos son libros que hay que leer y mensajes que hay que escuchar para poder ofrecer una atención respetuosa, ética y sanitariamente eficaz.

Una consecuencia de este silenciamiento y de la cesión absoluta de potestad a la autoridad es la realización de técnicas (infusión de oxitocina, episiotomías rutinarias, inmovilización de la madre, cesáreas innecesarias o separación madre/bebé, entre otras) que muchas veces son totalmente injustificadas desde el punto de vista médico, contrarias a las recomendaciones de la OMS y derivan en numerosas complicaciones, no solo físicas, sino psiquiátricas, tanto para las madres como para sus bebés.

De hecho, la infantilización de las mujeres gestantes y la consiguiente anulación del derecho a ser escuchadas es un problema mundial que ha sido definido desde diferentes escenarios, entre ellos la OMS, y que ha trascendido las barreras simbólicas para ser considerado en términos legales como un acto de violencia obstétrica.

Las mujeres salen de la burbuja de esta maternidad color de rosa como si salieran de una cueva tras años de encierro. Después de un periodo (que varía de una mujer a otra) de ceñirse al papel de almas cándidas, cuando los bebés empiezan a ser más independientes o cuando las madres se tienen que incorporar al trabajo tras la baja maternal, muchas intentan restablecer conexiones con sus ambiciones profesionales, personales y sexuales. Y la extrañeza se apodera de ellas porque, efectivamente, el lugar que la sociedad les ha dado como madres pasa por alto su identidad y sus capacidades, hasta el punto de no recordar ni cuáles eran.

En las consultas de psicología perinatal, muchas se preguntan quiénes son y qué ha quedado de ellas después de ese viaje que empezó con un test positivo y que pasó por vestidos premamá de colores pastel, temores, fragilidad, colonia de bebé, empapadores, paciencia, ropa cómoda, zapatillas deportivas y dudas, muchas dudas..., para terminar en un planeta en el que se sienten como extraterrestres, disfrazadas de nuevo, pero esta vez de personas adultas. Aun con todo, harán lo posible por adaptarse y encajar.

Pertrechadas con un sacaleches (para usarlo a escondidas, con suerte, en una sala de lactancia, con menos suerte en los aseos de la empresa), con el cuerpo aún doliente, cansadas y desubicadas, las madres sonríen mientras alguien cuenta un chiste sobre bebés en llamas, se esfuerzan por ponerse al día lo antes posible para no ser penalizadas por el tiempo perdido, toman nota de la vestimenta de sus compañeras para no estar desfasadas, ponen la foto de su bebe boca abajo cuando pasa el jefe por delante y hacen auténticas piruetas por parecer recompuestas, duras, preparadas y ligeras de equipaje. Por no parecer «demasiado madres».

Y es que, cuando tenemos descendencia, a las mujeres se nos plantea una disyuntiva imposible de resolver: o vivir la maternidad como si no fuéramos madres y seguir mostrándonos ambiciosas en el competitivo mundo de los hombres o dejarnos arrastrar a una edulcorada nube de romanticismo en la que no hay lugar para la mujer adulta que está viviendo una experiencia maravillosa, sí, pero también dolorosa, salvaje, animal, sangrienta, intensa y desgarradora.

Las mujeres no perdemos neuronas con los embarazos y partos, como se dice. Lo que las mujeres perdemos muchas veces es nuestro lugar en el mundo.

La palabra que empieza por A

Millones de mujeres han abortado y abortan en el planeta desde la Antigüedad. Muy probablemente, todas sabían lo que hacían. Y muy probablemente, ninguna de ellas atravesó el proceso con demasiada alegría: la experiencia del aborto nos conecta con una vida que no sigue, y nuestros cuerpos lo sienten, lo saben y se duelen por ello.

Un aborto es un proceso tan íntimo como sensible, capaz de detonar en la mujer un caudal de estados emocionales, cognitivos y fisiológicos. Y esta experiencia, que debería ser informada, accesible, íntima, sensible, consciente y legítima, es sin embargo uno de los hechos que más silencio, culpa, vergüenza y estigma nos acarrea a las mujeres.

La razón es exactamente la misma que la que explica por qué no sabemos nada de nuestra menstruación o por qué no somos dueñas de nuestros embarazos: cuando nuestra vida sexual y reproductiva son cuestiones de Estado, las instituciones, la medicina y la religión deciden por nosotras y dictan lo que hay que hacer y lo que no; y nosotras, cuando desobedecemos, por temor al castigo callamos, mentimos y ocultamos.

La cuestión es que desobedecemos siempre, en todo el planeta, independientemente de lo que dicten la ley o los sacerdotes. De acuerdo con el Instituto Guttmacher, organización sin ánimo de lucro que se dedica al campo de la salud reproductiva, la tasa de abortos voluntarios en 2014 fue de 37 por 1.000 personas en los países que prohíben el aborto totalmente o lo permiten solo en caso de riesgo para la vida de la mujer y de 34 por 1.000 personas en los que lo permiten en general.

La diferencia no es significativa estadísticamente y confirma que impedir a las mujeres y a las niñas el acceso al aborto no hace que dejen de necesitarlo ni de practicarlo. Lo cual nos lleva directamente a preguntarnos si todos ellos se practican en condiciones de seguridad. La respuesta es obvia: la OMS calcula que todos los años tienen lugar 25 millones de abortos inseguros (el 45 por ciento del total), la gran mayoría de ellos en países en vías de desarrollo; y a diferencia de los abortos legales, practicados por proveedores de servicios médicos capacitados, los abortos inseguros pueden tener consecuencias fatales.

Tanto es así que los abortos inseguros son la tercera causa más habitual de muerte materna del mundo y dan lugar además a cinco millones de discapacidades en gran medida evitables, no solo ofreciendo medios para que las mujeres puedan abortar en condiciones médicas adecuadas, sino ofreciéndoles medidas preventivas cuando las necesiten.

De hecho, los índices de aborto solo se reducen cuando las personas, especialmente las adolescentes, tienen información sobre métodos anticonceptivos modernos y pueden acceder a ellos fácilmente, así como cuando existe una educación sexual integral en su comunidad.

Elizabeth Casillas e Higinia Garay, en su cómic-ensayo *La palabra que empieza por A,* nos recuerdan que las mujeres con mayor poder adquisitivo tienen acceso a métodos abortivos seguros, pero que millones de mujeres pobres de todo el mundo recurren a métodos poco seguros, aun siendo el aborto legal en sus países. La desigualdad económica mundial sitúa a las mujeres en un mayor riesgo de pobreza, por lo que es esencial que el aborto sea no solo legal, sino también gratuito, para garantizar nuestros derechos fundamentales de salud en todo el planeta.

La práctica del aborto se remonta a los pueblos primitivos, donde el jefe de la familia tenía la potestad ya no solo de intercambiar a sus mujeres o venderlas, sino que podía vender e incluso matar a sus hijos durante la gestación, dado que se consideraba que mujer y embrión o feto eran casi la misma cosa, y el hombre tenía pleno derecho sobre ambas, por lo que el aborto no era punible.

En general, las antiguas legislaciones no castigaban el aborto. Por ejemplo, Aristóteles lo recomendaba como fórmula para limitar las dimensiones de la familia, sugiriendo que las mujeres podían decidir libremente qué hacer con sus cuerpos en este sentido. Y su colega Platón escribía en *La República* que el aborto debería permitirse en algunos casos, como el de incesto o cuando los padres fueran personas mayores.

Sin embargo, el cristianismo fue tajante al respecto, y doscientos años después de Cristo se promulgaron fuertes medidas de castigo para las mujeres que abortaran, entre las que se incluían la pena de muerte y los castigos corporales. Durante la Edad Media en Europa la caza de brujas persiguió y penalizó sistemáticamente tanto a las mujeres que eran acusadas de abortar como a las que eran acusadas de practicar esos abortos.

Desde entonces y hasta nuestro siglo el derecho al aborto ha sido uno de los termómetros que indica cómo están las cosas para nosotras en el mundo.

En la actualidad, aunque hayamos conseguido desiguales avances en la despenalización del aborto y se hayan mejorado las técnicas para que podamos tener un aborto seguro, el estigma está ya tan arraigado que, aun en el caso de superar las barreras legales y médicas para acceder a esta intervención, la mayoría de las mujeres, vengan de donde vengan, viven la experiencia en absoluta clandestinidad.

En España, donde actualmente el aborto es legal y gratuito, el Ministerio de Sanidad registró que en 2021 se practicaron 90.200 abortos, es decir, en torno a 11 interrupciones por cada 1.000 mujeres. Todas callan. Del aborto no se habla: como mucho, el aborto se confiesa, a puerta cerrada, a un grupo de íntimas muy íntimas.

El acoso a las puertas de los centros sanitarios donde se practican IVE (Intervención Voluntaria del Embarazo) y el estigma familiar, laboral y social invitan a millones de mujeres a ocultar y a vivir en soledad sus pérdidas y a mentir: a decirles a sus parejas que se van con su madre a pasar unos días, a excusarse con sus jefes por culpa de un catarro y a contarles a sus vecinos y amistades que se van a tomar un descanso del gimnasio, exponiéndose así a no poder realizar el descanso o los cuidados pertinentes.

Las secuelas emocionales también son importantes: muchas mujeres acuden a las consultas de psicología con cuadros de ansiedad, depresión o repuntes en sus patologías previas, porque no están pudiendo hacer un proceso personal sano y adecuado respecto a la decisión tomada. El estigma es tan grande que, pese a ser legal —es decir, totalmente legítimo—, el aborto voluntario todavía se interpreta socialmente como algo que las mujeres hacen «a la ligera», y por ello no merecen ni el respeto, ni el acompañamiento, ni la escucha, ni la empatía, ni el reconocimiento de su sufrimiento.

Pero el tabú trasciende al aborto voluntario y se instala también en los abortos espontáneos o naturales. Perder un embarazo tiene tantas connotaciones simbólicas y está tan sujeto a la lógica aplicada a cualquier proceso sexual femenino que, para la sociedad, el aborto natural no existe. En este caso no se culpa a la madre, pero tampoco se le da un espacio de contención para que su experiencia tenga un lugar y pueda ser tenida en cuenta. A la mujer que aborta espontáneamente, todo el mundo le dirá que es un acto fallido, que hay que pasar página rápido, que seguramente es para bien, y por el que no está permitido dolerse.

Y es que, aunque la ley actual incluso contemple un permiso laboral remunerado para recuperarse de un aborto, a las pocas semanas de la pérdida a todas las mujeres se las invita a «superarlo», de manera que, antes o después, su proceso de duelo pasa a ser invisible y su normalidad, fingida.

Todo en un día

Técnicamente, la menopausia es solo un día de nuestra vida. Los doce meses previos sin regla, los que les preceden con la menstruación, más los que vienen después, son el climaterio o perimenopausia.

Y es durante el climaterio cuando las mujeres comenzamos a experimentar los cambios asociados a la transformación que está teniendo lugar en nosotras: el cuerpo deja de producir estrógenos y se reduce la progesterona, principal hormona reproductiva, con el resultado final de la retirada del periodo menstrual. Esta etapa supone, por tanto, el fin de la época fértil de las mujeres.

Cuando caen los estrógenos, el cerebro y el cuerpo dan buena cuenta de ello. Según los datos que tenemos, en torno al 85 por ciento de las mujeres va a experimentar sequedad en las mucosas (en especial la vagina y la vulva) y episodios de desregulación térmica. Pero muchas hablan también de cambios en las necesidades nutricionales, una respuesta sexual distinta y así hasta treinta posibles cambios, tanto de índole física como psicológica, que le atribuyen a este periodo. El impacto en su calidad de vida dependerá de la intensidad de los mismos, de la salud previa y de la red de apoyo que tenga la mujer para acompañarla en este tránsito. Y también del conocimiento. Porque, como sucede con todos los demás procesos de la vida sexual de las mujeres, la menopausia está enterrada bajo montañas de desinformación, estereotipos y tabúes.

Carme Valls Llobet, en *Mujeres invisibles para la medicina*, señala que existen todavía muy pocos estudios epidemiológicos de la menopausia, por lo que muchas veces las terapias recomendadas se basan en farmacología para paliar los supuestos síntomas, sin entender en profundidad los cambios que se producen en los cuerpos de las mujeres.

Según esta autora, las únicas consecuencias atribuibles al cese de producción de hormonas por el ovario son dos: las sofocaciones y la sequedad de la piel y la vagina. Los demás son cambios que tienen que ver con el hecho de vivir más de cincuenta años, pero se han vinculado al climaterio como si este fuera la causa de todos nuestros males: un cajón de sastre, a falta de poder ofrecer una comprensión más amplia de los problemas, médicos o no, de las mujeres de más edad.

Por ejemplo, el estrés, la carga mental, las dificultades laborales y económicas, la violencia de género, las cargas familiares y otras tantas desigualdades y violencias estructurales explican muchos de los problemas físicos y psicológicos de las mujeres de esta edad. Otros, como el cansancio, dolores articulares, pérdidas de memoria o carencias metabólicas existen porque se ha vivido: es simplemente la historia escrita en nuestros huesos.

Según Llobet, aunque sepamos que no somos inferiores, ni sumisas por naturaleza, las reglas patriarcales y la conversión de nuestro cuerpo en objeto de manipulación constante son dos potentes agresiones que se han ido introduciendo en nosotras y en nuestros cuerpos a lo largo de los años.

Casi todos los problemas que experimentamos cuando llegamos al climaterio tienen que ver, precisamente, con las dificultades de la medicina y la psicología para hacer un abordaje integral del mismo y darnos respuestas sensatas e informadas. Ya hemos visto que el reduccionismo se aplica a casi todas las funciones de la vida sexual de las mujeres, enfocándose solo en los momentos considerados clave para las funciones reproductivas, patologizándolos e ignorando las dimensiones emocionales, cognitivas y sociales de nuestra experiencia. Así que, de nuevo, nos encontramos ante la disyuntiva de, o bien ser consideradas enfermas, o bien minimizar nuestra experiencia reduciéndola a la nada («Un abanico, un lubricante y a correr»).

Por ejemplo, el uso de la palabra «síntoma» para referirse, en realidad, a los cambios naturales en esta etapa es en sí mismo una declaración de intenciones, porque la definición de «síntoma», tanto en medicina como en psicología, se refiere a una enfermedad. Y no todo lo que es desagradable es un síntoma, ni todos los sucesos fisiológicos o psicológicos lo son, por muy disruptivos que resulten en la vida de una persona. Lo que las mujeres experimentamos en esta etapa es una transformación que requiere de acompañamiento, comprensión, puesta en perspectiva y, en algunos casos, por supuesto, de ayuda farmacológica. No son síntomas, son cambios.

En la actualidad el climaterio y la menopausia representan una tercera parte de nuestra vida y, a diferencia de generaciones anteriores en las que la esperanza de vida era más limitada, las mujeres llegamos a la menopausia en momentos vitales muy distintos: en torno a los cincuenta años, hay tantas menopausias como mujeres. Concretamente, según la OMS, en 2030 seremos más de 1.200 millones.

La palabra «menopausia» forma parte del vocabulario popular desde hace siglos, y se usa para designar a una mujer vieja, canosa, malhumorada, sudorosa o con inestabilidad emocional. Se habla de la menopausia, sí, pero de forma totalmente imprecisa, sesgada y llena de lagunas y prejuicios, como cuando hablamos de la menstruación separándola de su ciclo.

La actriz Naomi Watts, de cincuenta y cuatro años, cuenta en sus redes sociales que un día les preguntó a sus hijos varones: «¿Sabéis qué es la menopausia?». Su hijo mayor contestó: «¿Eso no es lo que pasa cuando las ancianas mueren?». El pequeño, para completar la respuesta, dijo: «¿Eso no es lo que pasa cuando mojas la cama?». La actriz utilizó esta anécdota personal para reflejar el inmenso desconocimiento que existe en torno a esta etapa de la vida de todas las mujeres y los prejuicios vinculados a la propia palabra.

En una sociedad que nos exige belleza, juventud y fertilidad, la llegada de la menopausia implica la pérdida de todo aquello que nos hacía candidatas a la aprobación. Con la menopausia ya no podemos optar a ser valiosas porque los cambios que vivimos representan el final de muchos de los roles sobre los que hemos construido nuestra identidad.

La menopausia, en realidad, representa el final, forzado por el cuerpo, de muchas imposturas. La ruptura con muchos de los estereotipos que la sociedad patriarcal nos impone y a los que nosotras nos habíamos adaptado con sumisión.

Los múltiples estigmas que circulan en torno a la menopausia son una manera de señalar y empujar a las mujeres maduras fuera del escenario; es como si el sistema nos dijera: «¿Ya no sigues mis normas? ¿Ya no eres bonita, seductora, discreta y fértil? ¿Te atreves a existir con tus canas, tus arrugas, tus sudores, tus cambios de humor y tu vagina seca? Pues estás fuera».

Cualquiera que se dedique a la salud puede dar fe de cómo la palabra «menopausia», para muchas mujeres, es como esa espada de Damocles que en cualquier momento puede partirnos en dos. Y es que los estigmas en torno al climaterio funcionan como la culminación de muchas creencias limitantes asentadas en nuestra estructura psíquica a lo largo de los años, e impiden que podamos asomarnos a este nuevo momento de nuestras vidas con curiosidad, paciencia, autocompasión y alegría de ser y existir.

Las fluctuaciones hormonales durante el climaterio, por ejemplo, se utilizan para encasillarnos como gruñonas, imprevisibles, depresivas o desubicadas.

Al igual que sucede con cualquier fluctuación fisiológica de cualquier índole, los cambios neuroendocrinos en esta etapa tienen también una dimensión emocional. Sin embargo, el estado de ánimo no se puede explicar nunca aisladamente de otros factores, como los de personalidad, familiares, sociales, laborales y genéticos, entre otros. Así que por más que el estigma nos recuerde que si estamos enfadadas, tristes o temerosas en torno a los cincuenta, la explicación está solamente en las hormonas, la afirmación es falsa. O al menos, parcialmente falsa.

En la construcción del relato sobre la menopausia vamos a encontrarnos una y otra vez con este aviso, que no hace otra cosa que condicionar la experiencia posterior y enmarcarla donde no molesta demasiado. Así, los cambios emocionales que acompañan este periodo se dan por hechos y no se atienden, sino que se difuminan (o se medican) impidiéndonos profundizar en su origen y su significado reales.

Cuando en un proceso psicoterapéutico profundizamos en esos malestares, nos encontramos con que muchas mujeres experimentan más irritabilidad en esta etapa porque, por ejemplo, están cansadas de la doble jornada; o porque ven que sus parejas cada vez tienen más tiempo de ocio y ganan prestigio laboral, mientras que ellas se tienen que mantener al tanto de las cuestiones domésticas y familiares y asisten a la pérdida progresiva de su valor profesional (recordemos que en muchas empresas los hombres, cuando cumplen años, «ganan el valor de la experiencia», mientras que las mujeres «se quedan desfasadas»). Otras experimentan a veces una profunda tristeza porque toman conciencia del paso del tiempo y de la pérdida de la juventud; o se asoman a sus vidas para hacer balance y descubren todo aquello que hicieron o no hicieron, llevadas por la presión social. Y otras tantas tienen miedo y ansiedad porque están afrontando los cuidados, enfermedad o muerte de sus familiares más mayores, mientras ven a sus hijos volar y a algunas de sus mejores amigas en procesos oncológicos. Si las hormonas por sí solas fueran las causantes de todo este movimiento, habría que pedirles explicaciones.

Otro de los grandes damnificados supuestamente por las hormonas de las mujeres menopáusicas es el deseo sexual.

Sin embargo, la pérdida del deseo sexual tampoco es tal como nos la cuentan.

Es cierto que la caída de estrógenos y progesterona puede influir en el deseo sexual, pero la biología no lo es todo. Muchas mujeres maduras lo que pierden es el interés por una sexualidad puramente genital, pero su sexualidad sigue ahí, así como el deseo de ser tocadas, abrazadas, acariciadas, estimuladas, deseadas y amadas por aquellas personas con las que tienen relaciones sexoafectivas. Las mujeres maduras están perfectamente capacitadas para disfrutar de intimidad, complicidad, risas y ternura. Y por supuesto, para experimentar el placer de un cuerpo a cuerpo o del autoplacer.

Pero muchas no podrán acceder fácilmente a esa dimensión de su sexualidad porque nunca han sido vistas más allá de sus genitales ni deseadas sexualmente más allá del coito.

Por eso sentirán que «se han secado» no solo a nivel físico, sino también emocional. Algunas no se reconocen a sí mismas en otra manera de enredarse en la sexualidad que no sea la que han aprendido desde jóvenes.

Muchas mujeres, además, dejarán de sentirse deseables porque su piel ya no es tan firme o ha cambiado la distribución de su grasa corporal. Y como las mujeres construimos nuestro deseo como respuesta al deseo del otro, si pensamos que ya no estamos dentro del club de las apetecibles, automáticamente nuestro propio deseo se transforma en inseguridad y pérdida del sentimiento de valía corporal, lo que aún nos aleja más de la posibilidad de explorar nuevos caminos para nuestros cuerpos maduros.

Es cierto, las mujeres en esta edad experimentamos cambios en el deseo sexual; pero no necesariamente la desaparición del deseo. El que desaparece es el deseo formulado en términos androcéntricos, coitocéntricos y patriarcales. Y el cuerpo de muchas mujeres maduras ya no está para ese tipo de sexo, ya no lo desean, ya no lo quieren. Las mujeres maduras no quieren seguir adaptándose a esa fórmula porque su cuerpo ya no responde a ese juego. Necesitan otra cosa.

Muchas cerrarán la puerta a la sexualidad y se lo anunciarán a sus parejas y a sus amigas. No están dispuestas a emprender un camino casi arqueológico para rescatar a la diosa sexual que pueda habitar en el fondo de sus cuerpos y de la que no saben ni su nombre, lo cual es no solo perfectamente legítimo, sino también un ejercicio de asertividad necesario: están cansadas de complacer a otros con su cuerpo, deciden quedárselo para ellas solas y están bien consigo mismas por haber tomado esa decisión.

Otras se lanzarán a explorar nuevas posibilidades para sí mismas, solas o en compañía. Algunas descubrirán que se sienten atraídas por otras mujeres.

Pero la carrera de obstáculos no termina aquí. Para las que sí se mantienen conectadas con su deseo sexual, las que por sus circunstancias biográficas, personales y emocionales pueden acceder a nuevas formas de vivir su cuerpo y su sexualidad, para ellas, las abuelas deseantes, las cosas no están fáciles. Para nuestra sociedad una mujer madura ni desea ni es sexual, porque su sexualidad ya no va a dar fruto, es decir, no va a cumplir con su cometido social, que es excitar sexualmente al varón o darle descendencia. Por eso la sexualidad de las mujeres que han llegado o están llegando a la menopausia, cuando se muestra, es un tabú, algo que provoca muchas veces vergüenza ajena, asco y extrañeza.

El cine refleja muy bien este tabú sobre la sexualidad femenina a partir de cierta edad. Mientras que los hombres siguen siendo unos rompecorazones tengan la edad que tengan y mantienen relaciones sexuales con mujeres hasta treinta años más jóvenes que ellos, las mujeres son desterradas al frío. El asco que el cuerpo de una mujer madura puede provocar en la sociedad se pudo percibir ya en *Harold y Maude* (1971), una película realizada por Hal Ashby. En ella, Harold, un joven obsesionado con la muerte, conoce a Maude, de setenta y nueve años, en un funeral, y se enamora de ella perdidamente. Un cura le advierte: «Sería negligente por mi parte si no te dijera que la idea de [...] tu cuerpo joven y firme mezclado con su carne marchita... me da ganas de vomitar». El mensaje no es precisamente alentador.

De hecho, Susan Sontag ya advirtió en 1972 en el artículo «The double standard of aging» (El doble rasero del envejecimiento) que, a partir de los cincuenta, parece que los hombres maduren mientras las mujeres envejecen. Y es que mientras para los sofocos o la sequedad vaginal hay remedios (y eficaces), lo que no hay es un antídoto para el mito de la eterna juventud.

Cuando nuestros cuerpos nos obligan a dejar de perseguir ese imposible y le ganan la carrera a nuestros esfuerzos por mantener una imagen impecable, es normal que el miedo se apodere de nosotras. Si ya no podemos impostar belleza, juventud y sensualidad, ¿qué nos queda?

La respuesta quizá no la sepamos, pero ahí va una pista: hacernos mayores no es lo peor que nos puede pasar, es lo más antisistema que podemos hacer.

PARA REFLEXIONAR

- ¿Cuándo fue la última vez que escondiste un tampón, una compresa o la copa menstrual en presencia de otras personas?
- ¿Alguna vez te has planteado que la relación que tienes con tu cuerpo y sus funciones puede estar influenciada por factores sociales y culturales?
- ¿Cuántas veces te has sentido insegura en un encuentro sexual por miedo a «estar sucia»?
- ¿En qué te afecta la publicidad de los productos para la menopausia y el envejecimiento?
- ¿Sabías que muchas mujeres no se atreven a hablar de sus dolores menstruales, sus abortos o el trato recibido en su embarazo o parto por miedo a ser juzgadas?

3

El sexo y el deseo

En el colegio, el entrenador de baloncesto se propasaba constantemente con nosotras: nos manoseaba siempre que podía, se colaba en los vestuarios o nos susurraba obscenidades en cuanto tenía ocasión. Era un secreto a voces, todas las alumnas le llamábamos el Guarro. Pero a nadie parecía llamarle la atención. Un día mi madre le pidió que me acercase a casa en su coche porque ella no podía ir a recogerme. Y ese día él fue un paso más allá conmigo. Al día siguiente fui al colegio como si nada hubiera pasado y lo borré de mi mente hasta que, veinte años más tarde, en un encuentro de antiguas alumnas, hablamos de él. De pronto comprendí lo que me había hecho. Lo que nos había hecho a todas. Hasta entonces ni lo había nombrado.

Virginia, 48 años, maestra

Mujeres sin miedo

Según cuenta la leyenda, cultivamos nuestros encantos para atraer a los hombres con falsedades y somos liantas, manipuladoras y competitivas entre nosotras. Se cuenta también que, en cuestiones de pareja, una mujer es la mayor enemiga de otra mujer. Que atrapamos a los más nobles para después

arrojar falsedades sobre su comportamiento. Que nos quejamos de vicio y les hacemos creer que los amamos cuando,
en realidad, solo nos interesa su poder o su dinero.

Circula el rumor de que fingimos nuestros orgasmos
porque no sabemos pedir lo que queremos. Y que denunciamos falsamente cuando en realidad somos nosotras las que
lo provocamos y después tenemos la cara dura de rehacer
nuestras vidas, de seguir maquillándonos, cogiendo el metro
y quedando con amigos, demostrando así lo poco afectadas
que estamos por todo ello.

Que rechazamos los piropos porque somos unas desa-
gradecidas, pero luego queremos que nos traten con cariño.
Que somos unas exageradas. Unas mentirosas.

Nuestra sexualidad ha sido y es objeto de desconocimiento y miedo, por lo que lógicamente ha sido objeto también de supresión y censura. Las mujeres hemos tenido que
esconder nuestro deseo sexual durante milenios, bajo amenaza de muerte en muchos casos. Y también hemos tenido
que esconder y callar las diversas vejaciones a nuestra intimidad haciendo ver que no pasaba nada, porque disponer
de nuestros cuerpos es una prerrogativa de los varones en el
sistema social patriarcal.

Por encima de la biología, la sexualidad humana se encuentra atravesada por multitud de significados y construcciones culturales. La interpretación que cada cual hace de su
deseo y las distintas imposiciones en forma de expectativas
y normas moldean nuestra experiencia sexual, de tal forma
que ni el placer, ni las sensaciones, ni las fantasías están predeterminados, sino que son constructos sociales de los que
todas las personas participamos.

El deseo es libre, como lo son el miedo, la ira o la tristeza. Por eso las fantasías de adulterio, tríos, intercambios o

sadomasoquismo pueden resultar perturbadoras —o no— para quien las produce, pero son tan comunes en hombres y mujeres como fantasear con quemar contenedores o huir de todo en un cohete, y representan la cristalización subjetiva de la estructura sobre la que nos movemos. Muchas mujeres, de hecho, viven estas fantasías como una traición al feminismo, a sus maridos o a su salud mental, y las ocultan.

Todas ellas pueden estar tranquilas. Son tan legítimas como cualquier otra ensoñación y, de hecho, en ocasiones traspasan las barreras de lo imaginario para pasar a formar parte de los juegos íntimos de muchas personas en un marco de deseo y consentimiento libres.

El hecho de que algunas fantasías sexuales estén, de alguna forma, proscritas por la sociedad y sean inconfesables, nos habla de que los comportamientos sexuales de las personas están provocados y a la vez regulados por la normatividad del sistema. Esa normatividad es donde se insertan los permisos y los castigos sobre lo que es aceptable y lo que no y, según este esquema, cada género tiene asignados unos modos determinados de experimentar el deseo y el placer sexual.

Pasar del deseo al acto, por ejemplo, es un privilegio masculino que durante siglos ha permitido a los hombres precisamente raptar, violar, tomar varias esposas, engañar y mantener relaciones sexuales con menores sin absolutamente ninguna consecuencia. La figura del hombre seductor y donjuanesco como colmo de la virilidad está a la orden del día, y el compadreo que genera todavía el alardear de múltiples conquistas o de mantener relaciones sexuales con mujeres al límite de la edad legal es un premio social que mantiene vigentes los amplísimos márgenes de la sexualidad masculina.

Sobre los límites de nuestra sexualidad y el uso que hacemos de la misma, sin embargo, las mujeres nos tenemos que conformar con un pasillo bien estrecho. Y dentro de ese pasillo, tenemos que escoger nuestro rol según dos categorías esenciales: decentes o putas.

Aunque ya en la Biblia encontramos estas dos figuras opuestas, la Virgen María y María Magdalena, la historiadora Gerda Lerner, en *La creación del patriarcado*, nos muestra los orígenes todavía más arcaicos de esta dicotomía, que se remonta a la formación de clases sociales en las civilizaciones antiguas mesopotámicas.

Según Lerner, se precisaba la existencia de medios visibles para distinguir entre aquellos que pertenecían a clases diferentes. Los hombres ocupaban su puesto dentro de esa jerarquía según su ocupación o el estatus social de su padre (vistiendo con ropa y adornos que así lo demostraban), mientras que las mujeres pertenecían a una clase social u otra según su filiación a un hombre que les ofrecía protección (llevando velo/pañuelo o no llevándolo).

Así, la división de las mujeres entre respetables —protegidas por sus hombres— y no respetables —que vivían en la calle— ha sido la distinción de clases fundamental entre mujeres durante siglos.

Desde entonces ha sido la filiación o el parentesco con un hombre (el padre o el marido principalmente) lo que ha definido el lugar de las mujeres en el mundo.

De hecho, cuando algunos hombres proclaman su respeto a las mujeres y lo argumentan mencionando que no podría ser de otra manera porque tienen madres, esposas, hermanas e hijas, no hacen sino dejarnos ver una noción muy interiorizada de que la valoración que merecemos se da en la medida en la que estemos relacionadas con ellos, obviando el pequeño detalle de que merecemos respeto no porque seamos sus primas, sino porque somos seres humanos.

Rituales como la comprobación de la virginidad o la pedida de mano ejemplifican la manera en la que nuestra voluntad y nuestra sexualidad han sido territorios legalmente secuestrados durante siglos. El acto de pedir la mano se remonta al derecho romano. Entonces era el padre quien tenía total potestad sobre las hijas y la esposa (a este precepto se le llamaba *manus*). Así, el acto de pedir la mano implicaba la transferencia del control y potestad jurídica de la mujer al hombre con quien se iba a casar.

Las mujeres decentes eran, entonces, las que pertenecían a un varón; hoy son también las que se ciñen al estereotipo de mujer atractiva pero potencialmente familiar y sexualmente previsible. Las otras, las malas, eran y son todas las que habitan en los márgenes de la norma, es decir, las que intentan disponer de su deseo, su cuerpo y su sexo como les viene en gana.

Por eso está bien visto que una mujer sea coqueta, se cuide, sienta deseo por los hombres y esté dispuesta a dejarse seducir, pero se penaliza que sea ella quien defina los marcos de la relación o del consentimiento, o que establezca sus propios límites sexuales más allá del deseo masculino.

En nuestra sociedad lo que se penaliza no es la sexualidad femenina: es la autonomía sexual femenina.

Por ejemplo, cuando una mujer mantiene múltiples encuentros sexuales con diferentes hombres, es una zorra, mientras que la misma conducta en un hombre le hará merecedor de un galardón del tipo «Este tío es un fiera». En una agresión sexual, por ejemplo, lo que para un hombre se considera eximente y minimiza su responsabilidad (ser promiscuo o haber bebido alcohol), para una mujer es justo al revés. Si es promiscua o ha ingerido alcohol, se la considera aún más responsable de lo sucedido.

Esta desigualdad y doble moral en cuanto a derechos y deberes sexuales es un elemento de control social que sobrevuela nuestra vida desde que nacemos. Por eso el placer femenino nos habla no solo de nuestra sexualidad, sino de todo un sistema normativo de género y de una estructura muy ceñida en la que las imposiciones definen el camino a seguir y coartan de forma violenta y férrea todo lo que se sale de lo establecido.

La música, el arte, la literatura y el cine siguen representando incesablemente esta dicotomía que implica no solamente un rol de sumisión, sino que trae aparejada toda una serie de violencias, entre las que destaca el ataque directo cuando aparecen mujeres que, o bien no se comportan, o bien no aceptan deliberadamente el rol preasignado respecto a su comportamiento sexual.

Y no pensemos que hace falta irse muy lejos en el abanico de comportamientos que pueden ser considerados como desobedientes. Basta con que una mujer (o un grupo de mujeres) vaya por la vida sola (sin la protección de un hombre en ese momento) para ser susceptible de ser tratada como un objeto sexual a disposición de quien la encuentre.

Partiendo de la dicotomía santas/putas y ubicándonos en la disidencia a ser santas, nos encontramos con dos formas de entender y abordar nuestra sexualidad: desde el placer o desde el miedo.

En este sentido, el deseo y el placer sexual de las mujeres, en el imaginario colectivo actual y pretérito, casi siempre van unidos al peligro, lo que consigue su objetivo primigenio, que es la coerción de nuestra autonomía.

En nuestro país, por ejemplo, el miedo a ser agredidas sexualmente se encuentra presente de forma preocupante entre las jóvenes.

En un estudio publicado por el Instituto de las Mujeres en 2022, el 60,7 por ciento de las que tenían entre 18 y 25 años reconoció haber sentido miedo de que alguien pudiera ejercer algún tipo de violencia sexual sobre ellas al encontrarse en espacios públicos como calles, parques, etcétera.

El ocio nocturno es también un marco habitual en el que las jóvenes experimentan sensaciones de temor asociadas a la violencia sexual. Así, un 41,6 por ciento de las entrevistadas dijo haber sentido miedo de sufrir esta forma de agresión en bares, discotecas, etcétera.

Hasta un 8,3 por ciento de las jóvenes ha sentido temor en alguna ocasión a sufrir algún tipo de violencia sexual por parte de su pareja, y no faltan quienes lo han padecido en contextos laborales (5,7 por ciento), educativos (5,9 por ciento) y familiares (5,2 por ciento).

Pero el peligro de centrarnos en los relatos de terror sexual, en detrimento de la construcción de un nuevo paradigma del placer sexual y autonomía femeninas, es que las representaciones del peligro sexual (artísticas, periodísticas o en cualquier otra forma de comunicación) no son solo el medio que nos permite tener conocimiento de esa violencia, sino que son, en sí mismas —como apunta Nerea Barjola en su libro *Microfísica sexista del poder*— violencia sexual, porque nos aleccionan, nos atemorizan y nos paralizan.

El problema estriba en la dificultad para promover nuestras necesidades de placer mientras, al mismo tiempo, gestionamos la necesidad de protegernos frente a la violencia. Y es que el placer dentro del marco de los derechos sexuales no puede ser posible sin la garantía de otro tipo de derechos.

La periodista Ana Requena, en *Feminismo vibrante,* se pregunta cómo podemos hacer para denunciar las violencias sexuales que vivimos sin que ese grito sirva para disciplinarnos y achantarnos, y propone un cambio radical en la forma de vivirlo: conocernos más, mejor, y tomar las riendas de nuestros cuerpos deseantes y apropiarnos de una vez por todas del relato que habla de nosotras. En sus propias palabras: «Hablemos de lo que nos hace gritar y de cómo lo queremos, construyamos un nuevo discurso sexual, pongamos en el centro los placeres».

Que la detengan

Niñas y niños adquieren aprendizajes muy distintos en torno a su sexualidad. Mediante estereotipos de género diferentes, reciben mensajes que conforman sistemas de creencias distintos y que operan en forma de pensamientos, emociones y conductas perfectamente engranados.

Para empezar, las niñas construyen su sexualidad atravesadas por tres estereotipos: la belleza, el recato y la sumisión. Y sobre los tres sobrevuela un destino ineludible: ser deseable.

La belleza se traduce en la búsqueda de una imagen que resulte sexy, y las chicas harán lo imposible por recibir una mirada de aprobación de los chicos de su entorno. Sin embargo, como reciben a la vez el mensaje de que su cuerpo es imperfecto, esa búsqueda estará sembrada de miedos e inseguridades. Pensamientos como «¿Quién me va a querer con estos pelos?» o «Si pierdo peso, se fijará en mí» podrían formar parte de los esquemas cognitivos de muchas chicas.

Un informe redactado para la American Psychological Association en 2007 sobre la sexualización de las niñas señala que estos mensajes relacionan directamente el éxito de la mujer con sus atributos físicos y anulan el valor de cualquier otra cualidad personal o profesional, influenciando con fuerza a las niñas desde los cuatro años.

La hipersexualización del cuerpo femenino desde la infancia es un fenómeno global que refleja fielmente el·imperativo de existir para estimular la mirada del otro, para excitarlo. La ropa que simula y moldea el cuerpo para parecer más mayores, los tacones, los disfraces para niñas con un toque picante, los productos de belleza infantiles, tangas y sostenes para niñas de ocho años, el lenguaje que se utiliza tanto pública como familiarmente para referirse a ellas en términos sexualizados («preciosa», «sexy» o «rompecorazones»), las poses de las niñas en anuncios, videoclips, pasarelas y series de televisión y los concursos de belleza infantiles son ejemplos de ello.

¿Qué nos lleva a pensar que una niña de diez años (si no menos) es un ser al que hay que valorar por sus atributos sexuales?

Crecer bajo la expectativa de resultar sexualmente atractiva mucho antes de que el desarrollo psicosexual haya concluido, recibir una y otra vez mensajes dirigidos a tomar conciencia de su potencial sexual y hacerlo además bajo la mirada sexualizadora de los hombres en los espacios públicos y privados define una visión sobre sí mismas para todas las futuras chicas y mujeres del mundo: somos objetos de deseo. Y debemos parecerlo.

El recato que se nos pide también podría parecer una expectativa contradictoria frente a todo lo anterior; sin embargo, no se refiere al cuerpo ni a la imagen. Donde se espera el recato es en la demostración del propio deseo. Es decir, de las mujeres se espera que nos controlemos emocionalmente, al menos hasta que un hombre lo decida. Por eso una chica exuberante, vestida de forma sugerente, maquillada para gustar y sonriente será una chica diez.

Pero si junto a todo eso además es demasiado lanzada, demasiado ruidosa, habladora o expansiva corporalmente, será una puta. El recato no se busca en el cuerpo ni en la ropa, se busca en el comportamiento: escuchar sin interrumpir, sonreír disimuladamente, mirar con arrobo, cruzar las piernas o ruborizarse (el rubor femenino ha sido un signo erótico por excelencia, de ahí su recreación usando colorete) son algunas de esas imposturas que, junto con un buen escote, nos hacen realmente femeninas a ojos de quien mira. Las mujeres podemos admirar, pero no desear.

La sumisión, por último, es la aceptación del deseo del otro como motor y guía del propio deseo. El objetivo es la gratificación sexual del varón, quien sí reconoce su propio deseo y sabe cómo articularlo. Para ello, para complacer al otro, hay que negar las propias necesidades y disociarse del propio cuerpo privilegiando la identificación de las necesidades y sensaciones del otro y dándoles paso como si fueran propias.

La aceptación tácita del deseo masculino, bien sea propuesto, bien sea impuesto, forma parte del aprendizaje sexual de cualquier mujer. Los matrimonios forzosos o la guarda y custodia de la virginidad forman parte de la construcción social del hombre como propietario de nuestro sexo.

Las mujeres, salvo que alguien nos enseñe lo contrario, aprendemos una sexualidad puesta a disposición y servicio de un otro, falocéntrica y basada en la penetración, por lo que aprendemos a ser pasivas e interiorizamos que el sujeto deseante es el otro, mientras que nosotras somos (y debemos ser) el objeto deseado. Ellos son los sujetos activos, los que avanzan y toman lo que desean, mientras que nosotras somos los objetos pasivos, las que recibimos al varón y le damos lo que desea. El deseo, tal y como lo aprendemos, va en una única dirección: de hombre a mujer.

Los chicos aprenden una sexualidad bastante diferente y no precisamente mejor o más sana. En su caso, los estereotipos de virilidad, conquista y dominación funcionan como complementos de los de sus compañeras, pero en ocasiones llevados al extremo de lo que hoy llamamos «masculinidad tóxica».

Así, la virilidad se traduce en la obligación de mostrar fuerza y abultados atributos físicos, pero no tanto para ser aceptados por las mujeres, sino para infundir respeto y admiración en los demás hombres. La competitividad en los vestuarios masculinos por ver quién exhibe más bíceps, más pelo en el pecho o más compañeras sexuales tiene un nombre, «charla de vestuario», y se refiere precisamente a estos comportamientos. Los hombres aprenden, desde la infancia, que tienen que destacar físicamente para impresionar a otros hombres y competir entre ellos, además de lidiar con la presión de cumplir con sus propios mitos: la erección al instante (siempre dispuestos), la eyaculación abundante (siempre un orgasmo) y el pene gigante (nunca en reposo).

Sexualmente sobreestimulados y constantemente interpelados en su virilidad («¡Vamos, machote!»), a los niños se les invita a canalizar toda esa energía mediante la conquista. El estereotipo de hombre conquistador impregna toda la identidad masculina y se materializa en el sujeto deseante. Es él quien está atento, el que mira sin disimulo, el que se reparte a un grupo de chicas con sus compañeros y quien tiene el derecho y la obligación de poner en marcha ese deseo. Y es el sistema, mediante la presión social, quien busca en el chico, también, la presencia y dirección de ese deseo: cuando una mujer exuberante o llamativa aparece en escena, los hombres se miran entre ellos buscando inconscientemente la confirmación de que el estímulo sexual ha hecho efecto también en los demás e informándoles al mismo tiempo de su propia respuesta. Si uno no responde, inmediatamente recae en él la sospecha de la homosexualidad.

Fruto de esta educación, muchos hombres creen firmemente que si son estimulados simbólica, visual o activamente, ya no pueden parar. Que no se pueden resistir. Creen que existe algún mecanismo natural que se lo impide y, por tanto, ellos no responden de lo que pueda pasar una vez estimulados. La culpa de lo que suceda, por tanto, siempre es de quien excita.

Elisenda Julibert, en su libro *Hombres fatales,* disecciona de forma magistral este asunto de la mujer fatal. Su característica, en todos los casos, es la de arruinar la vida de quien decide amarlas. Pero la singularidad del análisis de Julibert es aportarnos el retrato de ellos, los varones, descubriéndonos que en realidad la mujer fatal, como mito, solo existe en la imaginación de aquellos que necesitan depositar en el objeto deseado toda la culpa de sus excesivas, patológicas e irrealizables necesidades.

En el libro hace referencia a que pese a que las figuras femeninas abominables como Salomé, Cleopatra o las sirenas existen desde tiempos pretéritos, no es hasta el siglo XIX, coincidiendo con significativos avances sociales para las mujeres en Occidente, que empiezan a proliferar las mujeres fatales en la literatura y el arte, lo que apoya su hipótesis: cuanto más difícil es el cortejo en términos tradicionales, cuantos más derechos sexuales alcanzamos las mujeres (como el derecho a decir no), cuantas más mujeres se atreven a desafiar la lógica de la conquista masculina, más fatales son.

Aún en nuestros días encontramos innumerables ejemplos de este esquema relacional en el que los hombres siguen depositando en nosotras la responsabilidad de su desdicha al toparse con un no. David Civera, interpretando la canción de Alejandro Abad *Que la detengan* (2002), nos ofrece un ejemplo nítido de este drama, en el que paradójicamente se tacha de mentirosa a una mujer que se atreve a no fingir su interés.

Maldita sea la noche
en la que la conocí.
Ahora vivo atrapado,
esa mujer no me deja vivir.

Malditos sean sus ojos,
sus gestos, su boca,
ese beso que me desarma.
Maldito sea el embrujo
que me cegó la razón.

Que la detengan,
es una mentirosa,
malvada y peligrosa.
Yo no la puedo controlar.

Que la detengan,
me ha robado la calma,
se ha llevado mi alma
y no me ha dejado na.

No sé qué hice esa noche,
el vino me traicionó,
solo buscaba el olvido
y fui a caer en su trampa de amor.

Ahora maldigo esa noche,
al deseo,
al destino que a ella
me quiso llevar.
Ya no me quedan más lágrimas,
solo me queda gritar.

Al ser el hombre quien tiene la obligación de desear y por tanto de disponer cómo, cuándo, cuánto y hasta dónde, es también quien domina y, por tanto, quien impone. De hecho, muchos están totalmente convencidos, incluso hoy, de que su gratificación sexual es un derecho y de que tienen que encontrarse sexualmente satisfechos para sentirse completos. Por eso muchos aprueban (y consumen) prostitución y minimizan el acoso sexual normalizándolo.

Desde el momento en que un hombre moldeado por este ideal de masculinidad comienza su conquista, cree que es su deber varonil seguir adelante. Lo contrario pone en duda su virilidad y, en consecuencia, su identidad masculina, construida desde el mandato de ser implacable y de tener éxito cueste lo que cueste.

Da igual si la llevaron a rastras hasta su cama, da igual si la emborracharon para besarla, tampoco importa si la acorralaron formal o simbólicamente, o si lo hicieron solos o en manada, el objetivo no es la persona, sino la conquista de esa persona, de ese cuerpo. Y más allá de la conquista, si fuera necesaria, la imposición, el dominio.

Tener relaciones sexuales es para ellos un triunfo sobre el cuerpo femenino.

Para muchos, la gratificación sexual se formula en términos casi bélicos: va unida indisolublemente a la dominación y, por tanto, a la resistencia y la violencia. La resistencia femenina se interpreta como un reto, no como lo que es —una negativa—, por lo que la palabra «no» en boca de una mujer pierde todo su significado y se convierte en una invitación a intentarlo más.

La cultura de la violación se construye precisamente sobre esta prerrogativa: todas las mujeres desean, en el fondo, ser doblegadas y vencidas. Y si después de insinuarse, insistir, persistir y acosarlas, ellas se mantienen firmes en su negativa, hay que obligarlas, porque ese no lo que quiere decir para algunos es «Insiste hasta que sí».

Por eso, cualquier disidencia de este guion se vive como una traición. En el momento en que no nos dejamos, no consentimos, no reafirmamos la masculinidad del otro, nos transformamos en mentirosas, despreciables, traidoras y merecedoras de un castigo por hacer sufrir a quien supuestamente está preso por su naturaleza.

Ella siempre dice sí

(*Contenido sensible para mujeres víctimas de violencia sexual).

Según un estudio elaborado por Antonio Andrés Pueyo y otros autores para el Ministerio del Interior en 2020, en España más de 2,8 millones de mujeres y niñas afirman haber sufrido violencia sexual en algún momento de su vida. El 84 por ciento de las víctimas de delitos sexuales son mujeres. El

96 por ciento de los responsables de estos delitos son hombres. Del total de delitos de violencia sexual contra las mujeres que se denuncian, el 45 por ciento es por abuso sexual, el 13,5 por ciento agresiones sexuales y el 12 por ciento agresiones sexuales con penetración. En 2022 se denunciaron en España 2.870 violaciones, una cada tres horas. Se estima que, de esas denuncias, tan solo algo más de la mitad acabarán en cárcel.

Y esto es solo lo que se ve, porque se calcula que el 95 por ciento de las agresiones sexuales no se denuncia, lo que implica que las cifras disponibles representan tan solo un 5 por ciento de la prevalencia real del problema. Las cifras impresionan.

Los datos sobre las experiencias personales de acoso y violencias sexuales muestran, con especial crudeza, la magnitud de este problema. Un estudio específico sobre esta cuestión, publicado por el Instituto de las Mujeres en 2022 bajo el título «Mujeres jóvenes y acoso en redes sociales», muestra que un 45,7 por ciento de las mujeres entre 16 y 24 años manifestaba haberse sentido ofendida, humillada, intimidada, acosada y/o agredida en redes sociales, y un 79,8 por ciento había experimentado situaciones tales como mensajes insistentes, fotos o comentarios sexualmente explícitos, insultos, amenazas, publicación de contenidos falsos, difusión o amenaza de difusión de imágenes o secretos, etcétera.

Los tocamientos sexuales no deseados y realizados al descuido (en el transporte público, locales, aglomeraciones, etcétera) son también una experiencia frecuente entre las jóvenes: un 36,2 por ciento manifiesta haberlos padecido en alguna ocasión. Un 12,7 por ciento ha sufrido tocamientos sexuales por la fuerza. Finalmente, el 9,1 por ciento de las mujeres entre 18 y 25 años ha vivido algún intento de violación o una violación.

¿Qué nos sucede entonces a tantas mujeres, por qué callamos, por qué fingimos que no ha pasado nada, por qué consentimos, por qué no reaccionamos a tiempo? ¿Por qué impostamos antes, durante y después de haber sido agredidas? No hay una sola respuesta, hay muchas.

Por un lado, muchas mujeres viven sin tener ninguna conciencia de sus derechos sexuales. No saben que no tienen el deber moral de tener relaciones con sus parejas, ni la obligación de complacerlas. No saben que existe la violación dentro del matrimonio. Otras mujeres ignoran que, aunque hayan aceptado irse con un hombre después de unas copas y hayan intercambiado algunos besos, pueden decidir cambiar de idea sobre la marcha, incluso parar durante el acto sexual si no se sienten bien. Algunas asumen los piropos y otras formas de violencia callejera como un peaje ineludible por el hecho de ser mujeres. Y otras tantas no saben que pueden rechazar y denunciar un beso o una caricia forzadas de un superior, incluso después de haber sucedido.

Estamos tan acostumbradas que muchas no tenemos ni el vocabulario para nombrar lo que nos pasa: acoso, maltrato, intimidación, abuso, agresión, violación, sumisión o consentimiento forzado son palabras que pueden tardar años en salir de las bocas de las que los sufren y muchas veces es justo en la consulta de psicología donde empiezan a desvelarse estos hechos y las palabras que los nombran.

El acoso callejero (los piropos por parte de desconocidos), las miradas lascivas, los comentarios sexistas («A las mujeres guapas siempre hay que cederles el paso»), los exhibicionistas, los roces y tocamientos en el autobús o en los bares, los comentarios en las aulas por parte de profesores, en las oficinas por parte de compañeros o superiores, los chistes machistas de nuestros amigos y familiares, y un sinfín de comportamientos sexuales invasivos, como los seguimientos callejeros nocturnos, forman parte del día a día de todas las mujeres y niñas. Los estudios nos confirman que no son anecdóticos. Y a muchas de nosotras se nos ha enseñado que esto es la vida. Que es lo normal.

Por ejemplo, los piropos generan todo un repertorio de imposturas que las mujeres aplican sobre sí mismas con el fin de evitar el acoso: vestirse «para no llamar la atención», cruzar de acera cuando hay un grupo de hombres o no contestar a comentarios desagradables con la esperanza de que nos dejen en paz son algunos de ellos.

La posibilidad de recibir otro tipo de violencias sexuales aumenta aún más esa mochila de estrategias que tantas llevamos a cuestas: cambiar el camino de vuelta a casa o volver acompañadas, fingir que hablamos por teléfono mientras caminamos solas, no sacar las llaves del bolso antes de llegar a casa para que nadie sepa que nos disponemos a entrar en un portal, no llevar coleta para que nadie pueda agarrarnos en una posible huida, no beber ni una gota de alcohol o tener el vaso permanentemente vigilado, decir que tenemos novio o novia, dejar el coche en sitios concurridos, llevar llaveros con sonidos, silbatos y espráis de pimienta son solo algunos de los comportamientos, muchas veces automáticos, que realizamos las mujeres cuando tenemos planes. Y eso que salimos a divertirnos.

La ausencia de educación sexual efectiva en las aulas unida al acceso directo a fuentes no fiables (pornografía y redes sociales principalmente) contribuyen a que ya desde muy jóvenes los chicos y las chicas aprendan un modelo de interacción sexual completamente distorsionado y basado en los peores estereotipos violentos y sexistas.

De acuerdo con un informe publicado por Save the Children en 2020 bajo el título «(Des)información sexual: pornografía y adolescencia», el acceso a estos contenidos en edades tempranas influye en la construcción de un deseo sexual asociado a «cimientos irreales, violentos y desiguales». El porno online se convierte, así, en una escuela sexual.

El «Informe Juventud en España 2020» elaborado por el INJUVE destacaba precisamente los patrones diferenciales en función del género en la relación de las personas jóvenes con la pornografía, de modo que su consumo registra «un marcadísimo carácter masculino».

Estas dinámicas aprendidas conllevan una gran dificultad para mujeres y hombres jóvenes a la hora de disfrutar de su sexualidad y vivir el placer de forma sana, libre y sin culpa.

En el caso de las chicas, las agresiones e invasiones sufridas desde niñas dificultan el autoconocimiento y las predisponen negativamente a explorar espacios públicos o privados y relaciones no normativas. En el caso de los chicos, el miedo está en no poder responder al arquetipo de macho violento y dominante bajo la amenaza de ser considerado poco hombre.

Cuando llegamos a la edad adulta, el mensaje de sumisión está tan profundamente arraigado en la identidad de las mujeres y el de hiperexcitación en los hombres que, aunque nuestros cuerpos digan lo contrario, haremos lo posible por comportarnos como se supone que es lo correcto.

El guion del intercambio romántico que hemos aprendido implica que a nosotras se nos ofrece y se nos invita a tener sexo; si eso no funciona, se nos convence; si esto tampoco funciona, se nos insiste; y si eso tampoco surte efecto, se nos puede robar un beso y, a continuación, todo lo demás. Si el poder que ostentan ambas partes de este intercambio fuera el mismo, el problema terminaría mucho antes de empezar, porque la parte que no desea le pararía los pies a la parte que hace la propuesta y esta aceptaría la negativa sin ambages. Pero sabemos que si la otra parte es un varón, no siempre aceptará un no.

El problema es que, mucho antes de producirse ningún intercambio sexoafectivo entre hombres y mujeres, ya estamos sentados sobre una profunda desigualdad estructural: en el proceso de interiorización de nuestro rol en las relaciones de pareja, las mujeres partimos de un esquema de siglos de indefensión aprendida y los varones parten de un esquema de siglos de prevalimiento, lo que hace que, desde el punto de vista emocional, cognitivo y conductual, la mayoría de las mujeres no vean absolutamente ninguna escapatoria a la insistencia masculina. El poder simbólico lo tiene el varón. Y esto lo sabemos nosotras y lo saben ellos.

Y saberlo no significa necesariamente estar de acuerdo, ni vernos a nosotras mismas como víctimas o damas desvalidas y a todos los hombres como agresores en potencia: significa nombrar lo que sucede para designar un punto de partida totalmente necesario si queremos transformar las dinámicas que nos unen.

El consentimiento femenino, decir que sí cuando en realidad todo nuestro cuerpo gritaría que no, constituye en muchos casos una forma de autoprotección, ya que, en la escalada de insistencia, todas sabemos que la violencia física es una posibilidad muy real.

El «Diagnóstico de las mujeres jóvenes en la España de hoy», realizado por el Instituto de las Mujeres en 2019 sobre una muestra de 1.200 mujeres jóvenes, aportó el dato de que el 57,7 por ciento de las encuestadas había mantenido relaciones sexuales sin tener ganas.

Aun así, no todo el sexo sin deseo (entendiendo el deseo como activación sexual o disposición a la misma) implica que la participación en el acto sexual se haya producido de manera forzosa o violenta. Dentro de las situaciones que pueden darse, el consentimiento entendido como complacencia (el deseo de dar placer al otro) estaría justo en el extremo opuesto a todas las violencias nombradas y formaría parte de un intercambio de placeres que se inscribiría, idealmente, dentro de los códigos íntimos de cada pareja y de los acuerdos tácitos sobre la forma en la que quieren dar y recibir placer: simultáneamente, en paralelo, cooperativamente, por separado, en diferido, etcétera...

Aunque no sería del todo justo obviar que la complacencia (es decir, sentirnos bien a través de proporcionar placer o cuidados al otro) forma también parte del listado de tareas que aprendemos desde niñas para ser buenas chicas, por lo que solo cada una sabe si complace desde la libertad o porque solo ha podido aprender a sentir placer a través de la satisfacción del otro.

Por desgracia, la manera en la que tiene lugar el consentimiento no siempre implica un proceso de toma de decisiones voluntaria, consensuada y consciente. En muchos casos se trata de una respuesta automática mediada por la urgencia traumática de la situación; otras, por la rápida escalada de los acontecimientos, o por el hecho de actuar bajo los efectos de estupefacientes.

Por ejemplo, cuando el consentimiento se fuerza en un contexto previo de confianza o familiaridad (el 95 por ciento de las agresiones sexuales se da en el entorno de confianza de la víctima), la persona experimenta un fenómeno llamado «disonancia cognitiva». Esta fue descrita en 1957 por el psicólogo Leon Festinger como la tensión o desarmonía interna del sistema de ideas, creencias y emociones cuando estas entran en conflicto o son incompatibles. Por ejemplo, si una mujer accede a subir a casa de su pareja y una vez allí esta se comporta de forma explícitamente sexual sin que la mujer lo desee, pero aun así acaba accediendo a mantener relaciones para evitar el conflicto, es muy probable que inmediatamente después experimente disonancia entre lo que quería hacer y lo que hizo. Festinger y otros investigadores realizaron multitud de experimentos que demuestran empíricamente cómo opera este fenómeno en las personas: las acciones que llevamos a cabo para reducir esta disonancia están motivadas, en primer lugar, por la necesidad de preservar un sentido cohesionado de la experiencia, y en segundo lugar, para restablecer la sensación de seguridad, por lo que nuestro sistema optará por la solución menos disruptiva, que suele ser generar un relato interno que justifique nuestra conducta («En el fondo yo le quiero», o «Yo le provoqué, no tenía que haber subido a su piso», o «Era lo mejor que podía hacer en ese momento»), difuminando cualquier posibilidad de apelar a los propios derechos en esa situación.

Este fenómeno explica por qué, en algunos casos, las mujeres tardan varias horas, días o semanas en articular la noción de que se han visto arrastradas a una experiencia que no deseaban. Cuando la autojustificación no funciona y el malestar persiste, con suerte algunas podrán hacer una reconstrucción más precisa de los hechos y darse cuenta de la concatenación de presiones que las llevaron a acceder a los requerimientos del otro y las verdaderas razones de su consentimiento.

En octubre de 2017 nació en Estados Unidos el movimiento Me Too, heredero de otros movimientos similares en años previos, para denunciar las agresiones y el acoso sexual que sufren las mujeres en el mundo de la industria audiovisual y que han callado durante años. El movimiento surgió a raíz de las acusaciones contra el productor de cine Harvey Weinstein e inmediatamente se propagó a otros tantos directores, productores y actores consiguiendo gran repercusión mundial y, sobre todo, dándole legitimidad a denunciar la violencia sexual aunque haya pasado tiempo desde los hechos.

Cuando la agresión tiene lugar de forma abrupta o la escalada de la situación es tal que la persona siente que existe un riesgo físico o vital inminente, se activará una respuesta de supervivencia innata e incontrolable: la parálisis.

El estudio publicado en 2023 en la revista *Nature Human Behaviour* por los neurocientíficos Ebani Dhawan y Patrick Haggard señala que las víctimas de agresiones sexuales frecuentemente informan de inmovilidad durante los hechos, a menudo utilizando el término «congelación».

La evidencia neurocientífica confirma que el miedo y la amenaza pueden bloquear los circuitos neuronales corticales para el control de la acción, lo que lleva a una inmovilidad involuntaria.

Sin embargo, muchas mujeres renunciarán a su propia defensa precisamente por creer que, al no defenderse activamente, consintieron. No podemos culparlas: muchos jueces también lo creen así. Juzgar las agresiones sexuales solo en función de si hubo violencia o intimidación, o cuestionar el hecho de que la víctima denuncie pasado un tiempo, es desconocer por completo cómo opera la violencia sexual y las respuestas humanas normales en esas situaciones. En cualquier caso, la Justicia solamente refleja la manera en la que parte de la sociedad entiende la violencia sexual.

La victimización secundaria son los daños de dimensión psicológica o patrimonial que sufre la persona como consecuencia de una asistencia inadecuada por parte del sistema judicial, e incluye los efectos traumatizantes que se derivan de las exploraciones médico-forenses, los vergonzosos interrogatorios policiales o judiciales en los que se les pregunta a las mujeres si «cerraron las piernas», el contacto con el agresor en el juicio oral y, en un sentido más amplio, los efectos del tratamiento informativo del suceso por parte de los medios de comunicación (que interpretan cualquier signo de normalidad en la vida de la víctima como confirmación de su mentira, por ejemplo) y el estigma social. Esa victimización se extiende también a la consulta de psicólogos y psiquiatras sin formación adecuada, que no en pocas ocasiones normalizan y justifican todas esas violencias.

En líneas generales, todavía hoy una mujer que verbaliza cualquier tipo de agresión sexual es inmediatamente cuestionada y tiene que probar ya no los hechos, sino su propia veracidad. Por eso, aunque en teoría casi todas las mujeres piensan que las agresiones sexuales deben denunciarse siempre, en la práctica real solo una minoría se atreve a hacerlo. El temor al proceso, el estigma y las pocas garantías de reparación hacen que muchas renuncien a cualquier posibilidad de justicia por no pasar el calvario personal, familiar y social que supone romper el silencio. Es muy difícil decir la verdad, especialmente cuando hemos aprendido que nadie nos va a creer.

Lesbianas, esas traidoras

Si es la autonomía sexual femenina lo que pone tan nervioso a un sistema androcéntrico como el nuestro, imaginemos cuál es el peor escenario posible. ¿Uno en el que no intervengan los señores para nada? ¿En el que se aniquile de un plumazo el mandato de esposa y propiedad del marido? ¿En el que el objeto sexual masculino se convierta en algo intocable e impenetrable?

Efectivamente: un escenario en el que las mujeres deciden acostarse con otras mujeres. Un escenario en el que siempre va a ser una mujer el sujeto deseante, lo que representa no solo una ruptura con el modelo hegemónico, sino una traición al propio modelo.

En palabras de la antropóloga social Dolores Juliano, «todas las regulaciones que intentan imponer un tipo de estigmatización a las mujeres y que tienen su base en las construcciones de género que existen en cada contexto cultural e histórico hacen un hincapié excesivo en lo que consideran desviaciones sexuales con respecto a la norma».

Todas las personas LGTBIQ han crecido con emociones y pensamientos que la sociedad y la política les decían que no debían tener. Todas han disimulado en algún momento de sus vidas y, cuando por fin se miran al espejo para decirse la verdad sobre sí mismas, todas tienen que luchar contra su homofobia interiorizada. El reto de reconstruir su autoestima, cambiar su relato individual, dejar de disimular, de callar y de esconderse, y salir a la calle para pelear por sus derechos en un mundo abiertamente hostil a su existencia es de una valentía tan grande que impresiona.

Si la mitad de la humanidad —las mujeres— vivimos intentando ser lo que no somos porque la sociedad nos acusa de imperfectas por definición, pero tenemos un pase como objeto del placer masculino, imaginemos lo que es ser mujer y, además, no tener ningún interés en el sexo con hombres, o tenerlo a medias, o tenerlo a veces. O ser mujer racializada. O ser mujer precarizada. O todo junto. Y es que nuestra estructura social, además de ser un sistema de género caracterizado por relaciones de poder, se entrelaza con un conjunto más amplio de sistemas, como son la etnia, el estatus, el nivel económico, la procedencia o la edad, que pueden complicar todavía más las cosas para muchas.

El «Informe Juventud en España 2020» indicaba que un 75 por ciento de las mujeres entre 15 y 29 años se define como heterosexual, un 12 por ciento como bisexual y un 6,1 por ciento como homosexual. Un 2,2 por ciento de las entrevistadas se considera asexual y un 3,6 por ciento prefiere no definirse o no se identifica con ninguna de las etiquetas previas.

El mismo año la Agencia de los Derechos Fundamentales de la Unión Europea publicaba una macroencuesta en la que se reflejaba que, pese a que nuestro país es uno en los que el colectivo tiene más visibilidad (un 26 por ciento declaró no ocultar su identidad sexual, por encima de Finlandia o Italia), casi un tercio evitaba acudir a algunos lugares por miedo o darse la mano en público con sus parejas.

El miedo de las personas LGTBIQ a ser «asaltadas, acosadas o amenazadas» se da mayoritariamente en la calle u otro tipo de espacios públicos y también en los medios de transporte, aunque también en sus lugares de trabajo y en sus hogares.

Afortunadamente no existe armario lo suficientemente grande como para meter a todas estas personas y tenerlas asfixiadas, aunque no será porque no se ha intentado.

En nuestro país, durante la represión franquista, las lesbianas y las prostitutas eran habitualmente desterradas a los hospicios, las cárceles y las instituciones psiquiátricas. Pero aunque el adoctrinamiento copaba prácticamente todos los medios con las directrices de lo correcto, no faltaban testigos que recogían de manera fidedigna lo que las supervivientes escondían.

Uno de esos testigos fue el médico Ramón Serrano Vicéns, que en *La sexualidad femenina. Una investigación estadística* describió al detalle la sexualidad oculta de las más de mil mujeres que pasaron por su consulta entre 1932 y 1961. El libro, que permaneció inédito durante años por la censura, relata que un 66,5 por ciento de las solteras deseaba tener relaciones lésbicas con una amiga o conocida, el 32 por ciento había llegado a practicarlas, y de ellas, el 80 por ciento repitió.

De modo que, a pesar de la represión y la violencia a la que estaban sometidas, las mujeres encontraban la manera de vivir su sexualidad en los márgenes. ¿Cómo lo hacían? Impostando, por supuesto. Por ejemplo, sabemos que para reconocerse, las lesbianas de la época se preguntaban al conocerse si eran libreras. «Ser librera» significaba estar en el círculo clandestino de lesbianas que se apoyaban entre ellas y se dejaban existir. Con sus compañeros homosexuales, fingían ser parejas de novios para acudir a determinados actos públicos y acordaban matrimonios para librarse así de las sospechas del régimen.

Los años sesenta y setenta trajeron a nuestro país nuevas formas de vivir la sexualidad y, con ellas, el nacimiento de espacios públicos para lesbianas, como el bar Daniel's, que abrió en 1975 en Barcelona. Para evitar las redadas, se cuenta que, al llegar la policía, encendían una luz roja y todas las clientas dejaban lo que estaban haciendo y se sentaban, actuando con normalidad.

«Tomaré lo mismo que ella»

El clítoris solo tiene una función: el placer femenino. Y además, es un órgano absolutamente revolucionario. No necesita a un hombre para ponerse en marcha, no necesita la estimulación ni participación de la vagina, no cumple ninguna función reproductiva y empapa de placer a las mujeres cuando se toca bien. Es independiente, es autónomo y, además, es de bolsillo.

Quizá por ello ha sido el órgano sexual más borrado de la historia, hasta el punto de erradicarlo violentamente del cuerpo de los millones de mujeres que todavía siguen sufriendo actos de mutilación genital. La mutilación ritual de las mujeres africanas y de algunos países de Oriente Próximo representa un acto salvaje frente a la posibilidad de placer femenino y un atentado que pone en grave riesgo su vida y las marca para siempre.

La primera vez que se diseccionó el clítoris fue en 1559, y la persona que lo logró fue el anatomista italiano Mateo Realdo Colombo. Durante los siglos posteriores médicos e investigadores trataron de encontrarle alguna función reproductiva a este órgano, ya que no podían imaginar que el placer sexual femenino pudiera existir de forma aislada de la reproducción.

Tan arraigada estaba en la sociedad y en la medicina la comprensión del cuerpo femenino a partir del varón como medida de todas las cosas, y tan fuerte era la creencia de que los genitales femeninos existían solo para recibir a los

EL SEXO Y EL DESEO

masculinos, que no les entraba en la cabeza que las mujeres pudieran obtener placer sexual de una manera que no fuera la suya, es decir, mediante la penetración vaginal, o sin ellos, mediante otro tipo de estimulación.

Tanto que incluso después de demostrarse que, efectivamente, las mujeres podían llegar al orgasmo solamente con la participación del clítoris, tuvo que llegar Sigmund Freud para calmar los ánimos y en 1905 inventarse, sin ninguna base científica, la existencia de dos tipos de orgasmos en las mujeres: el vaginal, propio de las mujeres maduras y sanas, que se conseguía mediante la penetración, y el de clítoris, propio de las mujeres inmaduras e infantiles. El mundo podía estar tranquilo porque, según él, solo las enfermas y las frígidas se resistían al placer vaginal.

Así que siguiendo esta y otras ideas descritas por el psicoanalista en sus *Tres ensayos sobre teoría sexual,* toda la comunidad científica se volcó en intentar comprender cómo tenía lugar el verdadero orgasmo, es decir, el vaginal.

En 1950 los médicos Ernst Gräfenberg y Robert Dickinson repararon en una zona de especial sensibilidad erógena, situada en la superficie suburetral del muro vaginal anterior, que se hinchaba durante el orgasmo. Y se bautizó este santo grial como «punto G», en honor a Gräfenberg. El punto G se erigió como el gran salvador de la naturaleza complementaria de hombres y mujeres, pero, sobre todo, su existencia mantenía a salvo uno de los grandes pilares sobre los que se sustenta la sexualidad masculina: la penetración.

Todos se equivocaban.

El 1 de junio de 1998, casi en los albores del siglo xx, la doctora australiana Helen O´Connell publicó en *The Journal of Urology* las primeras conclusiones de sus investigaciones sobre el clítoris. Hemos tenido que esperar dos mil años para que uno de los órganos esenciales para el placer sexual femenino pueda ser algo más que un concepto casi abstracto.

El estudio de O'Connell ha sido reconocido como una de las piezas clave en el cambio de discurso entre profesionales sobre el clítoris. Sus observaciones, además de mostrarnos las verdaderas dimensiones de este órgano (que es mucho más que un pequeño glande), relacionaron su tejido eréctil con otras zonas como la uretra y la vagina.

O'Connell sostiene que esta interconexión es la explicación fisiológica del famoso punto G, la razón por la que algunas mujeres pueden tener orgasmos con la penetración vaginal. En 2005 escribió: «La pared vaginal es, de hecho, el clítoris [...]. Si se levanta la piel de la vagina en las paredes laterales, se encuentran los bulbos del clítoris; masas triangulares y en forma de media luna de tejido eréctil».

También observó que, en algunas mujeres, los tejidos y nervios del clítoris son más extensos que en otras, por lo que mientras que para la mayoría de nosotras —entre el 70 y el 80 por ciento— el orgasmo solamente es accesible mediante la estimulación directa de las partes externas del clítoris, para otras (las menos) puede ser suficiente con la estimulación indirecta mediante el coito vaginal.

Para complicar aún más la cosa, la neurociencia también ha hecho sus hallazgos. La puesta en marcha de la respuesta sexual femenina, para empezar, se activa con una desconexión cerebral. Mientras la amígdala (centro de temor y ansiedad en el cerebro) esté activada, los impulsos que se dirigen a los centros del placer no van a poder hacer su trabajo. Por eso cualquier preocupación (trabajo, hijos, hacer la merienda o llamar al médico) o la inseguridad sobre el propio cuerpo puede interrumpir el camino hacia el placer sexual femenino.

El resultado es que las mujeres tardamos un promedio de tres a diez veces más que los hombres en tener un orgasmo.

La pregunta es inevitable: ¿8 de cada 10 mujeres se arriesgaban en los siglos que nos preceden a ser señaladas como frígidas, inmaduras o lesbianas, con el consiguiente estigma que eso les podía acarrear? ¿Y 8 de cada 10 hombres sabe que la única manera de que su pareja tenga un orgasmo es estimular su clítoris directamente —con juguetes, con la mano, con la lengua o con el pubis— y el tiempo suficiente? Todas conocemos la respuesta.

Diversos estudios publicados a lo largo de la última década afirman que en torno al 80 por ciento de las mujeres heterosexuales ha fingido orgasmos en alguna ocasión. Según las encuestas, las principales razones para fingir orgasmos son tres: evitar herir los sentimientos de nuestra pareja, mejorar nuestra autoestima sexual y poner fin a la actividad sexual.

El denominador común es que todas las mujeres que fingen un orgasmo son conscientes de que existe un consenso universal: el orgasmo debe ser parte del guion, es lo que se espera que suceda si todo va bien, de modo que su impostura es un auténtico as en la manga.

A mediados del siglo xx la sexología alcanzó gran relevancia como disciplina dentro de la psicología y se abrió un gran campo de estudio en torno al estudio científico de la sexualidad humana. En las décadas de los años sesenta y setenta, el ginecólogo William Masters y la psicóloga Virginia Johnson aportaron innumerables investigaciones y observaciones desde un marco académico que contribuyeron a definir la respuesta sexual humana. En 1966 propusieron la definición del «ciclo de respuesta sexual femenina»: excitación, meseta, orgasmo y resolución. Y la terapeuta sexual Helen Kaplan le añadió en 1979 la fase de deseo.

Este mapa enmarcó la respuesta sexual de hombres y mujeres en un mismo recorrido, con reacciones y respuestas fisiológicas análogas, hasta el punto de equipararlas.

Sin embargo, el modelo carecía de una mirada real y profunda sobre la sexualidad en general y la femenina en particular, que es bastante menos predecible y lineal de lo que Masters y Johnson proponían. Su error fue equiparar la experiencia sexual femenina a la masculina y dejar fuera cuestiones esenciales como la intimidad o el vínculo; es decir, formular un modelo desde un sesgo androcéntrico y describir como disfunciones sexuales todo lo que no encajaba en esos supuestos.

De una manera menos intencionada, otra desastrosa consecuencia de este modelo fue el hecho de que definir la respuesta sexual humana hizo que se asumiera ese itinerario y no otro como mapa mental de miles de hombres y mujeres respecto a sus encuentros sexuales. Así, pasamos del sexo con fines reproductivos a un sexo con fines orgásmicos. De este modo, las expectativas ante el placer están orientadas hacia un ideal orgásmico que deja aparcada la experimentación de otro tipo de placeres.

Y aunque propuestas posteriores suplieron las carencias de los bienintencionados Masters y Johnson, hasta la fecha todavía ninguna aportación en este campo ha tenido el calado suficiente como para cambiar el discurso social sobre la sexualidad humana.

El cuidado que ponemos las mujeres en alimentar el ego masculino es consustancial a nuestra educación. Nuestro aprendizaje social gira en torno a la complacencia, y el aprendizaje sexual es parte de ello. Si los hombres aprenden que necesitan satisfacción sexual para estar tranquilos y si todo el mundo cree que sus necesidades y deseos tienen más valor y forma que los nuestros, la dinámica sexual va a buscar la satisfacción de una parte de la pareja principalmente. Paradójicamente, parte de esa satisfacción masculina pasa por una mujer satisfecha también, pero no tanto por valorar el hecho de que nosotras disfrutemos, sino porque nuestro placer representa un logro personal para muchos. El matiz es importante, porque es la diferencia entre la generosidad y el triunfo personal.

Pilar Primo de Rivera aleccionaba así a nuestras madres y abuelas: «Si sugiere la unión, accede humildemente, teniendo siempre en cuenta que su satisfacción es más importante que la de una mujer. Cuando alcance el momento culminante, un pequeño gemido por tu parte es suficiente para indicar cualquier goce que hayas podido experimentar».

La virilidad está formulada en términos de poder, de conquista, de éxito. Y además la virilidad es coitocéntrica y enfocada en el orgasmo como culminación de una buena hazaña. Por eso, para muchos hombres el orgasmo de su pareja es un logro. Y la ausencia de orgasmo, un fracaso. Nadie les ha explicado que la sexualidad femenina es diferente, que respondemos a distintos esquemas y que muchas veces el orgasmo no es nuestra prioridad. Así que, para muchas de nosotras, regalarles un subidón de autoestima a nuestras parejas a veces es más fácil que explicarles cómo funciona realmente nuestro placer. Otras veces tiene que ver con evitar el mal humor, la inseguridad o la frustración masculina tras un encuentro sin final feliz para los dos.

La primera persona en describir un orgasmo fue Hildegarda de Bingen, una monja benedictina que, sorprendentemente, en el siglo XII recogió en su libro *Scivias* algo bastante parecido a lo que entendemos por clímax:

> Cuando la mujer se une al varón, el calor del cerebro de esta, que tiene en sí el placer, le hace saborear a aquel el placer en la unión y eyacular de su semen. Y cuando el semen ha caído en su lugar, ese fortísimo calor del cerebro lo atrae y lo retiene consigo, e inmediatamente se contrae la riñonada de la mujer, y se cierran todos los miembros que durante la menstruación están listos para abrirse, del mismo modo que un hombre fuerte sostiene una cosa dentro de la mano.

Desconocemos la forma en que Hildegarda llegó a ese conocimiento tan exacto. No podemos saber si su descripción correspondía a una experiencia propia, una confidencia de otra mujer o si, simplemente, era fruto de su fantasía. Lo que sí sabemos es que se salvó de la hoguera porque logró convencer al papa Eugenio III de que estas visiones provenían del Espíritu Santo, de tal manera que consiguió libertad para escribir todas sus revelaciones.

Las descripciones del orgasmo femenino son un territorio especialmente dado a la fábula. Basta darse un paseo por algunas novelas románticas, revistas femeninas o foros de internet para tener en nuestra mano una muestra diversa de lo que se supone que es un orgasmo de mujer. Desde «Es como un estornudo» hasta «Pierdes el control por completo de tu cuerpo, te olvidas del tiempo, te invade la ceguera, no puedes dejar de gritar, escuchas música en tu cabeza y es como si tu sexo fuera a explotar», hay un sinfín de posibles orgasmos.

Y se supone que todas hemos de tener uno y, además, ese uno ha de ser el «verdadero».

La realidad es que hay tantos orgasmos como mujeres en el mundo y, en nuestro caso, además, no siempre va a estar disponible o no siempre va a apetecernos, porque nuestra respuesta sexual no es lineal (como propusieron Masters y Johnson), sino circular. Esto implica que habrá días en los que nuestro ciclo de respuesta sexual sencillamente no pasa por el clímax (y aun así es completo), habrá otros días en los que sí, y otros tantos en los que buscaremos activamente una experiencia sexual sin orgasmo porque, aun pudiendo, no nos apetece llegar hasta ahí. Y todas esas experiencias pueden ser igualmente placenteras, liberadoras e íntimas.

Sin embargo, el reto del orgasmo se instala en nuestra vida desde que nos iniciamos en la sexualidad. Tanto durante la masturbación como durante sus relaciones sexuales con otras personas, las chicas (y los chicos) buscan su orgasmo y, cuando lo obtienen, una parte de ellas se queda tranquila. Al menos durante un tiempo, porque si ese orgasmo no es tan fantástico como lo que han leído, o como lo que les han contado sus amigas, o como lo que han visto en el porno, dudarán de sí mismas. Y si ese orgasmo obtenido en la intimidad de su masturbación no es reproducible en el cuerpo a cuerpo, se harán muchas preguntas más. Entre otras cosas, porque saben que sus parejas cuentan con los mismos parámetros que ellas y que esperan un orgasmo que puedan reconocer.

Las mujeres cuyos orgasmos, por la razón que sea, no se corresponden con ese delirio de fuegos artificiales que está en el imaginario colectivo, o aquellas que no experimentan orgasmos nunca, o solo de vez en cuando, creen que hay algo mal en ellas. Y esto tiene dos implicaciones: por un lado, que muchas se desaniman sexualmente porque creen que el paraíso no es para ellas, perdiendo progresivamente interés en disfrutar de lo que el sexo les ofrece; por otro lado, usarán sin dudarlo el comodín de la impostura porque, al menos, consiguen verse a sí mismas como todas las narrativas sexuales indican. Así, en ocasiones, fingir un orgasmo no tiene tanto que ver con complacer al otro, sino con preservar una idea de nosotras mismas que encaje en el guion, porque la alternativa es sentirnos defectuosas o imperfectas.

Seguir el guion es precisamente lo que hace que muchos hombres, desconocedores de que las mujeres podemos quedarnos satisfechas sin necesidad de clímax, pero con la mejor de sus intenciones, insistan durante el tiempo que haga falta para hacernos llegar. Y con esto aterrizamos en la tercera categoría de impostoras de orgasmos, que es la de las mujeres que lo utilizan para que sus parejas den por finalizado el trabajo, es decir, como una forma de control dentro del intercambio sexual. Esto incluye aquellas situaciones en las que las mujeres acceden a mantener relaciones sexuales sin desearlas —algo tristemente habitual— y también a aquellas que sí desean sexo, pero quieren que sea breve. Sabiendo que el orgasmo femenino es una señal para sus parejas de que pueden ir terminando, pulsar ese botón es una forma de dirigir la función como nosotras queremos.

Cuando en 1989 Rob Reiner rodó la película *Cuando Harry encontró a Sally*, no podía imaginar el impacto que tendría la siguiente escena, que tiene lugar en un restaurante en el que Sally y Harry charlan sobre las conquistas de este último:

—Yo creo que ellas se lo pasan bien.
—¿Cómo lo sabes?
—¿Qué quieres decir? Lo sé.
—Porque ellas...

—Sí, porque ellas...
—¿Cómo sabes si ellas realmente...?
—¿Quieres decir que tal vez simulan el orgasmo?
—Es posible.
—No digas tonterías.
—¿Por qué? La mayoría de las mujeres lo han simulado en un momento u otro.
—Pues conmigo no lo han simulado.
—¿Y tú cómo lo sabes?
—Porque lo sé.
—Claro, claro, lo olvidaba. Eres hombre.
—¿Y eso qué quiere decir?
—Solo que todos los hombres están seguros de que nunca les ha pasado a ellos, aunque la mayoría de las mujeres lo hemos simulado en alguna ocasión.
—¿No crees que notaría la diferencia?
—No.
—Tonterías.

A continuación Sally (Meg Ryan) finge un estupendo y ruidoso orgasmo, ante la mirada avergonzada de Harry (Billy Crystal) y el estupor del resto de los comensales.

Cuando el camarero le pregunta a la señora de la mesa de al lado qué va a tomar, esta no lo duda: «Tomaré lo mismo que ella».

Podemos asumir que la señora quería sentir el placer de Sally. Pero quién sabe si lo que en realidad deseaba era hacer lo que le diera la gana en el sexo, orgasmos fingidos incluidos, y que le diera exactamente igual la opinión de los demás. Como a Sally en esa escena.

Y es que el discurso hegemónico sobre los orgasmos fingidos nos culpabiliza y nos coloca en el escenario del cazador cazado. A las mujeres que fingen sus orgasmos se las invita a aprender a comunicarse mejor, a conocer sus cuerpos, a hacer talleres de úteros felices y terapia de pareja. Se nos dice que probemos con juguetes sexuales, que leamos libros y que seamos un poquito más feministas. Se nos pide que dejemos de fingir.

Y esto está muy bien, si no fuera porque es como pedirle a una mujer joven, después de haber sido violentada en el instituto por un compañero, que la próxima vez no se ponga minifalda para evitar que se repita el incidente, en vez de dedicarse a educar al alumnado.

Son buenos consejos, todos ellos. Pero ponen el foco en nosotras y así nos responsabilizan de nuestras propias opresiones, en vez de priorizar lo esencial: la estructura sobre la que descansan todos esos orgasmos.

Masturbación femenina

Sabemos que la masturbación de las mujeres ya no es un secreto, pero, como sucede con el resto de nuestra vida sexual, es una verdad que no se comparte. A veces ni con nuestras mejores amigas.

Mientras que los niños comparten sus primeras erecciones y eyaculaciones porque son un signo de virilidad y, en ocasiones, incluso se masturban en grupo, las niñas llegan en solitario a la masturbación, y su autoplacer se queda en la esfera de la más absoluta intimidad. Estas diferencias reflejan la brecha existente entre la legitimación sexual de los varones frente a las mujeres.

Muchas niñas aprenden que su sexualidad no existe si no es en el marco de una relación con otra persona: el varón, que es el verdadero portador de la excitación y el deseo.

Por eso, descubrir que hay algo entre nuestras piernas que vibra si lo acariciamos, lo apretamos o lo frotamos para muchas chicas jóvenes es como descubrir un timbre que es mejor hacer sonar a escondidas. La vergüenza y la culpa están ahí, acechando tras siglos de estigma cristiano y normativas heteropatriarcales.

Podría ser que la primera vergüenza sexual para muchas niñas sea la masturbación, mucho antes de la aparición de sus caracteres sexuales secundarios u otros indicadores de que el sexo ha llegado a sus cuerpos.

Pero, en paralelo, además de ser un vergonzoso timbre, la masturbación es un pequeño diamante en bruto, que muchas descubrimos por casualidad al jugar entre las barras de un columpio, al sentarnos en el borde del pupitre o al llevar unas bragas o unos leotardos apretados.

El placer sexual de la masturbación también es un maravilloso regalo para las mujeres y un cimiento sobre el que más adelante podemos construir una narrativa placentera sobre nuestra vida sexual. El primer ladrillo sobre el que se asienta nuestra relación con nuestro cuerpo y nuestro placer. El chorro de la ducha, la almohada, las manos, vegetales de formas sugerentes y botes de desodorante son solo algunas de las creativas aproximaciones al autoplacer femenino.

¿No merece la pena compartir tanto gozo y aprovechar la ocasión para tomar las riendas del aquí y el ahora sin esperar a que el otro esté listo? ¿No es interesante compartir nuestros momentos de autoplacer, incluso para dar ideas? ¿Acaso no es el exhibicionismo masculino, ya sea público o privado, una forma consumada —y violenta— de demostrarnos que no hay nada que temer por tocarse delante de otra gente, ya que ellos lo hacen?

Sucede que un elevado número de mujeres son incapaces de masturbarse en presencia de sus parejas: para muchas es vergonzoso mostrar su intimidad, placer y clímax, pero no lo es el hecho de experimentar y compartir un ruidoso orgasmo con temblores.

Tenemos nuestras razones. Una de ellas es que las distintas representaciones de la masturbación femenina en el arte, la pornografía (que, por cierto, también vemos aunque no lo confesemos), el cine o la literatura casi siempre se construyen para el hombre que mira: mujeres gimiendo, poniendo morritos, mordiéndose el labio inferior, retorciéndose suavemente entre sábanas de seda y deslizándose hacia el clímax como quien posa para una edición de *Playboy* no son exactamente una mujer real masturbándose.

Y es que la apropiación masculina de nuestra masturbación es otro hito del que hay que hablar, y debemos preguntarnos si nuestras parejas esperan vernos en esa impostura pornográfica para excitarse (en cuyo caso vamos a tener que fingir que nos masturbamos, lo cual es posible que no nos apetezca), o si de verdad podemos mostrarles la realidad tal cual es.

No es de extrañar que las mujeres tengamos más orgasmos cuando nos masturbamos que en nuestras relaciones sexuales: para muchas, la presencia del otro implica estar más pendientes de si se ve o no la celulitis que de colocar el cuerpo de determinada manera para obtener el mayor placer en el encuentro sexual.

Y aun en el caso de que nuestra pareja esté dispuesta y deseosa de vernos en nuestra versión más real, para muchas la distancia que existe entre nuestra propia idea (aprendida) de cómo querríamos ser vistas y nuestros cuerpos y caras dedicándose al autoplacer sin disimulos es demasiado grande como para estar relajadas.

¿La razón? No estamos acostumbradas a tener sexo con alguien que, en vez de estar pendiente de sí mismo, esté pendiente totalmente de nosotras. No sabemos excitarnos y gozarnos delante de un espectador cien por cien atento a la jugada. La opción de no hacerlo delante de ellos representa para muchas mujeres la posibilidad, muy legítima, de reivindicar el derecho a la intimidad de forma radical.

La masturbación femenina salió del armario en los años sesenta y setenta con la llamada «revolución sexual», de la mano de las reivindicaciones que proclamaban el autoconocimiento como herramienta liberadora y empoderante. Desde entonces existe un discurso bastante unánime que apuesta por la idea de poner sobre la mesa la masturbación, así como otros hechos sexuales femeninos.

Sobre esa misma mesa, 3,4 millones de españolas ponen a cargar por las noches sus juguetes eróticos. Y de todos ellos, el favorito es el succionador de clítoris alemán, de nombre Satisfyer, que, pese a no ser el primero del mercado, llegó en el momento preciso y batió todos los récords en las Navidades de 2019. La morfología de este juguete —adaptado para la mano femenina y sin forma fálica— y su función centrada en estimular el clítoris —y no en la penetración— rompieron con la idea que tenían muchas personas de un vibrador. El aparatito generó no pocos recelos en los hombres, no solo porque el regocijo era sospechosamente generalizado, sino porque además se había conseguido sin un pene de plástico entrando en escena.

El diario satírico *El Mundo Today,* aprovechando el revuelo, publicó en 2020 una videonoticia que reflejaba, en clave de humor, la preocupación creciente de un sector de la población sobre su uso. Con el título «Una mujer desaparece dentro del succionador de clítoris tras ponerlo al máximo», la noticia narra la manera en que una ficticia Sonia Morán de treinta y ocho años desaparece succionada ante la mirada atónita de su novio, quien le había regalado el aparato unos días antes. Tras el incidente, el hombre, que se queja de que su novia «siempre ha sido muy ansiosa y debería habérselo tomado con más calma», anuncia que «quiere denunciar ahora a la marca por dejarle sin novia y considera que la Unión Europea revise si este aparato es legal para que esto no vuelva a ocurrir jamás».

Bromas aparte, este juguete generó una importante conversación social alrededor del placer femenino: muchas mujeres tuvieron la ocasión perfecta para hablar en voz alta del derecho a tomar el control sobre la forma en que queremos hablar de nuestro placer y vieron en la masturbación femenina una ocasión de oro para empoderarnos.

Pero cuidado. La palabra «empoderamiento» es poliédrica y, dependiendo de quién la use, podemos caer en la vieja trampa de cargarnos con más responsabilidades de las que nos tocan: masturbarnos para estar más guapas, para mantenernos más activas sexualmente con nuestra pareja, para estar en forma, para superar nuestros complejos, tener más serotonina o ser mejores feministas es una lista de exigencias que pesa demasiado.

¿No podemos hacerlo porque simplemente a veces nos lo pide el cuerpo y ya, sin buscar nada a cambio? ¿Podemos dejar de perseguir ser nuestra mejor versión para simplemente ser?

¿No estamos ya hartas de hacer deberes?

El empoderamiento está muy bien, pero no todo lo que hacemos las mujeres desde la libertad debe tener ni objetivo ni resultado. No todo lo que tiene que ver con nuestro camino hacia la igualdad es necesariamente una reivindicación, ni nos tiene que ayudar a estar en paz con nosotras mismas, ni a ser mejores personas. Y es que vale que a veces nos puede apetecer darnos un homenaje con velas perfumadas, baños de espuma y sesiones de literatura erótica que nos conecten con la diosa que llevamos dentro. Pero la mayoría de las veces el autoplacer será algo mecánico, rapidito y no especialmente glamuroso.

Al igual que sucede con el deseo sexual, las distintas opciones relativas a la identidad y el género, el orgasmo o el ejercicio de nuestra vida sexual, con sus fantasías de todo tipo, la masturbación se hace o no se hace, según nos apetezca. La verdadera libertad es poder elegir qué tipo de deseo queremos, incluyendo los malos deseos. Que todos ellos estén en el menú y al mundo le dé un poco más igual lo que comemos, en sentido figurado. Y también literal.

PARA REFLEXIONAR

- ¿Cuándo fue la última vez que fingiste un orgasmo?
- ¿Alguna vez te has planteado qué pasaría si hablaras abiertamente de tu sexualidad, tus miedos, tus fantasías y tus intereses con tu pareja?
- ¿Cuántas veces te has sentido incómoda ante los comentarios, la insistencia o las miradas masculinas? ¿Lo has compartido con alguien todas y cada una de esas veces?
- ¿En qué te afecta la pornografía?
- ¿Sabías que muchas mujeres desconocen por completo la anatomía de sus genitales?

4
Las palabras, el pensamiento y las ideas

En mi familia yo tenía fama de simpática, de parlanchina. Siempre de cotilleo con las primas, de risas con mis hermanos, contándole mis historias a todo el mundo, hablando horas con mi madre por las noches... Crecí pensando que todo el mundo estaba encantado de escucharme. Hasta que llegó el día en que dije algo que nadie quería escuchar. Ese día me dijeron que esas cosas me las tenía que guardar para mí. A partir de ese momento callé eso y mucho más. Y a los demás seguí mostrándoles la versión de mí que conocían y hablando de las cosas de siempre. Ahora siento que me conocen a medias. Y me duele.

María, 34 años, deportista profesional

El silencio de las corderas

El término «histeria» proviene del vocablo griego *hysteron*, que significa «útero». Pero, a lo largo de la historia, se utilizó para designar la enfermedad propia del útero, es decir, la enfermedad de las mujeres.

Esa enfermedad, que en realidad nadie sabía muy bien qué era, ni qué síntomas tenía, ni cómo se curaba, generó durante siglos multitud de teorías, siempre desde una mirada masculina.

Por ejemplo, la involuntariamente cómica teoría del Útero Errante explicaba los síntomas de esta enfermedad gracias a la movilidad de este órgano por todo el cuerpo. Así, si una mujer sentía una presión en el pecho, es porque el útero se había desplazado hasta ahí. Si sentía molestias de espalda o dolores de cabeza, ídem. Y así toda una suerte de localizaciones en las que podría encontrarse este díscolo órgano, que generaba todo tipo de dolencias y locuras en las mujeres.

Ante la pregunta de por qué el útero tenía que andar moviéndose por el cuerpo de las mujeres como si tuviera un pasaporte, la respuesta era la que ya conocemos: como el cuerpo de las mujeres es imperfecto, el útero se mueve para encontrar cierta comodidad, que nunca encuentra.

Los médicos Hipócrates y Galeno proponían como tratamiento lo que cualquiera hubiera hecho por un animalillo descarriado: ofrecerle alimentos, usando toda clase de sustancias que se introducían en la vagina con la esperanza de que el útero volviera a su lugar, a su casa natural.

Si no se conseguía, otro remedio infalible era el casamiento, tratamiento que también proponía la Iglesia católica, pero sumándole un aspecto moral al origen de los males: aquellas aquejadas de esta enfermedad eran brujas que se habían dejado seducir por el diablo. La caza de brujas se llevó por delante a muchas de ellas.

Desde finales de la Edad Media y hasta el siglo XX, la histeria volvió progresivamente a manos de la medicina, y los sanatorios se llenaron de mujeres histéricas. En este punto se propuso la sexualidad femenina y, concretamente, el coito como eje vertebrador de esta patología que se vinculaba a la salud reproductiva, pero nadie se ponía de acuerdo ni sobre sus síntomas, ni sobre su etiología, ni sobre su curso o pronóstico. Solo una cosa estaba clara: si una mujer hacía o decía cosas raras, si se quejaba demasiado, si exageraba sus dolencias, si se encontraba mal emocionalmente, podría ser que fuera una histérica.

En *Lecciones clínicas de las enfermedades de la mujer* (1864), el médico Gunning S. Bedford hablaba de la histeria como una enfermedad irritativa de los genitales femeninos que necesitaba para su cura de «una voluntad que la domine». Así, pertrechado él y sus colegas de mucha voluntad, se cuenta que realizaban a sus pacientes un masaje pélvico manual con el que, al parecer, en ocasiones conseguían el llamado «paroxismo histérico», es decir, un orgasmo de toda la vida.

Pero no nos dejemos engañar por los detalles simpáticos de la historia. Que la palabra «histérica» se utilice todavía hoy como insulto para señalar a las mujeres nerviosas, que pierden la paciencia o se quejan de algo, que se use para describir a todas aquellas que se atreven a decir en voz alta lo que no les gusta o lo que las incomoda, nos habla de lo que en realidad ocurría dentro y fuera de esas consultas durante años: nadie quería escuchar o comprender los malestares de las mujeres.

Lo que querían es que se callaran de una vez.

Censura y castigo

No lo cuentes. Cállate. Eres una exagerada. No tienes ni idea. Nadie te va a creer. No le interesa a nadie. Eso son cosas privadas. Cuéntaselo a tus amigas. Deja hablar a los hombres.

Siglo XXI. Yoshiro Mori, que fue primer ministro de Japón entre 2000 y 2001 y presidente del Comité Organizador de los Juegos Olímpicos de Tokio de 2021, explicó durante una reunión con el Comité Olímpico Japonés abierta a la prensa: «Los consejos de administración con muchas mujeres duran demasiado tiempo. Si aumentas el número de miembros ejecutivos femeninos, y si su tiempo de palabra no está limitado en cierta medida, tienen dificultades para terminar, lo que es molesto».

Y no contento, prosiguió: «Las mujeres tienen espíritu de competición. Si una levanta la mano, las otras creen que deben expresarse también. Es por eso que todas terminan hablando. Tenemos ocho mujeres en el Comité Organizador, pero saben quedarse en su sitio».

No se puede negar que el señor Mori tuvo el arte de recoger, en apenas un par de frases, tantos estereotipos que dan ganas de premiarle con el bingo acumulado de la misoginia.

La verdad es que sus declaraciones son bastante esclarecedoras sobre el asunto de las mujeres y las palabras. Si pudiéramos utilizar un traductor automático para ver de forma aún más transparente lo que de verdad el señor Mori quería decir, obtendríamos algo parecido a esto: «Cuando permites a las mujeres acceder a espacios y puestos tradicionalmente reservados a los hombres, toman la palabra y eso les da poder. Hay que ponerles un límite. De no ser así, todas querrán hablar y ser escuchadas. Y querrán tener un sitio en la sociedad distinto al que han tenido hasta ahora, lo cual es molesto porque hace que se tambaleen los cimientos de un sistema en el que los únicos que podemos decir lo que nos da la gana y cuando nos da la gana somos nosotros».

Y hay más. Por si nos queda alguna duda de si el caso del señor Mori es un caso aislado, siempre podemos volver a los

LAS PALABRAS, EL PENSAMIENTO Y LAS IDEAS

clásicos, concretamente al año 195 a. C., cuando el historia-
dor romano Tito Livio puso en boca de Catón lo siguiente:

> Si cada uno de nosotros, Quirites, hubiese aprendido a
> mantener sus derechos y su dignidad de marido frente a la
> propia esposa, tendríamos menos problemas con las mujeres
> en su conjunto; ahora, nuestra libertad, vencida en casa por la
> insubordinación de la mujer, es machacada y pisoteada inclu-
> so aquí en el foro, y como no fuimos capaces de controlarlas
> individualmente, nos aterrorizan todas a la vez. [...] Desde el
> momento mismo en que comiencen a ser iguales, serán supe-
> riores.

Solo hay una explicación. O Catón se reencarnó en el
señor Mori, o las sociedades androcéntricas tienen esa capacidad de autoreplicarse una y otra vez con los mismos
discursos. Por eso, cuando vemos las impresionantes simili-
tudes entre las quejas de un señor de hace veintiún siglos
y un señor de ahora, nos tenemos que pellizcar para ver si
estamos despiertas.

Si la palabra es una herramienta cultural, social y política tan poderosa y sirve para denunciar, pedir, explicar,
defenderse, opinar y ocupar espacios simbólicos y no tan
simbólicos, y si el lenguaje es uno de los pilares sobre los
que se asienta nuestra civilización, ¿qué tipo de maquinaria
hay que poner en marcha para mantener cerradas las bocas
de la mitad de la humanidad?

La censura y el castigo forman parte del mismo universo
punitivo, pero de manera diferente. La censura es preventiva, mediante ella se evita hablar de determinados temas y
hacerlos visibles. El castigo se encarga de la represión de las
conductas indeseables una vez suceden.

En lo que a la palabra de las mujeres se refiere, una forma extremadamente eficaz de evitar que digamos lo que tenemos que decir ha sido la combinación de ambos métodos, es decir, una defensa preventiva: castigar censurando y censurar castigando.

Por eso, aunque son los varones los que hablan más en las reuniones de trabajo, demuestran mayor agresividad verbal y son más proclives a mandar, dirigir y organizar, existe la creencia casi universal de que somos las mujeres las que hablamos demasiado. Y ese «demasiado» tiene siempre connotaciones negativas.

Por un lado, la cultura popular, con su gran capacidad de contribuir a la formación de opiniones, lo lleva diciendo durante siglos a través de frases hechas y refraneros populares.

En España tenemos multitud de refranes que hacen alusión de forma peyorativa a las mujeres que hablan: «Donde hay barbas, callen faldas», «Truchas y mujeres, por la boca se pierden», «La mujer y el horno, por la boca se calientan» o «Mujer y perra, la que calla es buena».

Además de los refranes, otras narrativas populares como mitos, leyendas, canciones y cuentos nos sitúan siempre en el exceso verbal.

Por ejemplo, en el año 8 d. C., en el libro segundo de los *Fastos*, el poeta romano Ovidio nos habla de la náyade Lara, también conocida como Lala o Tácita Muta, a la que Júpiter castigó cruelmente por hablar más de la cuenta. Desde entonces es la diosa del silencio.

El atrevimiento de Lara consistió en avisar a su hermana Yuturna y a la esposa de Júpiter, Juno, de que el dios pretendía violar a la primera y para ello había solicitado la colaboración de las náyades. Como castigo, Júpiter le cortó la lengua a Lara y la encomendó a Mercurio para llevarla al Hades y, en el camino, el dios la violó, aprovechando la incapacidad de la ninfa para pedir auxilio.

Esta terrible historia, que describe no solo el castigo que reciben las mujeres que hablan demasiado, sino que precisa el tipo de hechos que deben callar, traspasó las fronteras de la mitología y sirvió como advertencia: aquella que hablase cuando no debía podía sufrir terribles consecuencias.

En la Edad Media, el castigo físico a las mujeres que se consideraban desobedientes, chismosas o que hablaban demasiado era habitual. Condenadas por «pecados de la lengua» o «pecados de elocuencia», se las marcaba o azotaba públicamente, se les privaba de alimento, se las inmovilizaba o se las quemaba en la hoguera.

Y en el cine y la literatura encontramos multitud de ejemplos de mujeres que hablan demasiado. Por ejemplo, en muchas de las obras de Shakespeare hay personajes femeninos presentados como chismosas o manipuladoras con las palabras.

Miremos por donde miremos, no hay rincón de la historia en el que no encontremos este revelador esquema dicotómico: la buena mujer callada y sumisa, cuyo silencio siempre es elogiable, y la mala mujer charlatana, chismosa, indiscreta, mentirosa e ignorante.

El humor también ha sido una herramienta para mantener a raya a las mujeres mediante la apariencia de la distensión amistosa.

Ese humor dirigido de arriba abajo, según la escritora Brigitte Vasallo, «nace del privilegio y ridiculiza desde la mirada poderosa, que se burla de las opresiones ajenas —nunca de las propias— y no es sátira: es simplemente otra forma de opresión».

Por eso, todos esos espacios vetados a las mujeres que van desde los bares hasta los chats de WhatsApp son espacios en los que, con chistes y camaradería, también se construyen discursos denigrantes para hacernos callar.

> ¿En qué mes dicen menos estupideces las mujeres? En febrero, porque tiene veintiocho días.
> ¿Cómo se sabe que una mujer dirá algo inteligente? Porque inicia la frase diciendo: «Oí decir a un hombre...».
> ¿Por qué las mujeres son trilingües? Porque hablan español, inglés y boludeces.

¿Cuántas veces hemos tenido que sonreír con humildad y poner buena cara en una reunión de amigos cuando se han lanzado este tipo de mensajes sexistas en clave de humor?

Por ejemplo, en 2017, en *El Hormiguero,* programa de televisión líder de audiencia que presenta Pablo Motos, la periodista y ganadora del Premio Azorín de Novela Mónica Carrillo tuvo que encajar las siguientes frases por parte de su entrevistador: «Tú eres un mito erótico y lo sabes, yo hay veces que veo las noticias y si está el volumen bajado las sigo viendo igual, estoy encantado de que salgas en la televisión», o «¿Crees que a los hombres les atraes tú y por eso les gusta leerte?».

Cuando uno se atreve a decir estas cosas delante de aproximadamente 2,4 millones de espectadores, es porque está muy seguro de que puede hacerlo.

Así, a través de narraciones, imágenes, bromas y castigos ejemplarizantes, a lo largo de los siglos se nos ha transmitido una idea muy concreta sobre las mujeres y el uso de la palabra; y a su vez, esta idea, transformada en creencia, ha servido de excusa para imponer modelos de comportamiento a la sociedad en general y a las mujeres en particular.

Este discurso compartido por todas las personas, hombres y mujeres, ha ido dibujando nuestro papel social, nuestros derechos y nuestros deberes a la hora de expresarnos.

La silla vacía

«Para la mayor parte de la historia, Anónimo era una mujer».

Lo dijo Virginia Woolf en 1929 y recogió el testigo Alison Bechdel en 1983 en sus viñetas de *Dykes to watch out for*. En la tira *The Rule,* una de las protagonistas comenta que solo está dispuesta a ver películas que cumplan con los siguientes requisitos: que aparezcan al menos dos personajes femeninos, que mantengan una conversación y que la conversación no tenga como tema un hombre.

Posteriormente se añadieron dos requisitos adicionales: que las mujeres sean personajes con nombre propio y que la conversación no se centre en relaciones afectivas.

Esta regla, que Bechdel le atribuye a su amiga Liz Wallace, se conoce como el test de Bechdel-Wallace, y, por poco exigente que parezca, cualquiera que se anime a hacer la prueba comprobará que muy pocas películas la superan: *Toy Story,* la trilogía original de *Star Wars, Misión imposible, Piratas del Caribe, Lara Croft: Tomb Raider, Reservoir Dogs, Top Gun, El show de Truman* o diez de las quince películas de Pixar, por ejemplo, no pasan el examen.

Y es que prácticamente toda la industria del cine se alimenta de contenidos que ignoran sistemáticamente el punto de vista femenino.

Amber Thomas es una investigadora a la que le picó la curiosidad después de ver *Rogue One: Una historia de Star*

Wars, y constatar que su protagonista (Jyn, interpretada por Felicity Jones) a menudo era la única mujer en las escenas. Al profundizar en la representación femenina en las diez películas más taquilleras del mundo en 2013, los datos confirmaron su intuición: solo el 27 por ciento de las líneas de diálogo fueron pronunciadas por mujeres.

Que la fuerza nos acompañe.

Un poco más adelante, en 2016, la Universidad de San Diego publicó un estudio que explica, en parte, por qué las mujeres estamos mudas en la gran pantalla: de las 500 películas más importantes de 2016 resulta que 175 no habían contratado a ninguna mujer para desempeñar ninguno de sus trabajos principales, es decir, no había mujeres en la dirección, escritura, producción ni edición.

Lo llaman el «techo del celuloide» (en alusión al «techo de cristal» sobre la brecha de género en los puestos de poder) y representa una de esas desigualdades estructurales que se perpetúan a sí mismas hasta el infinito en nuestra sociedad: como no hay mujeres en el cine, no hay mujeres en el cine.

Pero que nadie piense que solamente enmudecemos en las series o las películas. La ausencia de ideas y palabras femeninas es absolutamente abrumadora en todos los ámbitos de la cultura y la información.

Según el Proyecto de Monitoreo Global de Medios —informe llevado a cabo por Sarah Macharia para Who Makes the News, organización que registra la presencia femenina en los medios desde 1995—, solo el 25 por ciento de las personas escuchadas, leídas o vistas en radios, periódicos y televisión durante 2020 fueron mujeres. Según esta organización, si las cosas siguen igual, se necesitarán al menos sesenta y siete años más para cerrar la brecha promedio

LAS PALABRAS, EL PENSAMIENTO Y LAS IDEAS

para la igualdad de género en los medios de comunicación tradicionales. Muchas no lo veremos.

Y el proyecto TRACE («Análisis de la ausencia de las mujeres en los manuales de la ESO»), que bajo la coordinación de Ana López Navajas se publicó en 2014, arrojó también datos tremendos sobre la exclusión de las mujeres en los contenidos de los libros de texto que estudian todas nuestras hijas e hijos: solo el 7,6 por ciento de los referentes culturales y científicos en los libros de texto son femeninos y más del 92 por ciento de los personajes mencionados son hombres.

A nadie debió parecerle muy grave este flagrante borrado, ya no de las palabras de tantas mujeres que han contribuido al avance de la historia igual que los varones, sino de su misma existencia en este mundo, porque siete años después, en 2021, Newtral publicó un análisis en el que la situación, lejos de mejorar, empeora.

Revisaron cinco asignaturas de 2.º de Bachillerato en las que se cita a autores tanto en los contenidos como en los criterios de evaluación: Fundamentos del Arte II, Historia de la Filosofía, Historia del Arte, Historia de España y Cultura Audiovisual II. Vieron que, de los 419 nombres que aparecían en total, solo 20 correspondían a mujeres, lo que supone un 4,8 por ciento (frente al 95,2 por ciento de hombres). Además, las mujeres estaban concentradas en una única asignatura: Fundamentos del Arte II. Ni en Historia de la Filosofía, ni en Historia del Arte, ni en Cultura Audiovisual II, ni en Historia de España aparecía una sola mujer. En estas cuatro asignaturas el porcentaje fue del 0 por ciento.

Que las mujeres no aparezcamos en los libros de texto, sumado a la pobre edición de obras firmadas por mujeres a lo largo de la historia, implica una progresiva deslegitimación social y una falta de referentes para cada generación de mujeres y hombres que nacen bajo estas ausencias. Es muy difícil que esta transmisión de valores implícitos no deje una profunda huella en las personas que acceden a la información y la educación como forma de comprender el mundo.

Pero no solo los libros adolecen de silencio femenino. Los grandes museos europeos, ciñéndose al discurso de insignes artistas como Renoir, que afirmaba que «la mujer artista es sencillamente ridícula», ostentan una lacerante ausencia de mujeres en sus pasillos.

En 2016 el museo del Prado se atrevió a dar el paso, por primera vez en dos largos siglos, de dedicarle una exposición a una mujer. La afortunada ganadora de este crédito fue la pintora flamenca barroca Clara Peeters. Y tres años más tarde llegaron dos compañeras: Sofonisba Anguissola y Lavinia Fontana. Pero, aun con todo, las probabilidades de recorrer una de las pinacotecas más importantes del mundo y encontrarse con una obra femenina son del 0,6 por ciento. Hoy es más fácil contagiarse de gripe en Madrid que ver a una artista expuesta en el museo.

Y se puede bajar aún más la apuesta. El museo de Cera de Madrid, por ejemplo, no tiene complejos al representar, en su Café de Escritores, a quince literatos españoles, entre los que no hay ni una sola mujer. ¿Qué dirían Federica Montseny, Elena Fortún, Rosalía de Castro, Emilia Pardo Bazán, Gloria Fuertes, Carmen Laforet o Camelia Cociña al ver que sus cuerpos y sus obras no merecen una triste estatua de cera? ¿Y qué dirían sus compañeros?

No solo es el borrado. Si hay algo todavía más injusto que la ausencia de reconocimiento del propio talento, es la usurpación del mismo. Durante siglos y hasta nuestros días,

la autoría de innumerables obras femeninas ha sido atribui-
da a hombres.

Muchas, por supuesto, callaron. Otras aprendieron la
lección y le dieron la vuelta. «Si lo que hay que hacer para
que nos escuchen es llamarnos Manolo, pues Manolos seremos», debieron pensar. Y buscaron el disfraz de forma consciente: hacerse pasar por un hombre era garantía de que, al
menos, alguien leyera lo que una escribía. Así que durante
milenios las mujeres han publicado con seudónimos masculinos para no ver su obra censurada o no ser víctimas del
sesgo imperante. Fermín Caballero, George Eliot y Vernon
Lee son en realidad Cecilia Bölh de Faber, Mary Ann Evans
y Violet Paget.

Lo cierto es que hay algunas barreras difícilmente supe-
rables. Si a las dificultades que ya de por sí tenía ser mujer y
cumplir con las responsabilidades domésticas y maternales,
las trabas para formarse como artista y el talento que había
que demostrar para ser reconocida, les sumamos la invisibilización histórica, adquiere todavía más valor la fortaleza, el
tesón y el coraje de aquellas que lograron hacerse ver y oír,
aunque fuese después de muertas.

Podríamos pensar que, efectivamente, es cuestión de talento y que las mujeres estamos infrarrepresentadas en el
arte y la cultura porque no tenemos nada interesante que
contar. Pero no es cierto.

En 1952 la Orquesta Sinfónica de Boston tomó una decisión que se hizo famosa: las audiciones a ciegas. En ellas
se les pedía a las personas candidatas a formar parte de la
orquesta que tocaran detrás de un biombo, de forma que
no se pudiera conocer su género. En un primer momento,
la presencia del biombo no pareció tener impacto en los resultados de la selección: seguían pasando los hombres. Pero

entonces a alguien se le ocurrió pedirles a todas las personas que participaban que se descalzasen antes de acceder a la sala, para que no se oyeran los zapatos de tacón. Y bingo. El número de mujeres comenzó a incrementarse gradualmente no solo en esta, sino en todas las orquestas que siguieron su ejemplo: la Filarmónica de Nueva York alcanzó un 35 por ciento de intérpretes femeninas en 1997, lo que suponía un cambio radical tras décadas de no tener ni una sola mujer entre sus filas. Y en enero de 2023 la proporción era ya del 50 por ciento.

Cuando el género no importa, el talento sobra.

Lo sucedido con las audiciones a ciegas ilustra perfectamente un fenómeno que en psicología se denomina «cognición social implícita».

Este concepto, desarrollado en 1995 por los psicólogos sociales Anthony Greenwald y Mahzarin R. Banaji, explica los procesos mentales que utilizamos para atribuir significado y responder a las situaciones sociales. A diferencia de la llamada «cognición social explícita» (que implica cierto nivel de reflexión y conciencia), este fenómeno implícito es automático y sin esfuerzo consciente. Así, nuestras actitudes, prejuicios, comportamientos y decisiones están sesgados por esta trama preestablecida de creencias.

Un ejemplo de este sesgo son las actitudes y creencias automáticas que tenemos sobre ciertos grupos sociales, incluso si no somos conscientes de ellas, y explican por qué el hecho de que las mujeres no estemos representadas equitativamente en la historia hace que cada vez lo estemos menos.

La recuperación de nuestro discurso sucede gracias al esfuerzo de muchas personas, colectivos e instituciones grandes y pequeñas que ponen todo el empeño en visibilizar a esas mujeres que fueron silenciadas por quienes contaron la historia.

Por ejemplo, el libro *Un recorrido ilustrado por la historia de las literatas en Madrid,* editado por la Asociación Órbita Diversa, se dedica a la recuperación de la memoria histórica de las mujeres que poblaron la literatura madrileña desde el Siglo de Oro hasta el siglo xx.

En sus palabras a modo de introducción, podemos sentir la energía que nace de la necesidad de ser escuchadas, aquí y ahora:

> Las personas «inadecuadas» hemos tenido que inventar una brújula que nos guiará hacia nuestra historia, hacia nuestros orígenes, para así aspirar a un presente y futuro igualitario. Ojalá [...] sea brújula compartida desde hoy hasta un mañana, sin olvido ni silencios forzados, ni para nosotras las mujeres ni para nadie, que ni unas más ni otras menos, que todas tengamos nuestro lugar y voz en un largo grito suspendido que nos sobreviva.

Ellas y ellos

Durante siglos, el lenguaje sexista ha contribuido también a establecer y legitimar las diferencias e injusticias ligadas al género, causando un impacto permanente en nuestro autoconcepto y autoestima.

La razón estriba en que el uso del lenguaje refleja nuestra visión del mundo, pero también la construye, es decir, que la forma en la que describimos la realidad contribuye a la creación de esa realidad y marca nuestra manera de interpretarla. Por eso el lenguaje que utilizamos en público es tan importante, porque define las imágenes mentales con las que nos imaginamos la realidad.

En nuestra lengua concretamente, estos sesgos están muy presentes en forma de fenómenos léxicos y estructurales que, como parte del uso normal del castellano, indirectamente reproducen y mantienen los estereotipos sexistas y el androcentrismo imperante en nuestra sociedad.

Por poner uno de los ejemplos más evidentes, el *Diccionario de la Lengua Española* define «hombre» como: «1. Ser animado racional. Bajo esta acepción se comprende todo el género humano. 2. Varón, criatura racional de sexo masculino». «Mujer», sin embargo, queda definido como: «1. Persona del sexo femenino. 2. La que ha llegado a la edad de la pubertad. 3. La casada, con relación al marido».

Por un lado, están las asociaciones verbales que vinculan a las mujeres con debilidad, infantilismo o pasividad: la combinación de palabras «sexo débil», por ejemplo, nos remite instantáneamente a «mujer», pero también los términos sensibilidad, fragilidad, belleza, suavidad, histeria o intuición automáticamente nos llevan a una representación mental vinculada con lo femenino. Las cualidades positivas de los varones disponen de palabras propias (sin posibilidad de feminizarlas), como caballerosidad u hombría, mientras que a nosotras nos tocan las negativas, como arpía o víbora, que no encuentran su correlato masculino por ninguna parte.

Otro ejemplo es la duplicidad del lenguaje, como usar «señora» o «señorita» en función de si una mujer está o no casada, a diferencia de «señor», que se usa independientemente del estado civil del varón. Esta duplicidad es aún más palpable cuando se aplica a los distintos significados de una misma palabra en función de si se presenta en femenino o masculino: un zorro es un hombre astuto, una zorra es una prostituta. Un verdulero es un señor que vende acelgas, una verdulera es una prostituta. Un golfo es un caradura, una golfa es una prostituta. Un cualquiera es un don nadie y una cualquiera es, efectivamente, una prostituta.

No es difícil acabar viéndonos como putas, cuando la Real Academia Española, en su diccionario, cuenta con más de cincuenta términos para llamarnos así.

La existencia de un orden jerárquico también es un fiel reflejo de la jerarquía social imperante. En el documento nacional de identidad o el libro de familia, por ejemplo, primero va el padre y después la madre, así como el uso por defecto de los apellidos paternos o, en los diccionarios y enciclopedias, el uso del masculino siempre como primera acepción de cualquier palabra.

Por último, el uso del masculino genérico, la ausencia de nombres para denominar profesiones en femenino o la feminización y masculinización de otras tantas contribuyen a crear en el imaginario colectivo una visión absolutamente limitante y sesgada de las capacidades de las mujeres. Juez, médico, piloto, notario, delineante, bombero o concejal nos remiten a un varón y, pese a que algunas de estas palabras tienen su femenino, casi siempre son utilizadas para englobar a ambos sexos. Enfermera, cajera y asistenta, sin embargo, nos remiten a una mujer y se utilizan solo para designarnos a nosotras.

Para ilustrarlo, valga este acertijo:

> Un hombre viaja con su hijo en coche y sufren un terrible accidente. El padre sale ileso, pero el hijo está gravemente herido y precisa de una operación muy delicada para salvarle la vida. Afortunadamente, el hospital al que le envían cuenta con

grandes especialistas. Mientras el chico está en el quirófano, el personal sanitario sale a hablar con el padre: «Lo sentimos mucho, señor, contamos con la máxima autoridad en neurocirugía del país, una eminencia en su campo, pero al ver al chaval ha dicho que no puede operarlo porque es su hijo».

Para resolver el misterio hay que escuchar a la filóloga Eulàlia Lledó, quien afirma que lo que no se nombra no existe, por lo que denominar en masculino a una mujer que practica una profesión contribuye a que las profesiones de prestigio, en nuestra mente y muchas veces en la práctica, se reserven para aquellos a los que designa, es decir, a los hombres.

Los científicos, los directivos, los matemáticos, los jueces y los catedráticos son usos lingüísticos que borran de un plumazo a cualquier mujer que forme parte de un colectivo.

Por ejemplo, en 2023 salió en prensa la siguiente noticia, con pocas variaciones en los titulares: «Un equipo de científicos desarrolla en Barcelona un método rápido de detección del cáncer». Automáticamente nos imaginamos a cinco señores con bata blanca manipulando pipetas y tubos de ensayo. Pero al ir a consultar la investigación, descubrimos que en ese equipo hay cinco mujeres y cuatro hombres, y que además es una de ellas, Eva Novoa, la que ha liderado el proyecto.

A veces, «los expertos» son expertas.

Y la máxima autoridad en neurocirugía del país puede ser una mujer. Concretamente, la madre del chico del acertijo.

El extendido uso del masculino como si fuera neutro construye en las niñas una idea de provisionalidad: mientras que los niños siempre están incluidos, las niñas tienen que preguntarse si la cosa va con ellas o no. Por ejemplo, cuando un profesor dice: «Todos los estudiantes tienen que traer mañana una calculadora», si una chica no se da por aludida y no la lleva al día siguiente será reprendida y aprenderá la lección: «Cuando el profesor dice todos, se refiere también a mí», pensará. Sin embargo, cuando al día siguiente el mismo profesor diga: «Todos los estudiantes que quieran apuntarse al club de esgrima que levanten la mano», y nuestra chica la levante, el profesor le señalará el error diciendo: «Me refería a los chicos».

La fuerza simbólica de esta provisionalidad en el lenguaje es inmensa, porque lo que en realidad esta niña aprende es que está «de prestado».

Como dice Montserrat Moreno en *Cómo se enseña a ser niña. El sexismo en la escuela*:

> La niña debe aprender su identidad sociolingüística para renunciar inmediatamente a ella. Permanecerá toda su vida frente a una ambigüedad de expresión a la que terminará habituándose, con el sentimiento de que ocupa un lugar provisional en el idioma, lugar que deberá ceder inmediatamente cuando aparezca en el horizonte del discurso un individuo del sexo masculino, sea cual sea la especie a la que pertenezca.

En un experimento llevado a cabo por el departamento de Artes Plásticas del IES Berenguer Dalmau, de Catarroja en 2020, se pidió a 288 alumnos y alumnas de 1.º de la ESO a 1.º de Bachillerato que dibujaran frases en las que el sujeto estaba formulado en masculino genérico, en genérico neutro o especificando ambos géneros.

En las frases en las que se utilizaba un masculino genérico (por ejemplo «los alumnos»), solamente aparecían dibujadas un 18,35 por ciento de chicas. Esto significa que, cada vez que utilizamos el masculino genérico, estamos invisibilizando, en la mente de quien escucha, a 3 de cada 5 mujeres.

Al usar un genérico neutro («el alumnado» o «un grupo de adolescentes»), el porcentaje de chicas representadas subía al 40,69 por ciento. Y al usar ambos géneros («los alumnos y las alumnas»), el porcentaje alcanzaba el 44,90 por ciento. Aun con todo, no se llega a la paridad.

La costumbre de invisibilizarnos está tan arraigada en el lenguaje que nosotras mismas nos adaptamos a la norma y hablamos de nosotras en masculino: «Nosotros estamos felices de formar parte de este proyecto», podría decir cualquier mujer mientras hubiera un solo hombre en su grupo, y a nadie le resultaría extraño.

Hemos aprendido a pensarnos como ausentes, incluso de nuestras propias victorias y de los lugares a los que tanto esfuerzo nos ha costado pertenecer. Por eso la burla, el rechazo y el desprecio del lenguaje inclusivo son reacciones que solamente contribuyen a que las niñas y las mujeres sigamos construyendo nuestra identidad desde lo fantasmal. Y por eso tantas mujeres, a la hora de reflexionar sobre su vida y sus logros, son incapaces de darse valor y necesitan ayuda profesional para empezar a verse a sí mismas con claridad.

Tejiendo redes

No es casual que el lema feminista que triunfó durante la década de los sesenta fuera aquel que sostenía: «Lo personal es político».

En esa época el movimiento de mujeres sacó a la esfera pública muchos temas (como los relativos a nuestros derechos sexuales y reproductivos, entre otros) que hasta entonces se habían considerado demasiado triviales o privados como para someterlos a discusión o acción colectiva.

Para poder hacerlo, un siglo antes tuvo que darse otro movimiento (el sufragista) que nos dio acceso a esos altavoces, es decir, el derecho al voto y el acceso a la política.

Y si echamos la vista aún más atrás, veremos que durante todos los siglos que precedieron a estos dos puntos de inflexión, miles de mujeres fueron creando, en la sombra, el discurso de lo que vendría después.

El lenguaje es poder. Y como dice Simone Weil, las personas oprimidas son las que van a tener más dificultades para articular su sufrimiento. «Si la mayoría silenciosa encontrara la liberación del lenguaje, podrían luchar para terminar con las condiciones o los sistemas que las llevaron a su opresión».

Aunque la impostura como estrategia de supervivencia sea cosa nuestra, desde luego la resignación no lo es. Por eso, en la clandestinidad, muchas fueron creando espacios en los que la palabra y las ideas pudieron dar paso, más adelante, al coraje para desear y reclamar un lugar más justo en el mundo.

Por ejemplo, el territorio simbólico de la amistad es el espacio en el que todas las mujeres del mundo hemos encontrado escucha, comprensión, consuelo, complicidad, soluciones y apoyo.

Las amigas, amparadas bajo el concepto de sororidad, llegan donde no llega nadie más. Cuando el resto del mundo juzga, ignora o mira para otro lado, las amigas escuchan, cuidan y acompañan. Las amigas saben la verdad, porque la comparten. Ofrecen escucha incondicional. Guardan secretos. Se ríen de las dificultades. Suman recursos y aúnan fuerzas. Y por eso son las redes de mujeres las que han posibilitado algunos de los grandes cambios sociales de los últimos siglos.

Pero ¿dónde se concretaba ese territorio?, ¿dónde se reunían las mujeres?, ¿qué hacían en sus encuentros?, ¿de qué hablaban?

No es fácil encontrar documentos que arrojen algo de luz sobre este tema, porque si al borrado propio de ser mujer en la historia le sumamos la voluntad consciente de querer ser invisibles, el resultado es un camuflaje prácticamente perfecto. Desde luego, fuese lo que fuese lo que se cocía en esas reuniones, nadie iba a sospechar de un grupo de monjas entregadas a sus oraciones, de jovencitas sin capacidad intelectual o de obedientes esposas.

El nüshu, por ejemplo, fue una lengua creada por mujeres en Jiangyong (China), en el siglo III, aunque no se supo de su existencia hasta 1983. Este lenguaje secreto, que al principio era un código para ser escrito, con el tiempo se acompañó de la fonética y se convirtió en la palabra de las que no tenían palabra. La opresión machista de la época representaba para las mujeres la pérdida de voluntad, de cultura y de acceso a cualquier forma de conocimiento.

El nüshu fue la manera de escapar de esas cadenas y comunicarse entre ellas, por ejemplo, ofreciéndoles en secreto a las chicas que se casaban contra su voluntad bordados con consejos para su nueva vida alejada de las relaciones familiares de origen.

Sabemos que los conventos también fueron espacios de liberación, donde muchas mujeres se retiraron a cultivar el pensamiento con más posibilidades de sortear la hoguera que sus coetáneas. Allí, rodeadas de compañeras y protegidas del violento mundo exterior, pudieron desarrollar sus teorías, sus propuestas y sus miradas hacia el mundo. Y plasmarlas en papel. En el siglo XIV, por ejemplo, Cristina de Pizán escribió en un monasterio sobre la razón, el derecho y la justicia, y quedó para la historia su «Ciudad levantada y edificada para todas las mujeres de mérito, las de ayer, hoy y mañana».

Las mujeres del arte también encontraron sus espacios para pasar por encima de las barreras que se les imponían: en la Europa del Renacimiento, especialmente durante los siglos XV y XVI, tenían prohibido ingresar a las academias de arte y participar en la educación artística formal. La razón principal detrás de esta prohibición era la presencia de modelos masculinos y femeninos desnudos en las clases de anatomía y dibujo, visión que se consideraba inapropiada para las mujeres de esa época. Por ello, algunas se reunían y organizaban escuelas clandestinas en las que disponían de modelos que posaban para ellas.

Aun así, no pudieron exhibir, ni entonces ni durante varios siglos posteriores, sus cuadros de desnudos (por eso la mayor parte de las obras pictóricas de mujeres de esas épocas son bodegones o naturaleza).

También en los conflictos bélicos y en las dictaduras muchas mujeres transformaron los espacios que les fueron asignados como propios (el hogar, las labores o el servicio comunitario) en espacios de lucha, dándoles así un nuevo significado.

En España, por ejemplo, algunas mujeres que bordaban tejían banderas como medio de expresión y de apoyo al frente republicano. Todas fueron perseguidas, muchas encarceladas y otras tantas asesinadas.

Las mujeres arpilleristas chilenas que bordaron durante la dictadura de Pinochet también dejaron un legado único. Por un lado, tejer tenía para todas ellas un valor terapéutico, ya que se reunían en círculos que eran espacios seguros y afectivos, en mitad de tanta violencia. La arpillera les posibilitó, además, ejercer la denuncia política y tener la voz que les vedaban en la calle: a través de sus textiles narraban las situaciones que estaban ocurriendo en su entorno. Y por último, la arpillera era para ellas una fuente de ingresos en un momento en el que su libertad y su vida dependían de su autonomía económica.

En abril del año 2023 se publicó en España el libro *Revoltosas, ¿pero ustedes están locas?*, editado por el Cabildo de Lanzarote, que se adentra en la historia de un grupo de amigas de San Bartolomé que, a principios de la década de 1980, fundaron la primera murga femenina de Canarias revolucionando el Carnaval, hasta entonces masculino.

En el libro se describe «cómo de manera casi clandestina se reunían para ensayar, para crear sus canciones e idear sus disfraces trasgrediendo lo establecido». Según su autora, Mariajo Tabar, el relato dibuja un momento de transición en nuestro país, entre una sociedad que relegaba a la mujer a un espacio de sombra, servicio e invisibilidad, a otra en la que la mujer alzaba por fin la voz.

Repensar estos encuentros clandestinos como una manera de elegir una opción «femenina» como forma de resistencia en justicia no puede interpretarse meramente como una sumisión a la norma.

Para todas estas mujeres, de ayer y de hoy, que eligieron y eligen el silencio para proteger, ocultar y esconder lo que es valioso, hay que crear una mirada que reconozca su poder y su legado. Porque su silencio no es una ausencia de discurso, sino un discurso en sí mismo.

Palabra de mujer

La entrada de las mujeres en el mundo de la política a finales del siglo XIX y principios del siglo XX supuso un auténtico altavoz para hacer llegar al mundo nuestra existencia, necesidades y saberes. En esa época varios países europeos comenzaron a otorgar derechos políticos a las mujeres, aunque de manera limitada. Por ejemplo, en 1893 Nueva Zelanda se convirtió en el primer país en el mundo en otorgar el derecho de voto a las mujeres. Y en Europa, Finlandia fue uno de los primeros países en permitir que las mujeres votaran en 1906.

En España las mujeres obtuvieron el derecho al voto en 1931, durante la Segunda República. Sin embargo, fue revocado durante la dictadura de Francisco Franco (1939-1975). Después de la restauración de la democracia en España, lo recuperamos y pudimos participar en las elecciones generales de 1977.

Superar la barrera del voto femenino y todo lo que vino después (el acceso a la política) contribuyó a superar el muro de la censura y del silencio impuesto desde fuera.

Pero como no hay acción sin reacción, cuando atravesamos la barrera de lo doméstico y lo callado y accedimos a la esfera pública, intelectual, política y jurídica, aparecieron nuevas quejas y se multiplicaron las viejas violencias.

Uno de los principales argumentos que se esgrimía frente a la posibilidad de que tuviéramos voz y voto era que somos demasiado emocionales y, por tanto, incapaces de comprender y articular un pensamiento racional.

La idea de especialización de las mujeres en los sentimientos y de los hombres en la intelectualidad ha hecho que durante mucho tiempo se nos considere aptas para el discurso, pero solo el emocional.

¿Qué dice sobre esto la neurociencia?, ¿tenemos más capacidad para el lenguaje emocional que los hombres? Parece que sí, pero lo que no está tan claro es el porqué.

Las diferencias sexuales en la adquisición y el desarrollo temprano del lenguaje en la infancia están bien documentadas: en promedio, las niñas tienden a hablar antes y con mayor complejidad que los niños de la misma edad. Sin embargo, se continúa debatiendo el origen de estas diferencias.

La proteína FoxP2 desempeña un papel importante en el desarrollo del habla y el lenguaje en humanos y en la comunicación vocal en aves y otros mamíferos. En los seres humanos diversos estudios han identificado que las niñas tienen más proteína FoxP2 en la región del cerebro asociada con el lenguaje que los niños de su misma edad.

También sabemos que, en cuanto a comprensión y producción del lenguaje, las mujeres utilizan mayores redes neuronales interconectadas y más bilaterales (ambos hemisferios) que los varones. Se ha postulado que esta capacidad podría tener que ver con el rol que estas redes desempeñan en la crianza, ya que resultan especialmente útiles para identificar, comprender, traducir y estimular al recién nacido.

Pero no nos apresuremos a sacar conclusiones. Ya que el cerebro es, en parte, intersexual (es decir, que el desarrollo cerebral depende en gran medida del género, no del sexo), deberíamos preguntarnos hasta qué punto el proceso de socialización influye en el mayor o menor desarrollo de esa capacidad lingüística, especialmente en la forma en la que esa capacidad se expresa. Es decir, que podría ser que las mujeres estemos genéticamente mejor dotadas para el lenguaje (al igual que los hombres tienen más masa muscular). Pero eso no significa ni que nosotras tengamos que ir por la vida dando charlas emocionales ni que los hombres tengan la obligación de mostrar bíceps. Todas las personas valemos para algo más que para lo que nos predefine.

Varios estudios apoyan la hipótesis de que es principalmente el entorno, y no la genética, el que moldea las habilidades socioemocionales y lingüísticas de las niñas y los niños para potenciar todo aquello que redunda en los estereotipos.

En los patios de los colegios, por ejemplo, los niños desde muy pequeños ya exhiben comportamientos asociados al rol masculino, como implicarse en juegos de acción y ocupar espacios amplios para el uso, por ejemplo, de balones. Aunque algunos centros escolares se esfuerzan activamente por cambiar las dinámicas de ocupación del juego, la mayoría todavía deja al azar esa organización, lo que da lugar a la reproducción de roles sociales predeterminados.

Así, las niñas se sientan en grupos en las zonas exteriores de los patios, para no exponerse a que les den un balonazo y para no verse atrapadas en mitad de un juego de acción, por lo que comienzan a hablar mucho antes entre ellas y a explorar los círculos de amistad. Estas conversaciones precoces son esenciales para el desarrollo de esa capacidad lingüística femenina e influyen decisivamente en su proceso de socialización.

Por otro lado, la manera en la que hablamos a los bebés también difiere según el género que les hayamos asignado: a las niñas se las habla con frases más largas, en un tono más íntimo y con inflexiones más agudas, y los mensajes y juguetes puestos a su disposición tienen una carga más emocional; a los niños se les habla con vocalizaciones más breves y contundentes, en un tono más grave, y los mensajes y propuestas de juegos tienen una carga más práctica. Es decir, desde que usamos pañales, el lenguaje que escuchamos y las propuestas en torno al mismo definen nuestra futura forma de comunicarnos.

En este escenario hay muchas probabilidades de que el entorno modele, en gran medida, la manera en la que se usa el lenguaje según el género. Y que las mujeres, efectivamente, tengamos a nuestra disposición un entrenamiento temprano en el manejo de un lenguaje emocional y reflexivo, y los varones se vean expuestos al uso de un lenguaje más orientado a la consecución de objetivos y a la acción.

Según la historiadora María del Carmen García Herrero: «Pacificar, aquietar, serenar los ánimos, concordar y tantos otros verbos que remiten al restablecimiento de la paz amenazada o quebrada y al retorno a una confortable y sana rutina constituyen una expectativa sociocultural que, al menos en Occidente, ha atañido particularmente a las mujeres durante siglos».

La idea de las mujeres como mediadoras y embajadoras de la paz ha sido y es una forma sutil de dirigir nuestro discurso y el ejercicio de nuestra palabra, una vez hecho público, para que transcurra por los cauces adecuados. Cuando una mujer tiene como obligación y expectativa social la de contemporizar y apelar a los buenos sentimientos, propios y ajenos, es prácticamente imposible que se instale en la rabia o la denuncia, o que reclame la justicia.

Como dice García Herrero, «no debe extrañar el hecho de que actuar de este modo y convertirse en amigas de la paz constituyera un reiterado atributo de la santidad, reconocida oficialmente o tenida por tal, de numerosas reinas modélicas del periodo [Edad Media]».

LAS PALABRAS, EL PENSAMIENTO Y LAS IDEAS

Nos adentramos así en una distorsión sobre nuestra capacidad comunicativa totalmente vigente: se dice de nosotras que tenemos más capacidad para la comunicación pero, al mismo tiempo, que no valemos para armar un discurso con gancho y poder político y social. O explicado de otro modo: se dice de nosotras lo que se espera de nosotras. Que hablemos, sí, pero para arreglar conflictos. Ahora bien, queda terminantemente prohibido provocarlos o denunciarlos.

Dijo Rosa de Luxemburgo que lo más revolucionario que una persona puede hacer es decir siempre en voz alta lo que realmente está ocurriendo. Por eso, las mujeres que hablamos alto y claro, las que denunciamos y nos enfadamos en público somos tachadas de «violentas», «agresivas» o «demasiado vehementes», y se nos acusa de ser «malhumoradas» o «marimachos», porque nos alejamos radicalmente de lo que se presupone que debería ser nuestro estilo comunicativo.

¿Cuántas veces nos hemos mordido la lengua para no ser juzgadas, para no soliviantar los ánimos o para mantenernos en el espacio de lo amable? Probablemente muchas más que nuestros compañeros.

En 2018 la Fundación Igual a Igual realizó un estudio sobre el tiempo que tardan las mujeres que sufren violencia de género en verbalizar por primera vez su situación. El resultado mostró que la media de tiempo es de ocho años. Ocho años calladas, disimulando, fingiendo y poniendo excusas.

¿Los motivos? La mitad de ellas teme por la reacción de su agresor. Y no les falta razón, porque el momento de más riesgo para la vida de las mujeres que están en una relación de violencia es cuando hablan y denuncian lo que están viviendo. El resto pensaba que podían resolverlo solas, no se reconocían como víctimas, se sentían culpables de su situación o carecían de recursos económicos para salir adelante, entre otros argumentos.

El miedo a no ser creídas es también un motivo habitual para no denunciar la violencia. Y de nuevo, a las que callan no les faltan razones para hacerlo, porque cuando una mujer denuncia, automáticamente se pone en marcha un proceso, muchas veces amparado por los propios sesgos jurídicos, que pone en duda su palabra y la juzga a ella. Una mujer que denuncia cualquier tipo de agresión tiene que demostrar, primero, que ella es inocente y, después, la culpabilidad de su agresor.

Pero tiene sentido. Las mujeres hemos tenido que callar, esconder, disimular y silenciar tantísimas tropelías, normalizarlas y conseguir vivir como si no pasara nada que hemos contribuido, sin saberlo, a crear una idea del mundo totalmente parcial y blanqueada. Cuando contamos la verdad, cuando nos atrevemos a romper la barrera del silencio y a describir en detalle lo que hemos vivido y vivimos diariamente, la verdad puede resultar tan irreal, abrumadora, disruptiva y salvaje, tan difícil de sobrellevar, apela tanto a la propia responsabilidad y ceguera de quien escucha, que parece mentira.

¿Por qué no te callas?

A la escritora Rebecca Solnit, en el transcurso de una fiesta, un hombre le preguntó de qué trataban sus libros. Cuando ella empezó a hablarle de su última obra, el tipo la interrumpió para explicarle el contenido de otro título, muy importante, que se había publicado recientemente justo sobre ese tema.

Resulta que ese libro era el de la propia Solnit pero, al parecer, hubo que insistir bastante antes de que el bienintencionado hombre comprendiera que le estaba intentando explicar a la autora su propia obra, se callara y se fuera a otra mesa a explicar otras cosas.

Solnit recogió la anécdota en un artículo de 2008 titulado «Los hombres me explican cosas», que después vio la luz como libro junto con otros ensayos. En él hacía ver que existe un hábito masculino muy extendido de explicar cosas a las mujeres usando un tono paternalista y condescendiente.

Según distintos estudios, en el entorno laboral las mujeres sufren explicaciones no pedidas hasta en seis ocasiones a la semana, más de trescientas veces al año. Los hombres hablan tres veces más que las mujeres en reuniones de trabajo, y 2 de cada 5 mujeres afirman que sin embargo ellos las acusan de parlanchinas.

Para cerrar el círculo, resulta que cuando un hombre habla mucho, no solo no se le considera negativamente, sino al revés: se le ve como si fuera más competente que sus compañeros.

Este sesgo comportamental y cognitivo podría quedarse en lo anecdótico si no fuera porque es consecuencia y causa de que muchas niñas y mujeres interioricen paulatinamente la creencia de que su palabra vale menos y se refugien en el rol de escuchadoras. Y es que la estrategia de autolimitación es una forma de protegerse frente a este exceso: es agotador tener que pelear constantemente por nuestro turno.

La acumulación de atribuciones negativas sobre el hecho de ser mujer se traduce en la interiorización de que lo que hacemos, pensamos y decimos nosotras es mucho menos interesante que lo que hacen, piensan y dicen los demás. Incluso los libros, estudios y artículos sobre feminismo firmados por hombres han tenido históricamente mayor público y difusión que los firmados por mujeres.

Esta creencia de lo femenino como menos interesante la aprenden también los varones desde niños. Si preguntamos en un aula si algún chico está dispuesto a ocupar algún rol tradicionalmente asignado a una chica en una obra de teatro y a la inversa, ellas asumirán encantadas el papel de guerreros, jueces o médicos, pero muchos de ellos rehusarán a ser secretarias, princesas o enfermeras.

Cuando esos niños y niñas llegan a adultos habrán escuchado y leído a quienes creen que tienen las ideas y las palabras más valiosas: los hombres.

Por desgracia, nuestros silencios alimentan una confianza cada vez mayor de los varones en su propio discurso y en el de los demás hombres, lo que tiene como resultado que se perpetúe una narrativa del mundo que está siempre a medias, porque falta la voz de la otra mitad.

Una forma distinta de ocupar el espacio verbal de la persona que habla —esta vez mediante la invasión— es la interrupción. De hecho, muchas veces es una interrupción lo que precede a la explicación. Este fenómeno, ampliamente extendido también en todos los ámbitos, fue estudiado por la lingüista Kieran Snyder, quien realizó una investigación para comprobar los patrones de interrupción en las reuniones de trabajo.

La primera conclusión a la que llegó es que a todas las personas nos encanta interrumpir constantemente a los demás durante las conversaciones. La segunda es que los hombres interrumpían el doble que las mujeres, y dentro de esas interrupciones, es tres veces más probable que interrumpan a una mujer que a un hombre.

Y aquí es donde la cosa se pone interesante: las mujeres se interrumpen también todo el rato, pero, sorpresa, el 87 por ciento de las veces lo hacen entre ellas.

¿Es posible que la variable más importante no sea entonces el sexo de la persona que habla, sino el sexo de la persona que escucha? Efectivamente.

Investigaciones recientes llevadas a cabo por Adrienne Hancock (investigadora del Departamento de Ciencias del Habla y la Audición de la Universidad George Washington) y su estudiante Benjamin Rubin demuestran que tanto hombres como mujeres tienen más probabilidades de interrumpir y utilizar cláusulas dependientes cuando hablan con una mujer que con un hombre. Podemos decir, sin temor a equivocarnos, que nos callan por ser mujeres.

Y aquí llegamos a una cuestión fundamental para comprender en profundidad esta dinámica y todas las que tienen a las mujeres como depositarias de distintas presiones. La pregunta que hay que hacerse no es quién oprime, sino a quién se oprime y por qué.

Porque cuando la opresión es estructural, todos los agentes sociales, en mayor o menor medida, van a contribuir a ejercerla. Pero solo una parte de esa sociedad va a recibirla. Y nadie quiere ser esa parte.

La consecuencia de estas interrupciones y la desvalorización del discurso femenino en situaciones sociales socavan la confianza de muchas mujeres a la hora de exponerse a hablar. De hecho, la prevalencia de la fobia social (miedo a las situaciones sociales o a hablar en público) es mayor en mujeres, por lo que, aunque tengamos mucho que decir, muchas callamos por vergüenza e inseguridad.

Desde el punto de vista de la salud mental, poner en palabras las experiencias es un proceso sin el cual no puede tener lugar un procesamiento saludable de la experiencia humana. La experiencia mental subjetiva necesita ser procesada y servirse del lenguaje para activar los procesos corticales necesarios de cara a resolver los conflictos psíquicos: tomar conciencia, identificar, nombrar son pasos esenciales para dotar a las experiencias internas de significado, y poder, por tanto, manejarlas. La palabra, además, es esencial para comunicar el malestar a otras personas y establecer vínculos de ayuda, como parte de las estrategias interpersonales esenciales para el bienestar. Si las personas no se comunican, su salud mental se ve deteriorada, especialmente cuando sufren por algún motivo.

Por eso, negar la palabra, acotar sus usos y sus espacios, desestimar y deslegitimar los contenidos de la narrativa femenina hasta hacerlos desaparecer es un atentado directo contra la salud mental de millones de mujeres.

Nuestra costumbre de callar, asumir, sonreír cuando no tenemos ganas y empequeñecernos tiene un gran impacto en nuestra vida y en nuestro entorno; de ahí, la importancia de construir redes personales, sociales y políticas de apoyo que sean espacios amables y seguros para articular nuestras diversas verdades en palabras.

Hagámoslo por las que hablamos, por las que callan y, muy especialmente, por todas las que ya no pueden contarlo.

PARA REFLEXIONAR

- ¿Cuándo fue la última vez que un hombre te explicó concienzudamente algo que ya sabías?
- ¿Alguna vez te has planteado si en tu entorno se te escucha más cuando hablas, por ejemplo, de asuntos triviales que cuando intentas dar tu opinión sobre un asunto político o económico candente?
- ¿Cuántas veces te interrumpen tus compañeros de trabajo o tus amigos varones cuando tienes tú el turno de palabra?
- ¿En qué te afecta haber estudiado con libros sesgados por referentes masculinos?
- ¿Sabías que a la autora de *Harry Potter*, J. K. Rowling, sus editores le pidieron que firmase con un nombre que ocultase su género para vender más ejemplares?

5

Las emociones

El otro día, en una reunión online con varias personas, me di cuenta de una cosa que me hizo sentir muy insegura. De todas las personas que participaban en la reunión, yo era la única que dejaba entrever sus emociones en el tono de voz, el rostro y la postura corporal. Cuando alguien hablaba, yo sonreía y asentía comprensivamente, o mi mirada mostraba preocupación si alguien planteaba un problema. El resto de los participantes, sin embargo, estaban planos, sin mostrar apenas reacciones a nada de lo que se estaba hablando. Pensé que una de las razones por las que siento que a veces no me toman en serio es precisamente porque parezco demasiado sensible. Así que he cambiado de estrategia y ahora intento poner cara de póquer para que nadie me vea como una persona frágil. Creo que estas son las reglas del juego.

Olga, 41 años, abogada

Exageradas

Fue Descartes (cuyo pensamiento, por cierto, parece que estuvo bastante influenciado por la obra de Teresa de Ávila) el que propuso en el siglo XVII dividir al ser humano en dos entidades: el alma (pensamiento) y el cuerpo.

Sin embargo, la filosofía cartesiana, a pesar de que su autor y sus seguidores ostentaban ciertas inquietudes igualitarias bastante avanzadas para su época, ha sido un gran factor de desigualdad en los siglos siguientes, básicamente porque se interpretó de tal forma que la propuesta original acabó convirtiéndose en una dicotomía sexista: lo racional, lógico y pensante se asimiló a lo masculino, mientras que lo emocional, irracional e instintivo se consideró propio de las mujeres.

El mundo emocional quedó, entonces, equiparado a lo femenino, a lo peligroso, a lo imprevisible y fuera de control. Y la forma de ponerlo todo en su sitio fue señalar qué emociones son apropiadas y cuáles no, en función de si es una mujer o un hombre quien las experimenta.

La polarización emocional basada en el género es coherente con los arquetipos de lo femenino y lo masculino que imperan en nuestra cultura.

Por ejemplo, la frase «Los hombres no lloran» se queda cortísima para acercarnos a la tonelada de mandatos emocionales que recae sobre los varones, que no solo no pueden llorar, sino que tampoco pueden sentir miedo, ternura, tristeza, compasión, fragilidad ni dolor, entre otras muchas emociones humanas.

Si cometen la torpeza de, por ejemplo, mostrarse frágiles o asustados frente a un reto, corren el riesgo de ser, como dijo El Fary, «hombres blandengues» o «maricones», que es el insulto homófobo y machista por excelencia para señalar a un hombre supuestamente cobarde (la variante anglosajona de este insulto es, curiosamente, *pussy*, que es un apelativo para los genitales femeninos, muy cobardes ellos también).

De hecho, podríamos decir que los hombres soportan un nivel tan elevado de censura emocional que lo más apropiado sería decir: «Los hombres no sienten». O al menos, no sienten ninguna emoción vulnerable, porque dentro del estereotipo masculino, lo que sí les está permitido y exigido son la ira, la valentía, los celos y cualquier emoción supuestamente empoderante que los predisponga a pasar a la acción cuanto antes. De hecho, hasta hace bien poco, los hombres que asesinaban a sus mujeres por celos podían ampararse en la enajenación sentimental como circunstancia atenuante en el juicio. A todos estos crímenes machistas se les llamaba públicamente «crímenes pasionales».

Nuestra emotividad, sin embargo, ha recibido un tratamiento bien distinto. Al igual que sucede con las palabras, que se espera de nosotras que seamos dialogantes pero sin atrevernos a decir una palabra más alta que otra, en el terreno afectivo se espera que seamos sensibles, dulces, amables, generosas, condescendientes, asustadizas, empáticas y cariñosas, pero ni de broma se nos permite serlo «en exceso».

Y es que cuando dejamos entrever todo el universo emocional que se nos ha enseñado a abrazar desde la cuna, resulta que somos unas intensas y lo que para los varones ha sido toda la vida una buena excusa (perder los estribos) para no responsabilizarse de sus acciones para nosotras es algo imperdonable.

Ese veto a la intensidad se aplica especialmente a cualquier emoción que resulte empoderante para nosotras: la ira, la ambición y otros tantos estados afectivos que nos predispongan a tomar lo que nos pertenece o a defendernos, los tenemos prohibidos desde niñas.

Muchas de nosotras, por ejemplo, hemos escuchado con cuatro, siete, diez o doce años «Qué fea te pones cuando te enfadas», invitándonos a inhibir una emoción perfectamente legítima, al tiempo que se nos daba una buenísima pista del objetivo al que sí podíamos aspirar: ser guapas.

A medida que cumplimos años, como parece que es un poco más delicado eso de llamarnos feas a la cara, lo que escuchamos cuando las cosas se ponen serias es: «Mujer, sonríe un poco», que también es bastante transparente en cuanto a lo que se espera de nosotras. Y es que a ciertas edades parece ser que nuestra sonrisa complaciente puede iluminar el día a cualquiera.

Por eso, aunque la sensibilidad es en realidad un signo de salud, estamos constantemente invitadas a ocultarla para ser «normales»: nos escondemos para llorar y si se nos escapan las lágrimas pedimos perdón, no mostramos nuestro enfado por miedo a que nos catapulten al exilio familiar o laboral, y disimulamos la depresión mejor que un gato el dolor para no ser tachadas de quejicas, sonreímos cuando sentimos rabia, ejercemos el liderazgo como si pisáramos cáscaras de huevo para no parecer mandonas, y disfrazamos nuestra ambición de forma sistemática para no parecer eso, ambiciosas, porque para nosotras es como equipararnos con la villana de la película.

Hablando de ambición, coartar la expresión de nuestras emociones es una variable que nos aleja de las opciones para prosperar social y económicamente o para acceder a puestos de poder: cuando nuestras expresiones afectivas denotan carácter, tesón, valentía, fuerza o determinación —precisamente las que hay que demostrar para ser considerada una líder—, muchas veces somos descartadas por resultar excesivas. Sin embargo, es muy difícil acertar: cuando nuestras expresiones emocionales muestran, por el contrario, el espectro considerado más femenino (sensibilidad, complacencia, fragilidad, etcétera), también se consideran peligrosas porque, en cualquier momento, se podrían desbordar.

Esta asociación de las mujeres con el exceso y la inestabilidad emocional se asienta también en el mito de que mujeres y hombres tenemos cerebros totalmente distintos, y hace que no se cuente con nosotras incluso antes de mover un músculo, asumiendo que podemos ponerlo todo patas arriba.

La neurocientífica Gina Rippon, en su libro *El género y nuestros cerebros*, habla de este sesgo neurosexista. Explica que «el concepto de síndrome premenstrual, por ejemplo, surgió por primera vez en la década de 1930 y se convirtió en una razón para que las mujeres no recibieran puestos de poder». Pone como ejemplo la exclusión inicial de las mujeres del programa espacial de Estados Unidos, por temor a que tuvieran «arrebatos psicofisiológicos temperamentales» a bordo de la nave.

Sin embargo, las emociones, lejos de ser subjetivas, incontrolables y temibles, son uno de los eventos psicofisiológicos más útiles que se pueden dar, porque cumplen la función de permitirnos la adaptación a todas y cada una de las situaciones de la vida. Por eso, aunque parezca lo contrario, no hay nada más racional y útil que una emoción bien sentida.

Las emociones son estados fisiológicos, del cuerpo. Estados concretos, mensurables, con cuatro dimensiones: cognitiva (pensamiento discursivo), sentimental (afectiva), somática (sensaciones y adaptaciones físicas) y conductual (acciones y comportamientos).

Por ejemplo, si nuestro sistema identifica una amenaza real o potencial (como oír de pronto un ruido fuerte en la calle de al lado), automáticamente sucederán una serie de cosas: nuestros músculos se tensarán y se incrementará ligeramente nuestra frecuencia cardiaca por si hubiera que salir corriendo, nuestras pupilas se dilatarán para ver mejor aquello que nos rodea y otros tantos cambios fisiológicos que preparan el cuerpo, en cuestión de segundos, para una posible respuesta.

Desde el punto de vista cognitivo, nuestro cerebro tratará de identificar lo que sucede consultando el almacén de memoria (por si hubiera eventos pasados similares) y accediendo a todo nuestro conocimiento para darle un significado a ese ruido («Es muy parecido al que hace un camión cuando descarga un contenedor de vidrio, pero podría ser otra cosa»).

La tendencia de acción será una orientación atencional hacia el lugar de donde proviene el sonido (para calibrar mejor el peligro) y corporal hacia posibles vías de alejamiento del mismo, para ponernos a salvo si fuese necesario.

Por último, en el plano afectivo, si en ese momento tuviéramos que contarle a alguien lo que nos está pasando (tristeza, alegría, enfado...), posiblemente identificaríamos la experiencia como miedo, alerta o preocupación.

Cada emoción tiene su propia identidad, porque cada estado emocional nos predispone a responder y adaptarnos de forma distinta a cada estímulo. '

El miedo, por ejemplo, surge cuando hay una amenaza real o imaginaria y sirve para ponernos a salvo, protegernos. Es una emoción que nos activa, pero a la vez nos conecta con el hecho de que somos vulnerables porque se nos puede hacer daño.

La tristeza surge cuando tenemos que hacer un duelo, cuando las cosas en nuestra vida cambian o no son cómo queríamos, y su función es la de hacernos parar a fin de procesar esos cambios y reconstruir nuestro paisaje interno. Esta emoción nos desactiva a casi todos los niveles para permitir que nos recuperemos de los daños.

La alegría es una emoción que surge como respuesta a logros y deseos cumplidos. Es activadora y empoderante.

Y la ira surge cuando algo o alguien nos está dañando o traspasando nuestros límites interpersonales, es defensiva y sirve para protegernos, activando la conexión con nuestro poder y la capacidad de confrontación.

Tanto estas como todas las demás emociones no se pueden elegir. Son respuestas automáticas a la vida. Podemos elegir, eso sí, lo que hacemos con ellas. Podemos inhibirlas, negarlas, ignorarlas, proyectarlas o disociarlas. O podemos darnos permiso para experimentarlas, identificarlas y reconocerlas, tolerando la forma en la que se expresan en nuestro cuerpo y siendo capaces de escoger con sabiduría las acciones a seguir. Todo eso forma parte de lo que llamamos «inteligencia emocional».

La represión de nuestras emociones o el intento de ceñir nuestro mundo emocional solo a las consideradas aceptables, simulando que las demás no existen, es un camino hacia el sufrimiento. Parece una obviedad, pero si nos preguntamos a nosotras mismas cuándo fue la última vez que experimentamos ira, tristeza, curiosidad, entusiasmo, calma, orgullo o sorpresa, a lo mejor nos damos cuenta de que quizá alguna de ellas hace tiempo que se quedó en el camino.

Locas de atar

Tanto la psicología como la medicina han sido disciplinas científicas instrumentalizadas para contribuir a la propagación de estereotipos de género y justificar todo tipo de prácticas violentas contra las mujeres.

La sobremedicación de nuestros malestares, la infravaloración de nuestros estados emocionales, el trato paternalista e infantilizador que recibimos por parte de muchos profesionales y la patologización de las respuestas normales al trauma, las violencias o la presión social son algunos ejemplos del pasaje del terror que puede ser para nosotras caer en la etiqueta de locas.

Y es que detrás de muchas, muchísimas locas, lo que ha habido durante siglos son mujeres que simplemente se han atrevido a romper las imposturas que les pesaban como cadenas. La condición de «enajenada» es una noción que, al igual que la acusación de «bruja», se ha utilizado de forma sistemática para el control de las mujeres que no se asimilaban a lo normal y que se atrevían a desafiar las convenciones de sus épocas.

De hecho, la incorporación de algunas mujeres al ámbito científico y a las decisiones parlamentarias con las primeras sufragistas convirtió el siglo XIX en una fábrica de locura femenina. Fue en esta época cuando la idea de la mujer como enferma mental por naturaleza cogió una fuerza imparable, gracias en parte al discurso elaborado desde la frenología, el conductismo y el psicoanálisis, que desde el púlpito de la ciencia aseguraba sin matices que somos unas auténticas descerebradas, inferiores en todos los casos a los hombres.

Por ejemplo, en 1882 el médico Joan Giné i Partegàs estaba muy seguro de que las mujeres tenemos mayor predisposición a la enfermedad mental y que todo lo relacionado con el cuidado de la casa y los hijos son factores protectores frente a la locura que nos acecha de manera natural. Y ya entradas en el siglo XX, en 1908 el doctor Roberto Novoa

Santos defendió la inferioridad mental de las mujeres asegurando: «Resulta pues que, de cien mujeres originales, las cien son degeneradas, sujetos que caen dentro del terreno de la psicopatología».

Así, el dimorfismo sexual se convirtió en un argumento empleado para muchas prácticas abusivas e inhumanas en el tratamiento psiquiátrico y psicológico de las mujeres en Occidente, dando vía libre al castigo de todas las «locas».

Existe documentación que describe cómo en nombre de la ciencia y la moral a las mujeres «perturbadas» se les han aplicado desde correctivos como el silenciamiento, el aislamiento, la pérdida de potestad jurídica o la privación de libertad hasta los internamientos forzosos en reformatorios, seudoconventos, hospitales psiquiátricos o la imposición de medicaciones y tratamientos agresivos (electrochoques, histerectomías o lobotomías).

Los discursos y prácticas psiquiátricas estuvieron muy relacionados, por ejemplo, con el contexto sociopolítico español de la primera mitad del siglo XX, cuando una pretendida ciencia de la mente servía al régimen franquista para identificar y segregar a las mujeres que no encajaban con el modelo impuesto, clasificándolas como locas.

Uno de los aparatos de represión más salvajes contra las mujeres durante esta época en España fue un sistema de correccionales perversamente denominado Patronato de Protección a la Mujer.

Esta institución, creada en 1941 con el objetivo de redimir a las prostitutas y a todas aquellas que pudieran ser susceptibles de serlo (es decir, cualquiera que no se ciñera al estereotipo de mujer franquista), estuvo en funcionamiento en nuestro país durante más de cuarenta años. Tuvo dos épocas diferenciadas hasta 1985, fecha de su fin: la primera etapa

—desde sus inicios hasta 1952— se centró en reformar a las mujeres «extraviadas» desde el punto de vista sexual, y una segunda etapa, más represiva aún, que coincidió por un lado con una mayor autonomía legal de la institución y, por otro, con la progresiva apertura al exterior y modernización de la sociedad española, por lo que el número de ingresos se multiplicó.

Mediante un sofisticado sistema de vigilancia a través del cual se denunciaba o se informaba al Estado sobre las mujeres que necesitaban ser «ayudadas», se estableció un vasto entramado de centros de internamiento donde se les aplicaba, a chicas casi siempre muy jóvenes, terapia de reclusión y reeducación.

Así, el concepto de redención sobre el que orbitaba todo su discurso sirvió para justificar el internamiento forzoso e injustificado de miles de mujeres que perdieron sus derechos individuales y sufrieron todo tipo de vejaciones y violencias durante sus ingresos. En el pódcast *De eso no se habla,* la escritora y documentalista Isabel Cadenas Cañón entrevista a varias mujeres que pasaron parte de su adolescencia internadas en el Patronato. Entre ellas está Consuelo García del Cid, escritora y periodista que ha dedicado grandes dosis de energía a documentar lo que sucedía dentro de esos muros. Sus testimonios son abrumadores: violencias de toda índole, trabajos forzados, salas de aislamiento, comprobaciones de virginidad y un catálogo de tropelías que dejarían sin habla a la propia Margaret Atwood (autora de la novela *El cuento de la criada*).

La locura femenina es, pues, un diagnóstico bajo el cual todas aquellas mujeres que se atrevían a dejar que las emociones prohibidas se convirtieran en acción eran desplazadas y eliminadas de la sociedad.

Y la sombra de este estigma es tan alargada que persiste en nuestros días. ¿Quién no ha escuchado a un hombre usar el término «loca» para deslegitimar a una mujer enfadada o que quiere demostrar alguna injusticia? ¿O para señalar a las mujeres que se atreven a hacer algo que nunca otra mujer había hecho antes? El estigma de la mujer loca es una forma de desautorización universal que surte efecto porque se asienta en siglos de dudas sobre nuestra estabilidad mental.

La gran tenista Serena Williams, por ejemplo, en la final del Abierto de Estados Unidos de 2018, en un momento de gran enfado en el que llegó a romper su raqueta contra el suelo, acusó al árbitro de quitarle puntos y lo llamó «ladrón». La consecuencia fue su penalización por «abuso verbal contra el juez de silla» y todo un rosario de insultos en las redes sociales: loca, histérica o marimacho fueron los más suaves. El episodio fue objeto de una gran polémica, no solo por el tipo de insultos que la tenista recibió, sino porque incluso algunos de sus compañeros varones, como Andy Roddick, admitieron haber dicho cosas peores a los jueces y no haber recibido sanciones.

Sin entrar a valorar lo adecuado o no del comportamiento de Williams, lo interesante de la historia es, precisamente, lo que sucede cuando una mujer muestra su temperamento.

Cinco meses después de este incidente, la marca deportiva Nike aprovechó para posicionarse —y de paso vender muchas zapatillas— mediante un vídeo publicitario de título *Dream crazier* que señalaba precisamente el diagnóstico que han recibido y reciben las mujeres en el mundo del deporte cuando intentan hacer cosas reservadas a los hombres:

> Si mostramos emoción, se nos llama dramáticas. Si queremos jugar contra hombres, estamos chifladas. Y si soñamos

con igualdad de oportunidades, deliramos. Cuando defendemos algo, estamos desquiciadas. Cuando somos demasiado buenas, algo malo pasa con nosotras. Si nos enfadamos, somos unas histéricas, irracionales o simplemente locas.

Las imágenes muestran a la primera mujer que corrió una maratón, encestando, entrenando a un equipo de la NBA, boxeando o compitiendo con hiyab. Y termina: «¿Quieren llamarte loca? De acuerdo. Demuestra lo que las locas podemos hacer».

La voz de la narradora era, por supuesto, la de Serena Williams.

La acusación de «loca» sirve, en ocasiones, para amedrentar a la portadora del diagnóstico y desmotivarla, al menos puntualmente, en cualesquiera que sean sus objetivos.

Sin embargo, cuando se va más allá del señalamiento puntual y se somete a una persona a la acusación de locura de forma estructurada y persistente, el impacto en su salud mental es inminente.

Esta forma de tortura se llama «luz de gas» y toma su nombre de la película del mismo nombre, *Gaslight,* cuya versión más célebre es la de 1944 a cargo de George Cukor. El personaje interpretado por Ingrid Bergman, Paula, sufre una despiadada serie de situaciones que la llevan a dudar de lo que es real. Por ejemplo, cuando se enfrenta con su marido Gregory (interpretado por Charles Boyer) por coquetear con otra mujer, la respuesta de él siembra la duda sobre su salud mental: «¿Estás imaginando cosas de nuevo, Paula?». A partir de ahí, cuadros que se mueven de sitio o lámparas de gas que no alumbran bien son las excusas para hacer creer a la protagonista que ha perdido la noción de la realidad.

Fuera de las pantallas, la luz de gas es una de las formas más perversas y habituales de maltrato en las relaciones de pareja, aunque también se observa en casos de acoso laboral y escolar. Técnicamente se considera una distorsión de la realidad subjetiva y forma parte de las siete estrategias descritas por la psicóloga clínica Trinidad Nieves Soria como parte de la «telaraña de abuso» de la violencia machista.

Y es que los síntomas de las personas que están sometidas a luz de gas se parecen, precisamente, a la locura de la que se las acusa: sensación de confusión e irrealidad, dudas constantes, amnesia y episodios disociativos.

Efectivamente, la mejor forma de volver a una mujer loca es llamándola loca.

Las mujeres somos víctimas de muchas violencias que dejan secuelas, entre ellas síntomas que a menudo se diagnostican como patologías, síndromes o trastornos basándose en su forma, sin tener en consideración las causas.

Así, muchas que padecen trauma complejo, síntomas de estrés postraumático o secuelas derivadas del maltrato de sus parejas son consideradas locas y tratadas como tal cuando, en realidad, lo único que necesitan es justicia.

Porque yo lo valgo

La capacidad de sacrificio que se nos exige a las mujeres se asienta sobre el cultivo de una emoción: la generosidad, y el rechazo a su opuesto, el egoísmo.

En 1990 Chanel lanzó la fragancia Égoïste con un llamativo cortometraje dirigido por Jean-Paul Goude. Con la música de fondo de un fragmento del ballet de *Romeo y Julieta* (1940) de Serguéi Prokófiev, el guion —un extracto del clásico teatral francés *Le Cid* (1636)— reúne a varias mujeres que, asomadas a las ventanas de un palacio-hotel, gritan desesperadas: «¡Egoísta!», una y otra vez, al hombre que, supuestamente, las ignora desde el interior del mismo palacio.

La marca redobló la apuesta cuatro años más tarde con una segunda versión, también de Jean-Paul Goude, en la que se nos muestra lo que sucede en la habitación donde se esconde el protagonista de la primera historia. En esta ocasión, las figuras femeninas son reemplazadas por la sombra del protagonista, que, como si fuera su conciencia, le recrimina: «Egoísta, solo piensas en ti, egoísta. Odio seguir tus pasos como si fuera un fantasma», mientras este se acicala en un espejo luciendo torso y dando puñetazos al aire. La historia termina con un duelo entre el hombre y su sombra.

La estrategia de reconocer públicamente el egoísmo como atributo masculino y sexy es dar en la diana, al menos desde el punto de vista publicitario, porque refleja a la perfección cómo uno de los estereotipos de la virilidad por excelencia, el egoísmo del malote, se transforma fácilmente en un símbolo de atractivo y poder, siendo aplaudido por multitudes.

De ese egoísmo a nosotras no nos tocan ni las migajas, porque las mujeres hemos sido educadas para anteponer las necesidades de los demás a las nuestras y privilegiar el cuidado de los demás frente al propio.

La generosidad femenina se asienta en tres grandes pilares. Primero, en la idea de que es consustancial a nuestra naturaleza, por tanto es irrenunciable. Hay que ser generosas o, como mínimo, parecerlo. En segundo lugar, se entiende la generosidad como algo excluyente e incompatible con el autocuidado. Hay que escoger entre lo uno y lo otro, porque si no estamos siendo generosas (es decir, ofreciéndonos a los demás), es que estamos siendo egoístas. Y en tercer lugar, la generosidad femenina es ilimitada, puramente altruista, por lo que no debemos esperar nunca recibir nada a cambio, ni siquiera el derecho a recargar energías para seguir dando.

Respecto a esto último, precisamente, uno de los consejos bienintencionados que recibimos las mujeres es este: tienes que cuidarte para poder cuidar. Y es que está tan arraigada en la sociedad la obligación de las mujeres de ser generosas que nos cuesta trabajo proponer un poquito de egoísmo sin que tenga como objetivo el ofrecer después algo a los demás.

Atrevernos a ser egoístas, pero con la excusa del acto de servicio, es la máscara con la que miles de mujeres se cuidan a sí mismas eliminando el peso de la culpa: dormir lo suficiente para no perder la paciencia en el trabajo, alimentarse bien para dar buen ejemplo a la descendencia, hacer deporte para gustarle a nuestra pareja, ir a la psicóloga para aguantar las cargas familiares son algunos de esos actos de autocuidado que, en realidad, están pensados para que sean otros los que se lleven el beneficio.

Volviendo al interesante anuncio de Égoïste, el tránsito de la primera a la segunda versión es un mensaje en sí mismo y explica muy bien cómo funciona el egoísmo masculino, a diferencia del nuestro. Y es que si en algún momento pensábamos que el reproche (¡Egoísta!) tenía que ver con el hecho de que el protagonista no estaba atendiendo las necesidades de otras personas —mujeres ávidas de atención—, en el siguiente capítulo se nos aclara que todo eso era un espejismo; mientras todas esas señoritas se desgañitan despechadas, en nuestro protagonista ni hay remordimientos, ni se los espera: la única lucha de este hombre es, si acaso, consigo mismo, en una batalla por el autodominio y por alcanzar un egoísmo perfectamente legítimo, en su mejor versión.

El egoísmo femenino resulta bastante peligroso para un sistema económico que cuenta con los cuidados gratuitos de las mujeres generosas para sostenerse. En nuestro país, en 2021 un 87,39 por ciento de mujeres solicitó excedencias para cuidar a sus hijos y un 79,50 por ciento lo hizo para cuidar a familiares enfermos. Por eso, la invitación a ser generosas es una manera de hacernos un regalo envenenado porque, para no ser mala madre, mala hija o mala hermana, millones de mujeres se ocupan casi en solitario de los cuidados de gran parte de la población.

Pero no, no somos tan generosas como parecemos. Lo somos porque muchas veces no nos queda más remedio, aunque necesitemos desesperadamente sacar a pasear el sano egoísmo que vive confinado en nuestro interior. No estaría nada mal poder reivindicar el autocuidado radical, sin que necesariamente tengamos que esconderlo, ofrecérselo a nadie o vestirlo de pretextos. Un egoísmo porque sí, por gusto, porque existimos, por placer, por derecho y por negarnos a sostener el peso de un mundo que parece que, si no lo sujeta una mujer, se cae.

Pagar la cena

La obligación de mantenernos en los estados emocionales más amables nos lleva a alejarnos de todo aquello que nos conecta con nuestro propio poder. Por ejemplo, la ambición femenina, que no es otra cosa que el deseo de logro, es un estado afectivo que no suele tener mucho recorrido, básicamente porque enseguida se encuentra con los llamados «techos» sociales, las trabas estructurales que impiden que las mujeres alcancen puestos de poder en la sociedad.

En las mujeres, la ambición está estigmatizada y se asocia con competitividad, manipulación, mentiras y juego sucio. El arquetipo de mujer ambiciosa es, precisamente, el de una mujer sin escrúpulos que se aprovechará de su condición femenina para llegar a lo más alto.

En una investigación publicada en el *Journal of Applied Social Psychology* por Yanitsa Toneva, Madeline E. Heilman y Gaëlle Pierre en 2020, quedó reflejado que a las mujeres que tienen éxito no se las castiga por el hecho de tenerlo, sino por ser ambiciosas y mostrarlo abiertamente.

En investigaciones anteriores ya habían visto que las mujeres exitosas en roles tradicionalmente masculinos experimentan distintos tipos de penalizaciones interpersonales que no sufren sus compañeros. De modo que se decidieron a descubrir si la forma de llegar al éxito influye en la manera en la que el entorno reacciona al mismo. Y efectivamente, demostraron, con dos estudios sucesivos, que cuando a una mujer se le asigna arbitrariamente un rol de liderazgo o tiene un golpe de suerte, recibe menos penalizaciones que si lo ha perseguido activamente.

Los resultados de estos estudios respaldan la idea de que las mujeres que escogen perseguir de forma activa objetivos profesionales contranormativos tienen más probabilidades de ser penalizadas por su éxito.

Es decir, lo que se penaliza es la emoción, el afecto y la disposición al éxito, más que el éxito en sí. Quizá por eso algunas mujeres tienen tan arraigado eso de «hacerse las tontas» como estrategia de supervivencia, en un mundo claramente hostil a aquellas compañeras que reconocen abiertamente querer llegar a lo más alto.

La corredora y escritora Emily Halnon publicaba en 2023 un artículo en la CNN sobre lo que le ocurrió cuando la cantante Taylor Swift alardeó públicamente de su éxito durante un concierto de su Eras Tour. Se sintió incómoda. Y reflexionó sobre ello:

> He visto cómo se menospreciaba a las mujeres por su ambición y éxito desde que pude pronunciar las palabras «Hillary Clinton» [...].
>
> Cuando decidí intentar batir un récord de velocidad en el tramo de 740 kilómetros del Pacific Crest Trail de Oregón, una de las partes más difíciles de la carrera fue hablar a la gente de mi objetivo, que era un requisito para este récord.
>
> No quería parecer una mujer fuerte y competitiva, que creía que era capaz de conseguir algo grande. Tampoco quería parecer una mujer ambiciosa que perseguía el éxito y se atrevía a confiar en sí misma. La mejor historia sería tropezar con un logro, no perseguirlo abiertamente yo misma.

Halnon expresa a la perfección el conflicto que tenemos con nuestra propia ambición; el temor a resultar presuntuosas, engreídas, competitivas y a anunciar en voz alta hasta dónde queremos llegar conlleva una autocensura que nos hace sentirnos incómodas incluso cuando vemos a otras que se atreven.

La culpa de que seamos menos ambiciosas, según la sabiduría popular, la tiene la naturaleza. Como si la necesidad de logro no formara parte de nuestro menú emocional y ya desde la cuna fuéramos diciendo: «A mí que me pongan en un segundo plano, por favor, que no quiero destacar».

Y también se dice que cuando las mujeres somos madres, la ambición desaparece y se mitiga, porque perdemos neuronas.

Que resulte más fácil creer que las mujeres carecemos de un gen de la ambición o que perdemos neuronas en los partos, antes que preguntarse si no habrá otros factores de peso que nos alejen del poder, ya nos habla del tipo de sociedad en la que se supone que tenemos que prosperar.

En 2017 la empresa de análisis de datos Boston Consulting Group realizó una encuesta a una muestra de más de 200.000 personas. Los resultados mostraron que las mujeres comienzan sus carreras profesionales con tanta ambición (deseo de ocupar puestos de liderazgo o ser ascendidas) como los hombres o más.

En cuanto a la maternidad, los datos fueron inequívocos: tener hijos no afecta al deseo de las mujeres de liderar. Otra cosa muy distinta es que puedan hacerlo.

Y por último, vieron un declive progresivo en la ambición femenina a medida que pasaban los años, especialmente si las organizaciones en las que trabajaban no tenían una cultura de empresa sensible a la igualdad de género.

¿Y qué nos queda después de todo esto? La máscara del conformismo nos sirve de anestésico y redirige nuestros intereses hacia donde no molestan tanto. Y es que si para sostener la ambición hay que transitar por pasillos y despachos llenos de zancadillas, recelos, desigualdad y pañales, nadie puede culparnos por tirar la toalla antes o después, o por quedarnos en el llamado «perfil bajo» para poder llegar a todo.

Muchas, de hecho, como alternativa a la rendición, optarán por darle la vuelta a la ecuación y aprovecharse de las lagunas de un sistema que no las deja prosperar mientras las castiga, además, por intentarlo.

Como dice la humorista y guionista Malena Pichot en su monólogo *Estupidez compleja*:

> Siempre aparece el típico que te dice, ah, quieren igualdad, entonces no pago más la cena. ¡Ah, misógino y encima rata! La respuesta es simple: paga la cena la persona que más plata [dinero] gana. Y por lo general, los hombres tienen los mejores sueldos y trabajos. También lo digo por las chicas, porque a algunas nos pagan la cena y nos agarra un ay, estoy traicionando la causa. ¡Tranquilas!, nos violan, nos matan..., bien podemos aceptar una cena.

Fuego, mantenlo prendido

Escribe Soraya Chemaly, autora del libro *Enfurecidas*: «Al exteriorizar nuestra ira y exigir ser escuchadas, ponemos de manifiesto la creencia profunda de que podemos involucrarnos y moldear el mundo que nos rodea; un derecho que, hasta el momento, ha sido casi siempre exclusivo de los hombres». Y añade: «Este es el peligro real de nuestra ira: deja muy claro que nos tomamos a nosotras mismas en serio. [...] Al desterrar la ira de la "buena feminidad", estamos despojando a las niñas y a las mujeres de la emoción que mejor nos protege contra el peligro y la injusticia».

Con estas palabras, Chemaly describe algunas de las claves sobre la emoción más proscrita para nosotras: el poder transformador de la ira y, a la vez, su potencial defensivo. Es por ambos que, en manos de una mujer, la ira se ve como un arma peligrosa. Porque tenemos millones de motivos para defendernos activamente y porque tenemos otros tantos para exigir un cambio social.

Cuando una mujer se enfada, automáticamente es excesiva. Si pierde las formas, perderá la razón. Y si denuncia, se le exigirá que lo haga sin estridencias. A las mujeres enfadadas se nos pide que seamos maestras, es decir, que le enseñemos al mundo de forma lo más didáctica posible lo que el mundo se empeña en no entender. Pero, sobre todo, se nos pedirá que seamos lo contrario a mujeres enfadadas: se nos pedirá que seamos pacíficas, comprensivas y dialogantes. Y la gran mayoría haremos un gran esfuerzo para serlo.

Desde la «esposa chillona» hasta las «feminazis» (el apelativo que sugiere que el feminismo es equiparable al nazismo), pasando por las «mujeres negras cabreadas», existen innumerables arquetipos que ilustran ese mito de la mujer iracunda y molesta.

Las mujeres enfadadas disgustan, porque representan la pérdida absoluta de los «modales» femeninos y amenazan con sabotear el sentido de un orden social que hemos interiorizado.

De todas las mujeres que han potenciado cambios sociales se ha dicho que estaban enfadadas, poniendo el foco en su emoción para deslegitimar su discurso.

Por ejemplo, la activista Greta Thunberg se plantó en 2018 a las puertas del Parlamento sueco para protestar por el cambio climático. Un año después, poco antes de cumplir diecisiete años, protagonizó una auténtica revolución al pronunciar un contundente discurso en la Cumbre del Clima de la ONU: «Estamos al inicio de una extinción masiva y de lo único que podéis hablar es de dinero y de cuentos de hadas sobre un crecimiento económico eterno... ¿Cómo os atrevéis? Habéis robado mis sueños y mi infancia con vuestras palabras vacías».

Y aunque el contenido de su discurso fue lo suficientemente relevante como para generar múltiples hilos de debate sobre la gravedad ambiental en el planeta, los titulares de todo el mundo fueron casi unánimes al presentarnos a la activista y su gesto: «La adolescente enfadada». Como si eso fuera lo más importante.

Pero Thunberg no es la única. Clara Campoamor (sufragista española), Rosa Parks (activista por los derechos de las personas negras en Estados Unidos), Hillary Clinton (secretaria de Estado de Estados Unidos) y Malala Yousafzai (ganadora del Premio Nobel de la Paz por su lucha por los derechos educativos de las niñas en Pakistán) fueron y son duramente criticadas por no disimular sus enfados.

¿Acaso no estaban cabreados Martin Luther King, Mahatma Gandhi, Nelson Mandela y Kofi Annan? Seguramente andaban igual de enfadados que ellas, pero nadie puso su enfado en el centro de la ecuación.

Sin embargo, y pese a lo que el estereotipo quiere hacer ver, cualquier revolución de mujeres ha sido y es infinitamente más pacífica que cualquier otra revolución o conflicto que haya tenido lugar en la historia. Manifestaciones, performances y acciones de mujeres enfadadas casi siempre son actos en los que se enarbolan consignas y, como mucho, se enseñan pechos.

¿Cómo es posible que una concentración, una cadena humana o la lectura de un manifiesto puedan resultar más violentas que los hechos que denuncian (por ejemplo, el asesinato de 49 mujeres en 2022 a manos de sus parejas o exparejas)? ¿No es eso poner la mirada en el dedo que señala, en vez de en lo señalado?

Lo cierto es que nunca la ira de las mujeres ha sido más violenta que las violencias que originaron esa ira: las mujeres hablamos de nuestros enfados, pero rara vez los manifestamos con la contundencia de la que se nos acusa.

De hecho, algunas activistas por los derechos de las mujeres como Irene Hermoso Poza, autora de *El terror feminista*, se preguntan si esto es estrictamente adecuado o si contribuye a normalizar, dulcificar y realizar la protesta, a fin de cuentas, sin dejar de ser lo que se espera de nosotras —pasivas y silenciosas—, porque nos sigue dando miedo no gustar, molestar o no ser bien vistas.

Otras, sin embargo, abogan por encontrar caminos que se desmarquen de la forma patriarcal de resolver los conflictos, que es belicista y vengativa.

Sea como fuere, antes de elegir lo que hacemos con la ira, es esencial que las mujeres nos sintamos legitimadas para sentirla, para experimentarla más allá de la teoría y articular la emoción en todas sus dimensiones. Muchas psicólogas trabajamos mano a mano con nuestras pacientes para que esto suceda.

De la necesidad de trascender a lo teórico y pasar a la acción, por ejemplo, surgen propuestas como la del Colectivo LASTESIS, fundado por Daffne Valdés Vargas, Paula Cometa Stange, Sibila Sotomayor van Rysseghem y Lea Cáceres Díaz, originarias de Valparaíso, Chile. Su premisa es usar tesis de teóricas feministas y llevarlas a puestas en escena para que se difunda ese mensaje.

A raíz de la difusión en las redes sociales del vídeo *Un violador en tu camino* (2019), decidieron convocar a más mujeres para que repitieran la intervención en Chile o en otros países: «Queremos que lo adapten y hagan su propia versión de acuerdo al lugar en que se encuentren, con vestimenta o cambios en la letra». Y tanto la puesta en escena como la letra resultaban tan contundentes y articulaban una denuncia tan directa que consiguieron el efecto buscado: incomodar a mucha gente.

Por supuesto, se las consideró abiertamente iracundas y violentas, y se hicieron algunas lecturas simplistas del texto. Pero, pese a las críticas, consiguieron su objetivo: miles de niñas, jóvenes y señoras de todo el mundo se aprendieron la letra y la coreografía, performando así, en público o en la intimidad de sus casas, un gran enfado primigenio que nos une a muchas como si de una cuerda invisible se tratara.

Por mi gran culpa

La culpa es una emoción engañosa. Surge cuando nuestras acciones, deseos o pensamientos entran en conflicto con nuestro sistema de creencias y tiene un gran potencial para paralizarnos e instigarnos a reconducir a la parte descarriada con el objetivo de estar en paz con el poderoso sistema interiorizado.

Desde luego, es una emoción extremadamente útil —como todas— cuando el sistema de creencias es el adecuado. Pero ¿qué sucede cuando ese sistema está alienado y lo que hemos interiorizado no es precisamente lo mejor ni lo más sano para nosotras?

Sucede que la culpa, involuntariamente, se convierte en un mecanismo de control al servicio de un sistema que nos persigue incansablemente cada vez que se nos pasa por la cabeza hacer cualquier cosa que se desmarque de los mandatos con los que hemos sido socializadas: el trabajo, la vida personal, sexual, los cuidados, la maternidad..., no hay una sola área de la vida de una mujer en la que no aceche la culpa, porque no hay un solo espacio vital en el que no experimentemos elevados niveles de exigencia.

El mito de la supermujer es la forma en la que se denominan los imposibles niveles de perfección que planean sobre cualquier mujer de nuestra época. Su origen lo encontramos en los años ochenta y noventa cuando en Europa y Estados Unidos se produjo la incorporación masiva de las mujeres al mercado laboral, lo que supuso para la mayoría lo que hoy denominamos «la doble jornada», es decir, un timo a través del cual muchas pasaron de ocuparse únicamente de la vida doméstica a seguir asumiendo los cuidados pero, además, tener que trabajar fuera de casa y vérselas y deseárselas para no desatender ninguna de esas responsabilidades.

La respuesta cultural, social y mediática a esa nueva realidad ensalzó el modelo de mujer que tan bien le venía a todo el mundo: el cine, la música, la literatura y la televisión pusieron sobre el pedestal el arquetipo de mujer triunfadora, fuerte y multitarea, que todo lo hacía bien. La *superwoman*.

Era la misma lógica que se aplicó a las que se les vendió el modelo de «ángel del hogar» antaño, pero esta vez el premio y el reconocimiento social se lo llevaba la mujer superlativa que lo daba todo en todas partes.

¿Qué siente un hombre por trabajar a jornada completa después de haber sido padre? ¿Qué emoción experimenta si gana unos kilos? ¿Y si es su hermana la que se está ocupando de su madre enferma? ¿Qué se le pasa por la cabeza si tiene una pila de ropa por planchar? Posiblemente, experimentará pena por no ver a su bebé recién nacido tanto como le gustaría. Cierta incomodidad vanidosa que lo llevará a ir al gimnasio para ponerse en forma. Alivio y agradecimiento por el hecho de que su hermana pueda ocuparse de su querida madre. Y pereza por todo lo que tiene que planchar, lo que seguramente le llevará a tender la ropa para después no tener que plancharla.

Pero culpa, rara vez, porque todas esas áreas, para los varones, están investidas de libertad y privilegios, no de mandatos, por lo que su lectura de la situación será distinta y, por tanto, sus respuestas emocionales también.

La investigadora de la Universidad del País Vasco Itziar Etxebarría publicó en 2009 en *The Spanish Journal of Psychology* un estudio en el que analizaba el sentimiento de culpa en adolescentes, jóvenes y personas adultas. En las tres edades, la media era significativamente más alta en las mujeres que en varones, con mención especial a las de 40-50 años (las mayores del grupo), que son las que habían estado más expuestas a una educación tradicional católica.

Cuando el sentimiento de culpa aparece, es difícil que no afecte a nuestro autoconcepto porque la relación que tenemos con nuestras creencias interiorizadas es una relación de reconocimiento de autoridad: si me siento culpable, no es la sociedad la que está equivocada, soy yo la que está mal.

Si la culpa es la emoción que hace acto de presencia para recordarnos lo que no estamos haciendo bien, poniendo el foco principalmente en nuestros deseos y en nuestras acciones (como contrapuestos a lo que «deberíamos» estar pensando y haciendo), la vergüenza viene a ocupar un territorio aún más sensible: funciona como correctivo porque nos conecta ya no con lo inadecuado de nuestro comportamiento, sino con lo inadecuado de nuestra propia existencia.

La vergüenza apela a la creencia de que lo que somos está mal y amenaza ese sentido de pertenencia que todas las personas necesitamos para sobrevivir. Si la culpa me permite, al menos, cambiar mi comportamiento para dejar de ser inadecuada, la vergüenza solo nos deja la opción de disimular y escondernos, de no mostrarnos, de pasar desapercibidas, de no existir..., porque lo que soy, en esencia, no lo puedo cambiar.

Como forma de control social, la vergüenza es fulminante, porque no hay escapatoria de una misma. El problema para nosotras es, precisamente, nacer y crecer bajo el paradigma del defecto como hecho consustancial a ser mujer.

La investigadora Brené Brown, en una charla TEDx sobre la vergüenza, la describe como el fantasma que nos recuerda que no somos lo suficientemente buenas. En sus propias palabras: «La vergüenza, para las mujeres, es esta red de expectativas contradictorias y competencias imposibles de obtener, relacionadas con lo que se supone que debemos ser. Y es una camisa de fuerza».

En esa misma charla, Brown describe cómo opera la vergüenza en hombres y mujeres: si a nosotras nos lleva a escondernos porque creemos que somos inadecuadas, para ellos implica la obligación de mostrarse y mantenerse siempre en la cima para no dejar ver que son débiles. Misma vulnerabilidad, distintas obligaciones, distintas oportunidades y distintos privilegios.

Así, mientras que a un hombre vulnerable la sociedad le susurra al oído: «Que no se te note, vuela más alto, grita más fuerte, ocupa más espacio, siente tu poder, demuestra lo que vales», a una mujer la misma sociedad le sugiere: «Que no se te note, quédate en casa, no lo intentes, disimula, escóndete, deja que lo hagan otros».

Cindy Lima, una de las integrantes del Shojo Collective (una iniciativa de varias jóvenes madrileñas que reivindican la presencia femenina en el deporte urbano), comentaba lo siguiente en una entrevista ofrecida en 2023 por RTVE: «La principal barrera cuando empecé a patinar fue básicamente la vergüenza, porque antes ibas a un *skatepark* y eras la única chica. El hecho de ser chica y empezar significaba que yo misma me saboteaba, pensaba que todo el mundo me iba a mirar, me iba a juzgar».

Culpa y vergüenza son los estados emocionales que, junto con el miedo, condicionan y organizan la existencia de todas las mujeres a partir de un sistema de creencias limitante y desigual. Cuestionar ese sistema y cambiarlo es la única manera de que podamos estar en paz con nuestro valor como seres humanos y dejemos de escondernos.

PARA REFLEXIONAR

- ¿Cuándo fue la última vez que escuchaste a algún novio, amigo o familiar proclamar que las mujeres están locas?
- ¿Alguna vez te has planteado el coste que tiene para ti intentar ser en todo momento amable y complaciente?
- ¿Cuántas veces te has sentido culpable en la última semana?
- ¿En qué te afecta no poder mostrar tu enfado en determinadas situaciones?
- ¿Sabías que las temidas y censuradas «arrugas de expresión» en las mujeres son el resultado, precisamente, de experimentar abiertamente emociones intensas como la alegría, el enfado o el dolor?

6
El uso del espacio

En mi casa, el mejor lugar del sofá era para mi padre. Si él no estaba, lo ocupaba mi hermano. Lo mismo sucedía en el coche, en el cine o en cualquier lugar al que fuésemos de vacaciones. Había una norma no escrita, según la cual los hombres de la casa, por el hecho de serlo, tenían derecho a escoger primero y los mejores sitios. Yo no tenía ni idea de lo desigual que había sido mi educación hasta que conocí a mi pareja y vi que en su casa las cosas se hacían de forma muy distinta. Me di cuenta de que no solo en mi familia, sino en muchos otros aspectos de mi vida, yo me colocaba siempre en un segundo plano. A veces no nos damos cuenta de lo que nos pueden llegar a afectar estas cosas.

Sofía, 36 años, contable

Desterradas

Se mira pero no se toca. Algo así nos ha dicho la sociedad durante siglos, ya que el acceso de las mujeres a la ciudadanía ha sido un ejercicio secundario, es decir, como meras observadoras de una realidad que se ha ido construyendo con nosotras mirando y cuidando, más que como agentes activas. Nos hemos acostumbrado a que el segundo plano es el que nos corresponde.

Las raíces las conocemos: las desigualdades entre hombres y mujeres derivadas de la división sexual del trabajo cogieron un impulso imparable a partir del siglo XVII con la escisión del espacio público en dos ámbitos diferenciados alrededor del concepto de propiedad: un espacio público-productivo, que quedaba reservado a los hombres como propietarios del capital y, por tanto, de todo lo que tenía valor social, y un espacio privado-doméstico-reproductivo, para las personas que no tenían posesiones (las mujeres, entre otras), alejándolas de la vida pública y entendiendo su función no como algo valioso, sino simplemente accesorio, para dar servicio a los primeros.

Esta separación de espacios es la base sobre la que se han cometido una buena parte de los abusos contra las mujeres —y otros colectivos—. Por eso, cualquier proyecto de igualdad pasa por la ruptura de las barreras entre lo público y lo privado y, especialmente, por su transformación profunda.

El acceso a las escuelas, a la participación política, a los espacios religiosos, al mundo laboral, a espacios deportivos e incluso a parques, calles y zonas concretas han sido prohibiciones formales y legales impuestas a las mujeres durante siglos en todo el mundo.

La reapropiación de esos espacios se ha hecho de muchas maneras a lo largo de la historia. Un ejemplo es el de las Madres de Plaza de Mayo en Argentina, que consiguieron instaurar un espacio de memoria pública a partir de la desaparición de sus hijas e hijos durante la dictadura.

Ante la prohibición —derivada del estado de sitio decretado por el Gobierno— de que más de cinco personas se reunieran en los espacios públicos de forma estática, estas mujeres inventaron una ronda colectiva que continúa más de cuarenta años después y que no estaba prevista en la ley: caminar de dos en dos, circulando alrededor de la Pirámide de Mayo, que representa la independencia del país.

Pero la construcción jurídica de los derechos de las personas exige no solo un reconocimiento normativo, sino también una transformación de la cultura. Por eso, pese a que en la actualidad ningún espacio en nuestro país está formalmente prohibido a las mujeres gracias al reconocimiento constitucional de nuestros derechos, la realidad es que la subjetividad y las inercias de poder que nos mantienen alejadas de lo público tienen una fuerza difícil de parar.

Por un lado, para nosotras, ese espacio subjetivo, exterior, está lleno de peligros, trabas y amenazas, reales o posibles, actuales o en forma de trauma y memoria colectiva. Tanto la idea que tenemos de los peligros que afrontamos cuando salimos de casa como los propios peligros forman parte de una realidad que contribuye a limitar el uso de nuestra libertad llenándonos de miedo, culpa, vergüenza y muchas veces desesperanza.

Por otro lado, las mujeres hemos accedido a los espacios públicos, pero sin que estos hayan visto ninguna transformación en su esencia, porque siguen siendo espacios en los que predominan paradigmas relacionales y estructurales masculinizados, que nosotras mismas reproducimos como marionetas.

Por ejemplo, nos hemos incorporado al mundo laboral, pero tenemos que asimilarnos a los modelos empresariales masculinos y adaptarnos a los tiempos, las jerarquías y las dinámicas internas creadas a la medida de los primeros moradores del espacio productivo. Por eso, cuestiones como la maternidad o las responsabilidades familiares, pese a los avances en leyes de conciliación, siguen siendo asuntos incómodos porque, efectivamente, en más de una ocasión penalizan tanto a quienes emplean como a las personas empleadas y sus colegas de trabajo.

Es cierto, en algunos lugares del mundo hemos conseguido el acceso a espacios vetados históricamente para nosotras, lo cual debería alegrarnos. Pero no ha sucedido lo mismo con la posibilidad de transformarlos; simplemente hemos sido invitadas a formar parte de la cultura imperante, pero siendo esta impermeable a cualquier posibilidad de cambio estructural, radical y profundo. De ahí el llamado «síndrome de la impostora», usado para designar lo que nos sucede a las mujeres cuando nos sentimos como figurantes o invitadas en nuestra propia fiesta del poder.

Así, aunque en España y otros países podemos pasear por la calle, entrar en una discoteca, ir al gimnasio o esperar el autobús donde nos plazca, nadie ha pensado si la calle, la discoteca, el gimnasio o las marquesinas tienen en cuenta nuestras necesidades en términos de seguridad, higiene, horarios y actividades. La realidad es que muchos espacios están diseñados, por defecto, como si fueran a ser únicamente utilizados por varones. Como si nosotras no existiéramos. Y esto no es inocuo.

Un simple paseo por la calle puede darnos muchas pistas sobre ese plano de invisibilidad al que nos vemos constantemente desterradas. Por ejemplo, los monumentos y el patrimonio histórico (las estatuas, las placas conmemorativas, los edificios relevantes...) nos hablan casi exclusivamente de la historia de los hombres.

En la ciudad de Madrid, por ejemplo, en 2023 tomaban el sol más de 500 elementos paisajísticos entre estatuas, esculturas y grupos escultóricos. De todos ellos, 256 estaban dedicados a hombres y 35 a mujeres (muchas de ellas, representando a la Virgen María).

Si los creadores del concepto «publicidad subliminal» (término acuñado en 1957) levantaran la cabeza, nos darían un aplauso por conseguir que, después de dar una vuelta por un barrio céntrico de Madrid en pleno siglo XXI, las personas regresen a sus casas convencidas, sin saber muy bien por qué, de que los que merecen todos los homenajes en este mundo son los señores.

Fue precisamente en 2021, cuando el colectivo de mujeres Carantonia colocó sobre muchas estatuas madrileñas bolsas con caras de mujeres que tenían relación histórica con los hombres esculpidos. Y así explicaron sus motivos en una entrevista de Idoia Ugarte para *El País*:

> Las calles y monumentos son una especie de recordatorio, a modo casi de información subliminal, de que nosotras no somos ni seremos parte de la memoria colectiva ni de la historia. Quedamos en Colón o en Argüelles. Vamos de compras a Goya o a Conde de Peñalver. Vivimos en la calle de Alonso Núñez o Bravo Murillo. Y así vamos normalizando que la ciudad no es cosa nuestra, que es cosa de hombres. La escasez de referencias y reconocimiento en el espacio público al trabajo y vida de las mujeres invisibiliza y menosprecia su contribución presente y pasada.

Para comprender el uso del espacio desde una perspectiva de género y, concretamente, para visibilizar la cantidad de decisiones que tomamos, casi sin saberlo, en relación con el uso del mismo, es esencial tener en cuenta la manera diferencial en la que hombres y mujeres habitamos el mundo que compartimos y lo que esas diferencias significan para nosotras.

Y si además añadimos a la ecuación variables como la edad, la diversidad corporal y funcional, la nacionalidad, la etnia, la clase social o la identidad sexual, tendremos un dibujo bastante preciso de la cantidad de personas que son automáticamente excluidas de distintos espacios, simplemente por no ser un hombre blanco heterosexual de clase media, joven, delgado y capaz de desplazarse por sí mismo.

La ciudad no es para mí

La configuración de los espacios públicos desde el punto de vista del diseño urbano es relevante y limitante, porque permite y alienta unas experiencias frente a otras. Y como no podía ser de otra manera, el diseño de las ciudades y su funcionamiento está pensado para dar respuesta a las necesidades de los varones como principales usuarios de las mismas.

Pongámonos en situación. Una mujer y su pareja masculina van al cine. Antes de comenzar la película, ambos necesitan usar el baño, de modo que cada uno de ellos se dirige a sus respectivos aseos. Pasados varios minutos y con la película a punto de comenzar, él la espera impaciente para volver a sentarse. Por fin, ella regresa y ambos vuelven a sus butacas. Ninguno de los dos dice nada, básicamente porque no hay nada raro ni inusual en lo que acaba de suceder, al menos en apariencia.

Para muchos varones, lo que las mujeres hacemos en el baño es saludarnos y charlar animadamente con desconocidas, mirarnos un buen rato en el espejo en diferentes poses, retocarnos el pintalabios, enviar un wasap, comentar algo sobre los zapatos de la chica que se lava las manos a nuestro lado y darnos los teléfonos, antes de salir para encontrarnos con quien sea que nos esté esperando.

Pero lo que en realidad sucede es lo siguiente. Llegamos a los aseos y nos encontramos una larga cola de mujeres que esperan su turno. Algunas van con niños/as de la mano. Alguien en esa fila menciona que «No puede más» y pide pasar lo antes posible, así que le cedemos el turno, porque sabemos que otro día podemos ser nosotras las que apelemos al compañerismo.

Cuando por fin nos toca, llega el circo. Contenemos la respiración y observamos el estado del inodoro. Si está muy sucio o salpicado, cogeremos papel higiénico para adecentar un poco el espacio que nos tocará sobrevolar, porque sentarnos, no nos vamos a sentar.

Como es más que posible que no haya papel, hurgaremos dentro del bolso para dar con los pañuelos que siempre llevamos encima, por si acaso. Si no llevamos, a lo mejor optamos por limpiarnos con el resguardo del aparcamiento o nos resignaremos a llevar las bragas incómodamente húmedas hasta llegar a casa.

Una vez solucionado el punto de partida, buscaremos un gancho en la pared para dejar el bolso y el abrigo. Al no encontrarlo (nunca hay gancho), colgaremos el abrigo en el picaporte y el bolso alrededor de nuestro cuello. Intentaremos cerrar el pestillo, que no funciona, por lo que tendremos que ingeniárnoslas para bloquear la puerta de alguna manera, no vaya a ser que alguien la abra de golpe mientras andamos en lo nuestro y todavía nos vayamos a casa con una contusión craneal. Decidiremos ocuparnos de eso más tarde.

A continuación nos desvestiremos de cintura para abajo. Pantalones, medias, bragas. Y pondremos cuidado de que la ropa no quede muy abajo para que no toque el suelo, que está sucio, pero tampoco muy arriba, porque entonces se interpondrá entre el pis y el inodoro.

Cuando damos con la altura justa de la ropa que nos permite, a la vez, ponernos en cuclillas y mantener muslos y glúteos en volandas paralelos al urinario, no nos queda más remedio que tomar una decisión: apoyarnos con una mano en la pared para no perder el equilibrio, o dirigir esa mano a la ropa interior para asegurarnos de que no se mueva. Optamos por apoyarnos en la pared con la mano y hacer fuerza con las pantorrillas y los muslos hacia fuera para generar una tensión que mantenga las bragas en su sitio. Ahora sí, con el brazo que queda libre, sujetaremos la puerta para que no se abra.

El tiempo vuela y notamos a las demás señoras impacientes, así que, de esta guisa, haremos un ejercicio de conciencia muscular —gracias, yoga— para tensar muslos y abdomen a la vez que relajamos la vejiga y la uretra para que salga el pis, intentando por todos los medios que la dirección de la orina sea la adecuada porque, recordemos, no queda más papel higiénico para limpiar el posible desastre.

Si a la ecuación le añadimos una niña o niño pequeño a nuestro lado, el mago Houdini liberándose de sus cadenas y moviéndose con destreza en un minúsculo cubículo se vería como un aficionado a nuestro lado.

¿Resulta agotador leerlo? Más es hacerlo. Pensar que las mujeres vamos al baño con nuestras amigas porque somos cotillas o presumidas es, obviamente, fruto del desconocimiento: lo que de verdad hacemos es acompañarnos en la larga espera, sujetarnos el bolso y vigilar la puerta por si viene alguien. Que entremos y salgamos con una sonrisa y disculpándonos por haber tardado tanto, como si no acabáramos de superar una gincana, tiene más que ver con la normalización de esa incomodidad que con la realidad.

Y esto es solo para hacer pis en un país del primer mundo y en un lugar seguro. Muchas mujeres y niñas, no tan afortunadas, enfrentan en sus lugares de origen grandes desafíos durante la defecación, la micción, la menstruación, el embarazo y la menopausia.

La especialista en género y desarrollo Zonibel Woods afirma que a nivel mundial 1 de cada 3 mujeres carece de acceso a un baño y pasa millones de horas cada año buscando un lugar para defecar al aire libre, lo que la expone al acoso, la violencia sexual y las infecciones.

Sin embargo, incluso cuando las mujeres tenemos acceso a un baño, las largas colas o la falta de papel higiénico no son casualidad, sino un perfecto reflejo de inequidad.

Las investigaciones muestran que el tiempo promedio que una mujer pasa en el cuarto de baño es de 90 segundos, frente a la media de 35 segundos en el urinario y 60 segundos en total de los varones. Las mujeres embarazadas, además, necesitan ir con más frecuencia, al igual que algunas con problemas de incontinencia (más habitual en nosotras). Y cambiar un pañal, una compresa, asistir a un niño/a o a una persona mayor con problemas de movilidad —labores estas últimas que recaen en las mujeres— incrementan el tiempo que pasamos en el baño hasta en diez minutos. Si los aseos masculinos y femeninos están distribuidos al 50 por ciento, eso significa que nosotras quedamos en total desventaja.

¿El resultado? Muchísimas evitan hacer sus necesidades en los baños públicos, incluyendo los del trabajo y la escuela. En parte por el estigma asociado a las funciones corporales femeninas —en torno al 70 por ciento de mujeres nunca defeca fuera de casa si pueden evitarlo—, en parte porque los espacios no siempre están preparados para nosotras o son directamente inseguros. Y cuando nos aguantamos (algo habitual), además de incorporar de nuevo el mensaje de que el único lugar amable para nosotras es el hogar, corremos el riesgo de desarrollar cistitis e infecciones del tracto urinario, estreñimiento y hemorroides, entre otras patologías.

¿No tendría sentido que contáramos con una proporción de aseos públicos adecuada y que esos aseos tuvieran en cuenta nuestras necesidades específicas, para que podamos ir por la vida sin recurrir al mantra «Piensa en un desierto, piensa en un desierto» mientras fingimos que aquí no pasa nada?

Pero no todo empieza y termina en un cuarto de baño. Hay mucho más.

Las zonas en las que se localizan los parques, los espacios de ocio, los ambulatorios, el transporte público, las zonas deportivas, la iluminación, la seguridad, las condiciones de accesibilidad y el tipo de mobiliario, recursos y actividades que ofrecen las ciudades a las personas no son neutros, sino que suelen estar dirigidos a mantener la normatividad social y responden a una manera muy concreta de entender la vida, beneficiando a unas personas y perjudicando a otras.

Por ejemplo, las distancias inasumibles o la separación entre áreas de trabajo y áreas residenciales en las grandes ciudades hace que la conciliación entre el trabajo productivo y reproductivo sea prácticamente imposible. Quedarse en casa cuidando, reducir la jornada laboral o dejarle el coche al varón para desplazarse porque lo necesita más horas o para garantizar la subsistencia familiar puede ser lo más práctico, pero no siempre es lo más justo.

El miedo es otro factor que condiciona el uso del espacio por parte de las mujeres en todo el mundo, obligándonos a hacer verdaderos malabarismos para sentirnos seguras. Sin embargo, la planificación de los espacios públicos no suele tener en cuenta esta circunstancia.

María Teresa del Valle, antropóloga, investigadora y una de las pioneras de la antropología social en España, utiliza el concepto de «encrucijada» como «imágenes de miedo vinculadas a tiempos y espacios» que habitan nuestra memoria colectiva: un callejón vacío en mitad de la noche, o un gimnasio lleno de hombres a media tarde pueden dar lugar a situaciones que se sientan más o menos incómodas para nosotras. Según Del Valle, las decisiones que tomamos cuando nos enfrentamos a estas encrucijadas (elegir si tomar el camino más corto y solitario, o el más largo y concurrido para volver a casa de madrugada, o darnos media vuelta en la sala de pesas y hacer ejercicio en casa) forman parte de nuestra relación particular con los espacios y determinan nuestras opciones de vida limitándolas.

En el estudio «Mujeres y transporte» realizado por el Parlamento Europeo en 2021 quedó claramente reflejado que nuestras idas y venidas están en gran parte condicionadas por factores como el miedo a ser agredidas.

Así, muchas evitan rutas, horarios y determinados medios de transporte porque no están diseñados ni pensados para garantizar la seguridad de la población más vulnerable a las agresiones en sus trayectos. El hecho de que, por ejemplo, una parada de autobús no esté bien iluminada o se encuentre en una zona alejada y aislada es suficiente para que muchas mujeres opten por evitarla, realizando recorridos alternativos o usando otros medios de transporte que pueden suponer más tiempo de desplazamiento o más dinero.

Si además tienen escasos recursos, el riesgo aumenta no solo porque determinados barrios tienen niveles de delincuencia más altos, sino porque es más probable que ellas trabajen en horarios nocturnos.

El acoso callejero y las agresiones sexuales en los bares y en el transporte público son las principales causas por las que muchas mujeres, antes de salir de casa, repasamos mentalmente nuestras opciones.

Y sin embargo, no solo son invisibles las medidas preventivas que llevamos a cabo para sentirnos seguras, sino que son invisibles también muchas de esas agresiones, especialmente para otros hombres.

Una de las razones que explica por qué algunos varones de nuestro entorno no entienden nuestras precauciones es porque los hombres no nos acosan ni agreden cuando vamos acompañadas por otros hombres. Así, nuestras parejas y nuestros amigos desconocen lo que sucede cuando vamos «solas» (o acompañadas por otras mujeres). De hecho, cuando exponemos los datos, muchos de ellos dudan y responden: «Yo eso nunca lo he visto», o «Jamás he visto a un amigo mío comportarse de esa manera».

La otra razón que explica la invisibilidad de nuestra experiencia es que cuando hablamos de violencia no nos referimos a palizas ni violaciones en los espacios públicos, sino que nos referimos a hechos más sutiles y habituales: persecuciones, silbidos, susurros, comentarios, miradas intimidatorias o lascivas, exhibicionistas, la invasión de nuestro espacio personal, tocamientos furtivos y otras muchas conductas que, si bien para muchas personas quizá no justifiquen una respuesta de miedo tan generalizada, para nuestro sistema nervioso representan la certeza de estar en peligro, porque los vivimos a diario y porque quien los realiza se sabe completamente impune, lo que no nos da ninguna seguridad.

En cualquier caso, no es solo la inseguridad lo que define el uso que las mujeres hacemos del transporte público. El Eurobarómetro de 2019 sobre los medios de transporte constató que la movilidad de los cuidados —un concepto elaborado para identificar las diferencias de género en el uso de medios de transporte debido a actividades de cuidado— es patrimonio femenino, por lo que cuestiones como los horarios, la facilidad de acceso y la distancia entre zonas también determinan nuestras decisiones de forma importante.

Cuando una mujer aterriza en la consulta de psicología con un cuadro de estrés y quejándose de que no tiene tiempo ni para ir al baño, debemos tener en cuenta todos estos factores. Cuando le cuesta encontrar placer e intereses personales en su ciudad, también debemos tenerlos en cuenta. Y cuando se siente como una extraña en su barrio, en su trabajo o en sus espacios de ocio, también. El uso real y simbólico de los espacios que ocupamos puede no ser el único factor que condiciona nuestra salud mental, pero desde luego es uno de ellos. Y prácticamente todas las que lo padecen desconocen la causa.

La conquista de la movilidad

En diciembre de 1766, cuando tenía veintiséis años, Jeanne Baret se disfrazó con ropa de hombre y esperó en el muelle del puerto de Rochefort en el suroeste de Francia a que el médico Philibert Commerson la contratase como asistente para una expedición histórica bajo el mando de Louis-Antoine de Bougainville.

Baret y Commerson ya se conocían y llevaban dos años viviendo juntos, pero ella no podía acompañar al científico en su expedición porque la ley prohibía la presencia de mujeres en los barcos de la Armada francesa. Así, saltándose todas las normas, ambos idearon la treta que permitiría a Baret ser la primera mujer en dar la vuelta al mundo.

Dejar de ser pasajeras para llevarse a sí mismas a donde quisieran ha sido una de las mejores decisiones que tomaron algunas mujeres a lo largo de la historia porque sabían, tan bien como sus coetáneos entonces y como Elon Musk hoy mismo, que la conquista del espacio y la movilidad es poder, y que quien se mueve transforma la sociedad a su paso.

La figura mitológica de las amazonas, por ejemplo, en sus distintas versiones, se asocia a grupos de mujeres que crearon sociedades matriarcales en las que ellas eran las dueñas de la movilidad y el espacio. Las historias las describen como guerreras feroces y madres crueles con sus hijos varones, que vivían fuera del control masculino, y se las representa, invariablemente, montadas a caballo.

Sin embargo, en contraposición al mito, cuando las mujeres occidentales quisieron tomar las riendas —en sentido literal— para cabalgar hacia sus propios destinos, se encontraron con bastantes impedimentos. Con la excusa de que montar a horcajadas podría provocarles excitación sexual, infertilidad o daños en el himen, los señores de la época propusieron que las señoras montaran con sus aparatosas vestimentas de forma perpendicular a la marcha del caballo, es decir, con sus dos piernas hacia el lado izquierdo del lomo.

Durante la Edad Media, en el siglo XIII nace la jamuga, que es un albardón al que se incorporan un respaldo y apoyabrazos para que la mujer cabalgara más cómoda. Sin embargo, montar así seguía siendo bastante disuasorio, entre otras cosas porque la amazona no podría controlar su propia montura y, por tanto, necesitaba siempre de un hombre que la guiase.

Entre los siglos XIV y XVI se produce la gran revolución: supuestamente gracias a Catalina de Médici, se establece la primera corneta o «corneta fija». En ella, la pierna izquierda gira gradualmente hacia el eje del cuello del caballo y los hombros y las caderas de la amazona se orientan en dirección a la marcha. Un tímido cambio de postura, que debía seguir siendo muy incómodo y desde luego nada ergonómico, pero que representaba un pequeño triunfo corporal y, por tanto, social.

Y así, cabalgando un poco tullidas pero seguramente sonrientes durante un par de siglos, llegamos a 1730, cuando Catalina de Rusia inventó una silla transformable, a la que podía añadirse un segundo estribo en el lado derecho para que su mozo la llevase en caballo de vuelta a las cuadras a horcajadas. Las mujeres seguían sin usarlo, pero al menos podemos fantasear con que la propia Catalina usó al mozo de excusa para montar ella a su manera. En cualquier caso, la idea ya estaba ahí y, por fin, un siglo después, en 1830, comenzaron a diseñarse las sillas de estilo victoriano, más parecidas a las que conocemos hoy en día, para alivio de pelvis, caderas y ambiciones femeninas.

El tesón de todas estas mujeres que quisieron conquistar la movilidad subiéndose a grandes animales y moviéndose por territorios clásicamente viriles es fascinante. Pero la historia es agridulce, porque hablamos de que hemos tardado diecinueve siglos en conseguir movernos apenas veinte centímetros sobre el lomo de un equino, para hacer exactamente lo mismo que hacían los señores desde que se subieron a la primera grupa: mirar de frente mientras avanzaban.

Las que sí pudieron mirar de frente a finales del siglo XIX fueron aquellas que asistieron a la invención y expansión de la bicicleta, poco antes de conquistar el derecho al voto. Por supuesto, el invento se topó con las resistencias habituales a los cambios y los sectores más conservadores de la sociedad trataron de disuadir a los ciclistas con la amenaza de los posibles efectos adversos derivados de su uso: desde la joroba del ciclista pasando por la amenaza de dolores de garganta o un rostro transformado por el esfuerzo.

Pero nada comparable con las advertencias que se cernían sobre las mujeres. Según un periódico de 1895 (el *Iowa State Register*), el paseo en bici con su consiguiente exposición al frío «puede suprimir o dejar menstruaciones irregulares y terriblemente dolorosas y quizá sembrar las semillas de futuras enfermedades». En realidad era más probable que los daños en nuestras zonas íntimas fueran causados por los sillines especiales para mujeres, sin relleno y pensados —muy ingenuamente— para que la fricción no nos excitase, que por el hecho de pedalear melena al viento.

Aquellas que, como la londinense Emma Eades, se atrevían a ocupar el lugar que no les correspondía y se subían a la bici eran tachadas de lesbianas o rebeldes, y a su paso muchas veces recibían pedradas, insultos o agresiones físicas.

Pero muy a pesar de sus detractores, las ciclistas femeninas se organizaron en clubes, se hicieron un hueco en las calles y, gracias a ese espacio conquistado, sus cuerpos pudieron pedir lo que necesitaban: los incómodos vestidos y faldones fueron reemplazados por bombachos (aunque se les prohibía la entrada a escuelas o cafeterías con pantalones), las distancias se hicieron más cortas y, por tanto, la presencia de las mujeres en lugares a los que no llegaban fue un hecho. Muchas podían alejarse lo suficiente del domicilio paterno o conyugal como para existir sin ser vigiladas. La bicicleta les dio la oportunidad de gestionar su día a día con más agilidad y, además, la posibilidad de sentirse más fuertes corporalmente y, por tanto, más seguras.

La sufragista Susan B. Anthony aseguró en 1896: «La bicicleta ha hecho más para emancipar a las mujeres que nada en el mundo. Me levanto y me regocijo cada vez que veo a una mujer paseando sobre ruedas. Da a la mujer una sensación de libertad e independencia. [...] En el momento en que se monta, sabe que no se la puede herir hasta que se baje de la bicicleta». Hoy en día muchas escogen también la bicicleta como forma de transitar por espacios que, de otra manera, podrían resultar inseguros.

Así, lo que para los hombres era un juguete vinculado al ocio para las mujeres era una auténtica herramienta contracultural con agenda propia, lo cual es significativo porque pone de manifiesto que, muchas veces, debajo de una mujer que parece que hace algo sencillo, como montar en bici, hay una persona que se aferra desesperadamente al ejercicio de sus derechos y que lucha por abrir caminos para las que vendrán.

Precisamente de peligros, dificultades y advertencias en el camino saben bastante el 21 por ciento de mujeres, frente al 12 por ciento de hombres, que tienen miedo a conducir un coche (según un estudio realizado en 2005 por del Instituto MAPFRE).

La amaxofobia, que es la palabra para designar el miedo a conducir o a viajar en coche, es solo la punta de un iceberg debajo del cual descansan grandes dosis de estereotipos, prohibiciones y violencias que resultan eficazmente disuasorias para nosotras a la hora de coger el volante.

Por ejemplo, ya desde el propio concesionario, a una mujer se le ofrecerán los utilitarios más pequeños y sencillos de manejar, en la gama de modelos *femeninos* que cada marca tiene en su catálogo.

La recomendación, encaminada a priorizar de manera supuestamente bienintencionada nuestra seguridad y salvarnos de nuestras propias torpezas —por aquello de «Mujer al volante, peligro constante»—, resultaría ofensiva si no fuera porque, en efecto, la seguridad de los vehículos de motor no está pensada para nosotras.

Según un estudio del Instituto de Biomecánica de Valencia llevado a cabo en 2022 por Begoña Mateo, el uso de maniquíes de antropometría y biomecánica masculina ha sido la norma a la hora de realizar pruebas de choque frontal, lateral o del cinturón de seguridad durante años.

Para colmo de males, los escasos *dummies* femeninos existentes siempre se colocan en el asiento del acompañante, nunca frente al volante, por lo que no se puede comprobar el efecto de un choque sobre una mujer que conduce, sesgando por completo el diseño de los vehículos.

La protección de las embarazadas tampoco está lograda, por lo que el 64 por ciento de las conductoras que superan los seis meses de gestación no cuenta con un dispositivo seguro de retención. El informe asegura que una ocupante femenina cuenta con un 47 por ciento más de riesgo que un hombre de sufrir lesiones graves en un siniestro, cifra que se eleva hasta el 71 por ciento cuando hablamos de lesiones moderadas.

Pero más allá de circunstancias *invisibles*, como el diseño de los vehículos y su seguridad, existen factores evidentes que dejan claro por qué la carretera es un espacio masculinizado.

El primer coche a motor fue creado en 1885 por Karl Benz, aunque fue su mujer, Bertha Benz, la que se animó a darle un uso parecido al actual al recorrer con él cien kilómetros seguidos.

A nuestro país llegaron en 1897 y tres años después la reina María Cristina aprobó un decreto ley en el que se estipulaba que los vehículos debían estar matriculados para circular y que quienes los condujeran debían tener una autorización del gobernador de la provincia.

En 1904 fue Emilia Pardo Bazán —novelista, ensayista y activista por los derechos de las mujeres— quien se atribuyó el mérito de ser la primera mujer española en conducir un vehículo a motor. Pero pocos años después, en 1918, la ley cambió y se estableció un nuevo reglamento para obtener el permiso de conducir (más sensato que el previo), pero precisamente se prohibió a las mujeres acceder al mismo sin autorización del padre o del marido, lo que supuso la confirmación oficial de que nosotras quedábamos excluidas de las carreteras.

Hubo que esperar siete largos años para que la leonesa Catalina García González (quien ya conducía desde hacía años una línea de coche de caballos) se sacara el carnet de conducir, con permiso de su marido y un certificado de buena conducta; y muchos más para que pudiéramos hacerlo libremente, sin permiso de nadie. Concretamente en España la restricción duró hasta 1975 y aún fuimos afortunadas, porque en Arabia Saudí las mujeres consiguieron el derecho a conducir en 2018.

El hecho de no haber podido tener libre acceso a las carreteras hasta hace apenas cincuenta años implica, entre otras cosas, que el espacio de la conducción es un espacio de hombres y, por tanto, absolutamente masculino en todo lo que tiene que ver con el mismo: la señalética, el diseño de los vehículos, sus nombres y publicidad, los medios de comunicación del sector y las actitudes al volante nos lanzan de continuo el mensaje de que el mundo del motor está hecho a su medida y de que ese espacio no nos pertenece.

Y son precisamente esas actitudes al volante las que más desalientan a las mujeres que circulan, porque la masculinidad tóxica se hace más que evidente sobre ruedas: competitividad, agresividad, maniobras impulsivas y peligrosas, cláxones sonando o velocidad excesiva son parte de la experiencia de conducir con hombres alrededor. Y no es nada agradable.

De hecho, una parte de la identidad para muchos niños y jóvenes se construye en torno a los vehículos (coches de carreras, camiones de bomberos, sirenas policiales...) identificando la conducción de un gran aparato con la posesión de su homónimo en términos de virilidad.

Muchas emulan —sin ser muy conscientes— estilos de conducción masculinos porque sienten que es la única manera de sobrevivir en la carretera, pero al mismo tiempo esos estilos las tensan de tal manera que convierten la experiencia en algo que quieren evitar a toda costa.

El famoso «Conduce tú» cuando hay pareja masculina, tiene que ver con que ellos saben ajustarse mejor a los comportamientos típicos de la carretera.

Y es que, aunque parezca una obviedad, muchas solo buscamos en la conducción desplazarnos de un punto a otro, no un chute de adrenalina ni sentirnos mejores que el que conduce el coche de al lado. Pero esto implica que si circulamos cómodamente en el límite de la velocidad permitida, por ejemplo, por el carril izquierdo o central en una autovía, estaremos en tensión porque sabemos que antes o después llegará alguien por detrás a tope de testosterona y reducirá la distancia de seguridad al mínimo para obligarnos a acelerar o a movernos de carril.

También cuando el tráfico está congestionado en la ciudad, el «sálvese quien pueda», con sus dosis de agresividad, reactividad e impulsividad correspondientes, implica para nosotras hacer un viraje bastante amplio desde la posición de amabilidad, serenidad y empatía en la que nos movemos por defecto hacia posturas que, además, se penalizan en nosotras fuera del coche.

Por eso, cuando la Encuesta Sintética de Movilidad en la Comunidad de Madrid de 2014 apunta a la «mayor proporción de mujeres» en medios no mecanizados, mientras que en vehículo privado hay «mayor representación de hombres», no es porque no nos guste conducir. Es porque somos las que nos quedamos en casa cuidando, porque tenemos menos poder adquisitivo y porque, además, la carretera es un espacio abiertamente exigente y hostil con nosotras.

Hola, ¿estás sola?

A las dificultades históricas para ocupar espacios y desplazarnos por nosotras mismas, se unen las barreras simbólicas y el estigma social vinculado a aquellas que, al igual que las míticas amazonas, hacemos cosas, vamos a sitios o viajamos sin compañía.

Una mujer en el cine sola, paseando sola o viajando sola, durante siglos, ha sido objeto de miedo, dudas, curiosidad y deseo. La dependencia histórica de las mujeres respecto a los varones de nuestro entorno por el hecho de no haber podido ser autónomas ni familiar, ni social, ni económicamente durante siglos hace que en el imaginario colectivo una mujer sola se haya visto durante mucho tiempo como un raro espécimen.

Muchas mujeres, aún hoy, trabajan terapéuticamente las dificultades que tienen a la hora de comer solas en un restaurante o de ir por su cuenta a un concierto, una exposición o al teatro, porque el ejercicio de nuestra independencia es tan reciente que apenas han cambiado las creencias profundamente interiorizadas que estaban vigentes para nuestras abuelas y madres.

Y si a eso le sumamos que, para muchos, una mujer sola sigue siendo una mujer que «busca compañía masculina» —de ahí la palabra «buscona», que significa prostituta—, el resultado es que además de incómodas, cuando vamos solas por la vida, nos sentimos presa fácil de galanes improvisados.

Sucede, además, que para la masculinidad hegemónica una mujer sola no lo es por el hecho de no ir acompañada de nadie, como dicta la lógica, sino que la palabra «sola» en realidad quiere decir «sin un hombre». Por eso, tres amigas paseando por la playa, a ojos de algunos, representan la soledad más absoluta.

El diálogo que encontramos en el libro de relatos *Mujeres que viajan solas* de José Ovejero describe muy bien este sinsentido: «¿Viajáis siempre solas?». «Viajamos juntas». «Ya, bueno, quiero decir…». «Quiere decir sin un hombre. Diez mil mujeres viajando juntas estarían solas según él».

Una rápida búsqueda en internet nos muestra cómo las agencias de viajes para mujeres se han hecho con un hueco importante en el mercado del turismo. Se trata de agencias especialmente orientadas a los viajes en grupo para mujeres, algo que tiene todo el sentido del mundo si consideramos que, en ocasiones, en los grupos mixtos hay varones que se lanzan a la conquista sexual o que se erigen como líderes del grupo, lo que va totalmente en contra de la experiencia que algunas buscan, más en línea con la amistad y el crecimiento personal.

Es precisamente la búsqueda de conexión humana y la apertura a nuevas culturas y experiencias las que justifican que, según la Confederación Española de Agencia de Viajes, el 65 por ciento de las personas que viajan sin compañía en nuestro país sean mujeres.

Pero aunque el dato resulte utópico y nos haga pensar que el mundo por fin está cambiando, cuando leemos la cantidad de asuntos que han de tener en cuenta para ir por la vida como quieren, asumimos que todavía estamos muy lejos de que su opción sea una opción verdaderamente igualitaria.

«Wander Women Index» es una lista elaborada por la agencia de viajes Ampersand en la que se ponderan y analizan los mejores lugares para viajar sola según las variables que más importan a las viajeras: en el número uno está la seguridad (tasa de criminalidad), seguida de los derechos de las mujeres en el destino elegido. Después encontramos aspectos comunes a cualquier persona que viaja, como el patrimonio cultural, los paisajes, la gastronomía y las reseñas en redes sociales.

En 2020 la revista *National Geographic* publicó un resumen de consejos para viajar solas, elaborado a partir de las respuestas de más de mil mujeres a la pregunta: «¿Qué has aprendido de tus viajes en solitario?».

La autora del artículo, Kelly Barret, menciona que «aunque el 26 por ciento de las mujeres *milennials* han viajado solas, es una realidad que mujeres de todas las edades se enfrentan a algunas vulnerabilidades cuando van de viaje.

Como muchas de mis amigas, voy a clases de autodefensa para quedarme tranquila. Sí, en clase nos enseñan a pegar patadas o codazos en la entrepierna, pero también pregonan que se debería evitar situaciones peligrosas».

No hace falta decir que la verdadera igualdad llegará el día en que las mujeres podamos planear un viaje sin cargar con un manual de autodefensa en la mochila y sin evitar países en los que podamos ir a la cárcel por no llevar velo.

Sin embargo, la constatación de que la seguridad esté en el número uno de prioridades de las mujeres que viajan solas no se corresponde tanto con las agresiones recibidas como con la cultura del miedo limitante que aún impregna todas y cada una de nuestras decisiones al salir de casa. Prueba de ello es que cuando vemos a una mujer viajando sola, automáticamente pensamos: «Qué valiente».

La ONU publicó en 2018 un estudio en el que asegura que «la mayoría de las víctimas de homicidio mujeres en todo el mundo son asesinadas por sus parejas o familiares», así que las viajeras pueden estar bastante tranquilas porque, en realidad, el lugar más peligroso para nosotras es nuestra casa.

Una habitación propia

Históricamente, las mujeres hemos tenido prohibido, con diferentes excusas, el acceso a universidades, bancos, bares, clubes privados y un sinfín de espacios físicos y simbólicos.

Pero quizá el mecanismo más tenebroso de reclusión de las mujeres en sus casas y la prohibición más extrema de formar parte de la vida (ya no la pública, sino la vida en general) fue la obligación de guardar luto.

El ritual del luto ha formado parte de los homenajes a los difuntos en muy distintas regiones del mundo desde hace siglos. Desde Guinea a Siberia pasando por Corea, América del Norte, Turquía o China, muchas religiones y culturas han tenido su propia forma de detener la vida tras la muerte, pero sus colores, costumbres y formas variaban mucho de unos sitios a otros.

En nuestro país los Reyes Católicos impusieron un reglamento funerario que decretaba luto oficial de color negro y una serie de normas que afectaban, concretamente, a las mujeres de las familias de las personas fallecidas. Por ejemplo, las viudas debían permanecer el primer año tras la muerte de su pareja en una habitación que estuviera tapizada de negro, que debía ser algo parecido a vivir dentro de una caja de zapatos.

Posteriormente Felipe V decretó que el luto sería de seis meses para los familiares allegados y, con un redoble de tambores, su hijo, Carlos III, estableció que el número de años de luto debía ser de doce.

En el siglo XX los periodos de duelo seguían un guion estricto: dos años por viudedad o pérdida de una hija/o, más seis meses del llamado «alivio»; si quien fallecía era un padre o una madre, el luto era de un año más seis meses de alivio. Por abuelos o hermanos, seis meses. Y por tíos o primos hermanos, tres.

Durante el luto, todas las mujeres de la casa debían vestir de negro riguroso, incluyendo togas, sombreros y velos en la cara para salir a la calle. Incluso si tenía lugar un festejo familiar, como una boda o una comunión, ellas debían seguir manteniendo el luto: muchas hicieron la primera comunión o se casaron vestidas de negro. No hace falta señalar que los hombres de la familia, sin embargo, tan solo debían llevar un brazalete o corbata negra en señal de duelo, pudiendo seguir haciendo su vida con total normalidad.

Pero el color de la indumentaria era lo de menos. Lo verdaderamente importante es que durante el luto las mujeres no podían salir a la calle salvo a hacer recados básicos o ir a misa, no podían escuchar la radio, reírse fuerte ni acudir a una verbena o una merienda, ni a lavar al río en compañía de las demás mujeres.

Quedaban absolutamente marginadas de la vida pública y social, contando como único apoyo con las amigas, vecinas o familiares que fueran a visitarlas durante esos periodos. Y no siempre hablamos de años. A veces el luto podía durar vidas enteras en el caso de encadenar unas muertes con otras, algo normal porque, entre las dos guerras mundiales, la pandemia de la gripe o la Guerra Civil y la posguerra, la muerte visitaba de forma habitual a todas las familias.

Si en la India las viudas eran asesinadas ardiendo en la pira funeraria con sus maridos con el pretexto de que en ausencia de estos ya no podrían alcanzar la felicidad, en Europa nos hicieron el favor de dejarnos con vida, pero nos arrebataron la posibilidad de vivirla.

Las mujeres que enviudaban pasaban a interpretar forzosamente un rol de abnegación, castración y sacrificio monjil que quedaba institucionalizado y vigilado por toda la comunidad. Al no ser bien vistas, además, las segundas nupcias, las jóvenes que perdían a sus esposos quedaban simbólicamente esterilizadas de por vida o, como se decía popularmente, se quedaban «para vestir santos», junto con las solteras cuyo luto coincidía con sus años de juventud, lo cual les impedía encontrar pareja.

Por eso el luto no solo era el modo de representar de forma visual para toda la comunidad el control masculino absoluto de su destino, sino que, además, suponía una muerte simbólica del cuerpo, la palabra, las ideas, el deseo, la alegría y las ganas de vivir de las mujeres.

Con este panorama tiene sentido que, cuando en los años setenta del pasado siglo surgió el movimiento de mujeres que reivindicaba el acceso a los espacios públicos y el abandono de lo doméstico, en paralelo surgió el movimiento de resignificar los espacios privados desde la autogestión y el goce.

Algunas mujeres pusieron el foco en la creación de espacios autónomos y no mixtos que dieran cabida a la intimidad, la complicidad y la amistad que tanto nos habían ayudado a sobrevivir durante siglos, pero esta vez por decisión propia y no impuesta.

Esos espacios en los que poder existir de forma libre y creativa nos remiten, inevitablemente, al cuarto propio descrito por Virginia Woolf en 1929, pero encontramos también referentes más festivos y antiguos, como las tesmoforias de la Antigua Grecia, que eran festivales anuales celebrados en honor a las diosas Deméter y Perséfone y a los que solamente acudían mujeres.

En nuestro siglo un ejemplo de estos espacios son los LadyFest, festivales de mujeres autogestionados en los que se desarrollan actividades culturales como exposiciones, conciertos o teatro, todo ello con una perspectiva de género. El primero tuvo lugar en Estados Unidos en el año 2000 y en nuestro país se celebró el último en Barcelona en 2016.

La importancia de la creación de espacios propios, como contraposición a la muerte en vida de tantas mujeres durante tanto tiempo, reside en su efecto reparador. La posibilidad de crear realidades alternativas dentro de las realidades que vivimos funciona a modo de experiencia emocional y social correctiva, es decir, que permite a las mujeres vivir momentos de seguridad, conexión, risa, logro, deseo, colores y libertad con los que tenemos una deuda de siglos.

Ocupar lo mínimo

Nunca tuvo tanto sentido la frase «Para aprender tienes que ir a la escuela» como en el momento en el que queremos comprender cómo interiorizan los chicos que el espacio les pertenece y que su cuerpo puede expandirse tanto como lo necesiten.

Si el colegio es, como dicen, una sociedad en miniatura donde los más pequeños aprenden cómo funcionan las cosas ahí fuera, lo que nos vamos a encontrar no debería sorprendernos. Una estampa clásica de un patio de recreo de un colegio cualquiera podría ser la siguiente: chicos jugando al fútbol y chicas charlando en corrillos o realizando actividades físicas en espacios no principales. En principio, nada raro ni sospechoso.

Pero si miramos bien bajo la superficie, el paisaje cambia. O mejor dicho, no cambia: las chicas bordearán las zonas masculinas como si sorteasen lava hirviendo y ellos evitarán cualquier actividad que pueda resultar sospechosa de ser femenina. Y eso es lo llamativo. La segregación por sexos en los patios de recreo es tan rígida que no podemos dejar de preguntarnos cuáles son los factores que influyen en esta distribución de espacios y actividades y por qué esos roles y comportamientos están tan bien asentados en personas tan pequeñas.

Para empezar, el hecho de que los patios estén asfaltados casi por completo, por ejemplo, invita a practicar deportes de pelota, que necesitan bastantes metros cuadrados para desarrollarse, por lo que, de entrada, cualquier actividad que no sea deportiva queda excluida de las zonas principales. Las zonas, además, suelen estar divididas en dos y son jerárquicas: las que invitan a los deportes y juegos de acción en la zona principal y más amplia, y sus alrededores, destinados al reposo. Ni rastro de una propuesta horizontal en la que tengan el mismo valor espacios para el arte, la música, la expresión corporal, las actividades deportivas más allá de la pelota, la naturaleza o la investigación.

A partir de los nueve o diez años, chicos y chicas juegan por separado. Ellos juegan al fútbol o realizan actividades con reconocimiento social y asumen los roles activos y agresivos, mientras que los márgenes —espacio que ocupan ellas— quedan destinados a las actividades consideradas secundarias y pasivas. Desde muy pequeñas, las chicas aprenden a cederles el espacio a los chicos.

Sucede además algo importante: mientras que las niñas querrán participar en las actividades y ocupar los espacios de los niños, ellos presentarán grandes resistencias a hacerlo a la inversa, pero además se erigirán en los guardianes de los juegos masculinos y dejarán participar, como mucho, solamente a aquellas chicas que consideren lo suficientemente aptas.

Según un estudio llevado a cabo por los investigadores Ramón Cantó y Luis Miguel Ruiz en 2005 sobre el comportamiento motor del alumnado en los patios de recreo, la densidad por metro cuadrado en el caso de las niñas era de 58,15, mientras que en el caso de los niños era de 22,85, lo que indica que ellos ocupaban el doble de espacio.

Los aprendizajes que se derivan de estas dinámicas son inasumibles para una sociedad que pretende considerarse paritaria y moderna. Porque no es solo la interiorización del derecho de los varones a ocupar más espacio, es también la incorporación de los roles y actitudes que acompañan a esa manera de estar en el mundo: las niñas aprenden a no interferir en los espacios masculinos, a cuidar y acoger a aquellos niños que son expulsados del paraíso por ser menos normativos, a inhibir sus necesidades motrices y deportivas, a acallar su deseo de brillar, de ejercitar la competitividad y de experimentar el placer del logro. Y aprenden a recogerse en espacios secundarios, donde el espectáculo siempre está fuera, donde los demás, los varones, demuestran sus competencias y su dominio de la situación y pueden gritar, saltar eufóricos, agitar los brazos, darse empujones y sentir lo que es tener un cuerpo vivo y poderoso.

Si sabiendo como sabemos que un espacio que no sea activamente inclusivo será un espacio que repetirá la norma social, es decir, masculino por defecto, ¿a qué esperamos para romper los moldes y ofrecerles a las personas más jóvenes lugares para crecer diversos y no jerarquizados, en los que puedan sentirse libres de desarrollar su personalidad más allá de la dicotomía actividad-pasividad y masculino-femenino?

El mundo del deporte, como es lógico, acusa la relación que las mujeres tenemos con nuestros cuerpos y los aprendizajes ligados al movimiento y las posibilidades de los mismos, pero, sobre todo, las esferas deportivas reproducen de forma fiel los aprendizajes que nacen en esos recreos y nos impiden ocupar los espacios tradicionalmente reservados a otros.

Según datos del Instituto Nacional de Estadística (INE) referidos a 2022, en nuestro país las mujeres practicamos algo menos de deporte que los varones, pero la diferencia no es especialmente significativa (un 35,7 por ciento frente a un 39,7 respectivamente). Sin embargo, cuando se trata de ir un poco más en serio, misteriosamente empezamos a desaparecer: el Consejo Superior de Deportes señala que, en 2023, el 75,7 por ciento de las licencias federadas correspondían a hombres y el 24,3 por ciento a mujeres, y la presencia de mujeres en deportes de alto nivel no llegaba a 4 de cada 10.

Lo llamativo de estos datos es la brecha entre el gran número de mujeres que hacen deporte y las pocas que son tomadas en serio en este ámbito. Por eso, si en algún momento damos la sensación de que no nos interesa movernos, dar patadas, meter goles o saltar vallas, está claro que es un puro espejismo, porque el interés es prácticamente el mismo que el de nuestros compañeros.

Cuando hablamos de privilegios masculinos, hablamos también, entre otras cosas, de la acumulación y ocupación de espacios, simbólicos y no tan simbólicos. Las resistencias a la hora de tomar conciencia de que uno se está quedando con casi todo el pastel son normales, especialmente si tenemos en cuenta que ese pastel no se va a multiplicar como los panes y los peces, sino que hay que repartirlo porque es limitado.

Esto quiere decir exactamente lo que parece: que mientras los niños y los hombres del mundo ocupan patios de colegio, carreteras, gimnasios, despachos y vagones de metro, lo hacen a costa de nuestro propio espacio en esos mismos sitios. A ellos les han enseñado a hacerlo así y a nosotras a mirar a otro lado y hacernos pequeñitas.

Por ejemplo, cuando una mujer cruza las piernas y un hombre las abre de par en par al sentarse, no estamos viendo un acto reflejo —ni un sofisticado sistema de refrigeración testicular, como quieren hacernos creer algunos—, sino una puesta en escena alimentada por toda una vida de imposturas, creencias y mensajes mediados por los valores sociales imperantes.

Esos valores a nosotras nos invitan a ocupar poco espacio, a no exponernos y a incomodar lo menos posible, mientras que a los varones ni se les pasa por la cabeza que dos asientos no sean lo que necesitan para estar cómodos.

El término *manspreading* o despatarre masculino se incorporó al *Diccionario de Oxford* en agosto de 2015 para aludir a la apertura de piernas que algunos hombres llevan a cabo cuando se sientan en los asientos de autobuses, trenes y vagones de metro. Pero lo hemos visto en mítines políticos, en el banco de la iglesia durante la boda de nuestra prima y en la consulta del dentista.

Lo interesante de este fenómeno es que lo observamos principalmente cuando el varón en cuestión está sentado al lado de una mujer. Porque, en el caso contrario, lo que sucede es una especie de pacto entre caballeros gracias al cual los señores nos revelan que, efectivamente, pueden cerrar las piernas si es necesario; dejando claro, de paso, que «necesario» es el espacio de otro hombre mientras que «accesorio» es el espacio femenino.

En 2017 el Ayuntamiento de Madrid, siguiendo el ejemplo de lo que había hecho tres años antes el de Nueva York, instaló en los autobuses municipales pegatinas que animaban a los viajeros a no ocupar el espacio ajeno.

Y de todas las reacciones y protestas, el argumento más repetido por parte de los sufridos pasajeros era el temor a que sus escrotos quedasen irremediablemente dañados si cerraban las piernas durante el trayecto, comprometiendo así la producción de espermatozoides.

Por fortuna para todo el mundo, la ciencia acudió enseguida a dejar muy claro que lo único que podía quedar dañado si estos señores cerraban las piernas cuando se sentaran al lado de una mujer era su orgullo.

El biólogo Rafa de la Rosa, en un tono humorístico bastante adecuado para la ocasión, creó ese mismo año un hilo en una red social en el que explicaba, incluso con gráficos, que abrir las piernas no ayuda a una mejor refrigeración de los testículos, que la madre naturaleza ubicó el pene de tal manera que no iba a quedar atrapado al cerrar las piernas y que si los hombres son capaces de mantenerse de pie sin necesidad de despatarrarse, pueden hacer lo propio sobre una silla.

Las personas construimos nuestras identidades no solo por medio de conceptos. Lo hacemos también a través de nuestros cuerpos y de la manera en la que los usamos en el espacio físico, en todas sus dimensiones. Gestualidad, apariencia, movimiento…, a lo largo de todo nuestro ciclo vital el cuerpo aprende cuál es su sitio, su postura, su rol y sus márgenes, y lo expresa en todos y cada uno de los espacios que habita.

La relación de las mujeres con el espacio que habitamos es compleja, porque es ahí donde se encuentran nuestros cuerpos con los límites de un sistema cuyos muros son casi impracticables. Por eso, lo que se ve de nosotras cuando nos quedamos en un segundo plano, cuando damos un paso atrás antes de entrar en algún sitio, cuando sonreímos tímidamente mientras otros se saludan con palmadas, no se corresponde con la grandeza de nuestros anhelos y nuestras posibilidades, sino con la impostura de quien respira por una rendija. Muchas esperamos ver el día en que esos muros caigan y podamos recuperar la parte del mundo que nos pertenece.

PARA REFLEXIONAR

- ¿Cuándo fue la última vez que te diste la vuelta y decidiste no entrar en un bar, sala o espacio lleno de hombres?
- ¿Alguna vez te has planteado qué pasaría si los patios de los colegios estuvieran diseñados para invitar a que chicos y chicas ocupasen espacios similares?
- ¿Cuántas veces has tenido que cruzar las piernas, hacerte a un lado u ocupar una porción ínfima de sofá para dejarle espacio al varón que tenías sentado al lado, sin quejarte de nada?
- ¿En qué te afecta el hecho de que tu lugar de trabajo esté alejado de tu vivienda?
- ¿Sabías que muy probablemente tus abuelas o bisabuelas pasaron largos periodos de su vida encerradas en sus casas guardando luto por sus familiares?

7

La inteligencia y el poder

Toda mi vida pensé que se me daban mal las ciencias. Matemáticas, física, química... eran mis grandes caballos de batalla. Con dieciséis años suspendí un examen de física por muy poco y pedí una revisión. El profesor me dijo que me aprobaría, pero con una condición: que me dedicara a las letras. Le tomé la palabra y más adelante escogí una carrera alejada de los números. Hace poco cayó en mis manos un libro divulgativo de física cuántica y me animé a leerlo. Me entusiasmó y, además, lo entendí todo con bastante rapidez. Entonces me acordé de ese profesor y pensé qué habría sido de mí si no le hubiera hecho esa promesa. Probablemente lo mismo, pero con la autoestima un poco más intacta.

Consuelo, 44 años, guionista

Soñar es gratis

La «brecha de los sueños» (*dream gap*, en inglés) es el término que se utiliza para describir la distancia existente entre las niñas y su potencial. De los estudios aportados por ONU Mujeres o The Dream Gap Project, entre otros, se desprende que, a los cinco años, las niñas ya dejan de soñar que pueden ser presidentas, ingenieras o astronautas, a los siete es más probable que crean que los niños son más capaces que ellas para las matemáticas o las ciencias, y 9 de cada 10 de ellas, entre 6 y 8 años, asocian la ingeniería con habilidades masculinas.

La creencia de muchas chicas de que no están destinadas para brillar y la falta de autoestima respecto al propio potencial están atravesadas por varios factores: la interiorización de que somos menos listas, ingeniosas o capaces, la asimilación, por tanto, de lo femenino como menos interesante (y del estereotipo masculino como aquello a lo que hay que aspirar), la falta de referentes de mujeres que destaquen en ámbitos intelectuales o científicos y las trabas que nos encontramos cuando nos animamos a explorar más allá de los roles preestablecidos.

Por un lado, tanto hombres como mujeres nos hemos visto durante siglos obligados a ocuparnos de determinados asuntos preestablecidos, sin darnos opción a salirnos del guion: las mujeres, como ya sabemos, hemos sido las afortunadas ganadoras de la casa, los hijos e hijas, los cuidados de las personas mayores y enfermas y de las atenciones al marido, mientras que los señores cargaban con la responsabilidad de dar de comer a todas esas personas inferiores con el sudor de su frente y trabajando de sol a sol.

Con la incorporación de las mujeres al mundo laboral, nuestro premio se duplicó y, además de seguir atendiendo en solitario la casa y las responsabilidades que ya teníamos, ganamos lo del trabajo de sol a sol. Además de la doble jornada (en casa y fuera), para nosotras el acceso al mundo laboral significaba subirnos a un tren que ya estaba en marcha, por lo que lógicamente los mejores asientos ya estaban cogidos. Cuando las mujeres nos unimos al mercado del trabajo, las dinámicas, las creencias, los roles y el valor ya estaban profundamente asumidos, por lo que se nos veía (y todavía se nos ve en muchos ámbitos) como intrusas o molestas invitadas. Especialmente cuando intentamos entrar en los sectores más valorados por los hombres: ahí las caras del comité de bienvenida no son precisamente amistosas.

Por otro lado, la asociación de todo lo femenino como menos valioso hace que aquellos trabajos que hemos desempeñado típicamente las mujeres a lo largo de la historia se consideren trabajos de segunda. No solo están peor remunerados (algunos de ellos, ni siquiera están remunerados), sino que existe la creencia de que son labores que no contribuyen al avance glorioso de la humanidad, que no brillan ni sirven para enorgullecerse cuando se dicen en voz alta.

Y en el polo opuesto, bajo la premisa de que todo lo masculino es simplemente mejor, las labores desempeñadas por los varones —especialmente las vinculadas a los ámbitos de poder— se acompañan de una narrativa heroica y de un prestigio que contribuye a asentar la creencia generalizada de que esas y no otras son las acciones verdaderamente importantes para la sociedad. Incluso cuando son profesiones que no están especialmente bien pagadas o no representan demasiado poder, si es cosa de hombres, es interesante.

Y es que la importancia que se arrogan a veces los varones a sí mismos no tiene parangón: basta darse un paseo por la web de Forocoches (espacio masculinizado donde los haya) para comprobar el tiempo y la energía dedicados a compartir, comparar, sugerir, preguntar y mostrar con orgullo sus conocimientos sobre criptomonedas, videojuegos, aire acondicionado, fosas sépticas, geolocalizadores, cerraduras, imanes, aceites de motor o colchones.

Ciertamente, mucha de esa información es muy útil y resulta no menos que envidiable la cantidad de contenidos generados por los propios hombres en torno a sus intereses y actividades y el énfasis con el que valoran todo ello.

Pero por esa misma razón no es de extrañar que, a la hora de calibrar el peso de las contribuciones humanas al progreso, incluso la propia definición del mismo está marcada por un sesgo androcéntrico, porque en el imaginario colectivo «progreso» se refiere al avance en relación con aquellas áreas ligadas al poder y a los saberes masculinos, sin tener en cuenta que estos avances no siempre van de la mano del bienestar social.

Social Progress Imperative es una organización no gubernamental que genera datos globales sobre progreso social en distintas partes del mundo desde hace décadas. Su informe global del año 2022, realizado con datos de 169 países, está elaborado a base de cuestiones como la nutrición y el acceso a cuidados médicos básicos, el acceso a agua potable y sanitarios, la vivienda y el refugio, la seguridad personal, la educación, el acceso a la información y los medios de comunicación, la salud y el bienestar emocional, la calidad medioambiental, los derechos humanos, la libertad personal o la inclusividad, poniendo de manifiesto que los ingresos de un país a menudo no se corresponden con su nivel de progreso social.

Por eso, en contraposición a la extendida idea de progreso y éxito como factores vinculados y dependientes del poder económico o tecnológico, la medición del progreso social nos ofrece una imagen reveladora de los verdaderos niveles de desarrollo de los países, evidenciando que algunas de las áreas precisamente menos valoradas por muchos son claves para el avance de la humanidad.

Es esta formulación del éxito en la vida, tan obtusa, la que está en la base de que niños y niñas crezcan asumiendo que ser el CEO de una empresa es lo máximo a lo que una persona puede aspirar, pero que cambiarle el vendaje a una persona enferma o cultivar patatas para dar de comer a una comunidad son tareas de segunda.

Haciéndose eco de estas desigualdades y con la intención de acabar con las barreras y los estereotipos que frenan el acceso de las jóvenes a los estudios científicos, tecnológicos, ingenierías y matemáticas (conocidos como disciplinas STEM, por su sigla en inglés), la Asamblea General de Naciones Unidas proclamó en 2015 la celebración del Día Internacional de la Mujer y la Niña en la Ciencia el 11 de febrero. Ese día, distintos organismos oficiales y no oficiales ponen en marcha iniciativas y acciones para fomentar las vocaciones científicas entre las niñas y jóvenes.

La propuesta tiene sentido si consideramos que, según los datos publicados por el INE en el año 2020, los sectores de alta y media tecnología dieron empleo al 7,3 por ciento del total de personas con trabajo, pero con tan solo un 30,2 por ciento de mujeres entre sus filas. En todas las ramas de actividad de los sectores de alta tecnología existe mayor representación de hombres.

Animar a las niñas a dedicarse a las disciplinas STEM es muy loable y por supuesto necesario (se trata de profesiones muy bien pagadas y que dan acceso a recursos y espacios para promover cambios sociales, y prescribir opinión), pero algo falla en esta propuesta.

Por un lado, el punto de partida es erróneo, porque asume y alimenta la dicotomía de que los empleos y las vocaciones feminizadas tienen poco valor social, y hay que aspirar a los empleos y vocaciones masculinizadas, contribuyendo a las ya existentes polarización de valores y desigualdad social. Mostrar a los niños que profesiones como terapeuta, taquillero, enfermero, profesor de primaria, limpiador, cuidador de ancianos o empleado doméstico son tan dignas y deseables como ser fontanero, albañil, mecánico, policía o conductor debería formar parte del mensaje.

Por otro lado, se deposita en las niñas y las jóvenes la responsabilidad del cambio. Se les pide que hagan el esfuerzo de ir «hacia lo bueno», de coger la antorcha y salvar la carrera de obstáculos sin miedo, como si no fueran a encontrar ninguna piedra en el camino y todos los hombres de ciencia las estuvieran esperando ahí con los brazos abiertos, deseosos de renunciar a sus privilegios, sus becas y sus reconocimientos para dárselos a ellas, algo que es rematadamente falso.

Y por último, el esfuerzo que se pide, además de unilateral, es unidireccional. En ningún momento se plantea que para que las mujeres podamos ocupar puestos de poder (en el ámbito de la ciencia o en cualquier otro) es absolutamente necesario que los varones hagan el mismo viaje pero a la inversa. El mensaje debería ser algo así: «Niños, jóvenes y hombres del mundo, debéis saber algo: criar a vuestros hijos, reducir vuestras jornadas laborales, cuidar de los ancianos de la familia o escuchar los problemas emocionales de las personas que os rodean son acciones esenciales, valiosas y de personas inteligentes. Atreveos a ocupar esos espacios —públicos y domésticos—, en los que estáis infrarrepresentados, y dejad sitio en la nave espacial para vuestras compañeras».

Un pequeño cerebro, un gran paso para la humanidad

Las mujeres hemos estado históricamente expulsadas de las inquietudes intelectuales, aunque las tuviéramos. Podíamos tener conocimientos sobre arte, música o literatura, pero solo se nos permitía admirar las obras o copiarlas. El mundo de la creación y las grandes aportaciones al pensamiento se reservaban al mundo masculino, mientras que a las mujeres se nos ofrecía, como ya sabemos, el espacio de los sentimientos y el hogar.

La idea de que las mujeres somos inferiores a los hombres se ha construido gracias a tres supuestos machaconamente repetidos a lo largo de la historia: que somos moralmente débiles (Eva o Pandora dan buena cuenta de lo horribles que somos), que somos biológicamente frágiles (por lo que necesitamos siempre protección) y que somos intelectualmente limitadas por ser demasiado emocionales (y locas).

Por ejemplo, Juan Huarte de San Juan en 1575 escribió en *Examen de ingenios para las ciencias*: «La verdad de esta doctrina aparece claramente considerando el ingenio de la primera mujer que hubo en el mundo: que con haberla hecho Dios con sus propias manos y tan acertada y perfecta en su sexo, es conclusión averiguada que sabía mucho menos que Adán. Lo cual entendido por el demonio, la fue a tentar, y no osó a ponerse a razones con el varón, temiendo su mucho ingenio y sabiduría [...]. Luego la razón de tener la primera mujer no tanto ingenio, le nació de haberla hecho Dios fría y húmeda, que es el temperamento necesario para ser fecunda y paridera y el que contradice el saber, y si la sacara templada como Adán, fuera sapientísima, pero no pudiera parir ni venirle la regla si no fuera por vía sobrenatural».

En resumen, el demonio tentó a Eva porque era tonta y era tonta porque estaba hecha para parir.

Pero no solamente religiosos, artistas y caciques repitieron estas consignas. La psicología, la medicina, la sociología y otras disciplinas supuestamente científicas, a pesar del rigor metodológico demostrado en otros aspectos, contribuyeron de forma muy activa a transmitir grandes estereotipos misóginos, manteniéndose a la altura del desprecio que ya mostraron por las mujeres filósofos y pensadores como Aristóteles, Platón y Tomás de Aquino.

El fundador de la frenología, Joseph Gall (1758-1828), propuso que el cerebro era el órgano de la mente e investigó la relación existente entre las regiones cerebrales y sus supuestas funciones. Como herencia de su trabajo, el tamaño del cerebro se convirtió en toda una obsesión científica durante el siglo XIX, asentándose la idea de que el hombre tiene mayor masa encefálica que la mujer y, por tanto, es más inteligente.

Recogiendo el testigo y animándose a ir un paso más allá en la desvergüenza, en 1854 el médico Emil Huschke equiparó el cerebro de los negros al de los niños, las mujeres y los monos.

Charles Darwin sostuvo algo parecido en 1871 en *El origen del hombre*: «Se admite que en la mujer los poderes de la intuición, la percepción y quizá la imitación son más relevantes que en el hombre, pero alguna de estas facultades son características de las razas inferiores y, por lo tanto, de un estado de civilización pasado y menos desarrollado».

Y en la misma época, concretamente en 1879, el sociólogo Gustave Le Bon escribió que «incluso en las razas más inteligentes» existía «un gran número de mujeres cuyos cerebros tienen un tamaño más parecido al de un gorila que al de los cerebros masculinos más desarrollados [...]. Su inferioridad es tan obvia que en este momento nadie puede negarla; lo único que vale la pena discutir es la magnitud de esta inferioridad».

Así, cuando a principios del siglo XX se empezó a estudiar la inteligencia desde la psicología evolutiva y la psicología diferencial, diversos trabajos, investigaciones, instrumentos de medida y postulados teóricos se encontraban ya claramente sesgados y no hicieron sino profundizar en la vieja idea de nuestra estulticia.

La histórica división de funciones y roles se justificó no como la causa, sino como la consecuencia lógica de estas diferencias. Por fin la ciencia nos mostró la verdadera causa de nuestros padecimientos: éramos tontas y, además, teníamos lo que nos merecíamos. Porque si nuestra constitución biológica natural estaba encaminada a la maternidad, nuestro sitio no estaba en las calles ni en los foros de debate, donde todo nos iba a salir mal. Y por supuesto, ni de lejos en las aulas.

El resultado es que durante mucho tiempo se privó a las mujeres del acceso a la enseñanza, convirtiendo el destino de muchas en una profecía autocumplida: a lo largo de todo el siglo XIX, el analfabetismo femenino en España se mantuvo en tasas que rondaban el 70 por ciento.

De hecho, la escolarización paritaria (con el mismo currículo para niños y niñas) en la enseñanza primaria y el reconocimiento oficial del derecho a la educación superior en nuestro país no se produjo hasta 1910, gracias al trabajo de mujeres como Concepción Arenal y Emilia Pardo Bazán, que defendieron hasta la saciedad nuestro acceso a todos los niveles de la enseñanza y a todo tipo de actividades profesionales.

Ahora, desde posturas científicas serias, nadie se atrevería a defender nuestra inferioridad intelectual. Sin embargo, los prejuicios y los estereotipos que los sustentan siguen muy presentes, de forma más o menos consciente, manteniendo desigualdades que afectan a la vida de muchísimas personas.

Una niña que en el colegio muestre ciertos intereses vivirá su inteligencia de forma muy distinta dependiendo del ámbito de los mismos: si se trata de capacidades verbales o artísticas (áreas que se relacionan con la sensibilidad), tendrá vía libre y todos los mensajes que reciba subrayarán lo acertado de sus elecciones, asumiéndolas como algo natural, mientras que si lo que le interesa son los deportes de contacto y competición o disciplinas científicas como las matemáticas y la física, recibirá mensajes que, teñidos de reconocimiento, le dejarán muy claro la extrañeza de sus tendencias.

Resaltar los logros en función del género resulta, de hecho, una peligrosa moneda de dos caras, porque si bien reconoce el esfuerzo que las mujeres tienen que hacer para llegar al mismo sitio que los hombres, también perpetúa la concepción implícita de que esos logros responden a una excepcionalidad en su —inferior— naturaleza.

Por ejemplo, el titular del periódico *El País* «Una mujer y un hombre negro viajarán a la luna por primera vez en la historia», publicado en abril de 2023, es un claro ejemplo de este fenómeno. Y es que, si bien es cierto que merece la pena comunicar los logros de dos comunidades históricamente excluidas de la carrera espacial, el mensaje pone el foco en su diferencia y en el carácter no normativo de su hazaña. En la imagen que ilustra la noticia, además, aparecen cuatro personas: la mujer, el hombre negro y dos hombres blancos, por lo que la mezcla de titular e imagen nos da a entender que tanto el hombre negro como la mujer no pertenecen a la categoría universal de los hombres blancos, sino que son «los otros».

El acceso a la enseñanza oficial catapultó muy rápido a las mujeres hasta las universidades y, en apenas cien años, hemos conseguido demostrar que, al menos, capacidad y ganas tenemos: según el INE, en 2021 el porcentaje de mujeres graduadas en educación superior fue de un 54,2 por ciento y el de hombres un 45,8 por ciento. Y en los países de la Unión Europea, el porcentaje de mujeres graduadas es superior al de hombres, excepto en Alemania y Grecia.

Sin embargo, la elección de futuro profesional se sigue viendo muy afectada por la división de roles en función de lo que se considera más natural para cada persona según su sexo. Así, de todas esas mujeres estudiosas y capaces, el 79 por ciento escogemos carreras relacionadas con la salud y el bienestar, el 74 por ciento lo hace en el ámbito de la administración y el derecho, y el 56 por ciento aterriza en el ámbito de la educación.

Cuidar, gestionar y educar siguen siendo nuestros principales roles en la sociedad, tanto dentro como fuera de casa, mientras que los trabajos y oficios técnicos siguen mostrando un predominio masculino. No hace falta irse muy lejos para identificar algunas de las causas: cualquier catálogo de juguetes infantil sigue siendo un excelente testimonio impreso de un futuro anunciado.

Pero lo que nos lleva a unos y a otras a seguir la corriente sin oponer mayor resistencia no está exento de matices. Las mujeres no nos animamos a dirigirnos hacia sectores profesionales masculinizados no porque no nos parezcan apetecibles, sino porque se nos disuade de hacerlo desde la escuela y porque comprobamos las dificultades que sufren las que se atreven. Los hombres, sin embargo, no eligen sectores feminizados porque están, precisamente, feminizados —lo cual los hace menos interesantes, aunque estén bien remunerados—, y porque lo que aprenden desde niños es que sus habilidades son otras, mucho más valiosas.

En este caso, el aparente conformismo con nuestros designios no llega de un día para otro, sino que es el resultado de una labor de siglos de alienación. No se nos puede culpar de hacer caso a una advertencia que viene enmarcada en luces de neón: nunca seas como las chicas, excepto que seas una de ellas. O un mono.

Ni un pelo de tontas

Cuando se mezcla inteligencia y sexualidad, las cosas se ponen interesantes porque aparecen mitos como el de la rubia tonta: una mujer bella y sexual, ingenua, necesitada de guía intelectual y a la que se puede encandilar fácilmente; siempre boquiabierta, siempre dispuesta a reír cualquier gracia, siempre infantil y siempre picante. En definitiva, una fantasía creada a la medida de los deseos del varón heterosexual occidental de clase media.

Este arquetipo irrumpió con especial fuerza en la cultura popular de la mano de Marilyn Monroe en los años cincuenta del pasado siglo, aunque el cabello rubio como rasgo identificativo de la mujer objeto de deseo lo encontramos ya en actrices como Jean Harlow, a la que veinte años antes se la apodaba la Bomba Rubia.

Dentro y fuera de las pantallas, rubias como Brigitte Bardot, Suzanne Somers, Pamela Anderson o Paris Hilton han ido encarnando el papel de muñeca de carne y hueso durante décadas, alimentando así el estereotipo, hasta que películas como *Una rubia muy legal* (2001) o la más actual *Barbie* (2023) empezaron a desmontar el cliché de la «bimbo».

Y aunque ya lo apuntaba en 1953 el personaje de Monroe en *Los caballeros las prefieren rubias* cuando decía «Puedo ser inteligente cuando la ocasión lo requiera. Pero a la mayoría de los hombres no les gusta», lo que nos desvelan estas películas es justo lo que todas sabemos: que detrás de una mujer aparentemente hueca, hay bastante más materia gris de la que muchos creen.

En 2020 una de las rubias tontas más famosas del planeta, Paris Hilton, desvelaba en el documental *This is Paris* que lo que todo el mundo había visto en ella durante años era un personaje creado para protegerse. Una fachada. Demostró así ser no solo perfectamente consciente de su imagen, sino también perfectamente lista como para usarla en su propio beneficio.

Este «darles lo que quieren» y ocultarnos bajo la máscara de la belleza y la sensualidad, según comenta Virginie Despentes en *Teoría King Kong*, podría ser una manera de disculparnos, de tranquilizar a los hombres frente a nuestros avances, nuestra inteligencia, nuestra cultura y nuestra autonomía, mandándoles un mensaje tranquilizador: «No tengáis miedo de nosotras, no queremos asustar a nadie».

De ahí, según Despentes, que tantas muchachas adopten con entusiasmo la imagen de mujer objeto: «Las mujeres se aminoran espontáneamente, disimulan lo que acaban de conseguir, se sitúan en la posición de seductora, incorporándose de este modo a su papel, de modo tan ostentoso que ellas mismas saben que —en el fondo— se trata simplemente de un simulacro».

Hacerse la tonta es, de hecho, el camuflaje perfecto, porque como la inferioridad intelectual se nos presupone, para muchos no resulta nada raro que una mujer no se entere de nada.

¿Cuántas mujeres no se han hecho las tontas ante las infidelidades o los líos económicos de sus maridos? Recordemos, por ejemplo, a la infanta Cristina de Borbón, quien respondió hasta en 550 ocasiones «No sé», «No lo recuerdo» o «Lo desconozco» ante el juez Castro, al ser interrogada en 2014 sobre su papel al frente de la sociedad de la que era copropietaria junto a su marido. Si las princesas lo hacen, qué no haremos las plebeyas.

No debe extrañarnos que tantas opten por disimular, por adoptar un perfil bajo. Otro arquetipo femenino, el de la mosquita muerta, describe precisamente a las mujeres que, bajo la máscara de la discreción y el servilismo, van conquistando su propia agenda.

Popularmente se las desprecia y se las relaciona con la hipocresía, las infidelidades y la ambición, pero, sinceramente, no sería justo quedarnos con la lectura misógina y obviar que este comportamiento es una de las estrategias de supervivencia femenina más eficaces de la historia.

La novela gráfica *El ala rota,* del guionista Antonio Altarriba e ilustrada por Kim, cuenta la historia de la madre de Altarriba —Petra— a lo largo de la Guerra Civil y la posguerra en España.

El punto de partida del relato es el descubrimiento, por parte de su propio hijo, de un secreto que Petra había ocultado toda su vida: tenía un brazo inmóvil. El autor se adentra así en la vida de una mujer que sobrevive en un país dominado por hombres, gracias a un inteligente ejercicio de sobriedad que la lleva nada menos que a la Capitanía

General de Zaragoza. Allí, como gobernanta en la casa de un general franquista cuyas ideas no eran especialmente favorables al régimen (por ser monárquico), Petra fue testigo de movimientos políticos y conspiraciones de altísimo valor histórico, pero que guardó para ella con la misma solidez con la que disimuló su discapacidad. Cuando el general la entrevista para el trabajo, el diálogo es como sigue: «¿Hablas con tus amigas de lo que ves y oyes en casa de tus señores? Porque en esta casa la virtud que más se aprecia es la discreción». «Yo estoy a mis cosas, que bastante tengo..., y nunca cuento nada de lo que hacen mis señores. Además, no tengo muchas amigas».

La secretaria omnipresente que se entera de todo, pero que finge no saber absolutamente nada. La sirvienta que escucha tras las puertas, la que pone la antena mientras los jefes se reúnen con la puerta abierta o la que lleva cervezas y rellena cuencos de patatas fritas mientras ellos juegan al póquer. Todos hablan en voz alta en su presencia porque creen que las mujeres que los rodean no son lo suficientemente inteligentes como para comprender sus asuntos, o no tan valientes como para atreverse a intervenir en ellos. Aviso para navegantes: nos enteramos de todo.

Tanto se asume la premisa de que las mujeres tenemos una capacidad de comprensión limitada que a las mismas personas —es decir, a los científicos— que les parecería ridículo investigar la existencia de los elfos de bosque o de los unicornios no les parece tan descabellado dedicar recursos a comprobar, por ejemplo, si las rubias son efectivamente idiotas.

En 2016 el investigador Jay Zagorsky publicó una investigación con el título «Are blondes really dumb?» (¿Son las rubias realmente tontas?). El resultado —obvio— fue que las mujeres rubias no tenían un cociente intelectual inferior a las mujeres con cualquier otro color de pelo.

En cualquier caso, ¿qué problema tenemos con la inteligencia? O mejor dicho, ¿en qué tipo de sociedad vivimos que medimos el valor de un ser humano por su cociente intelectual? ¿Qué pasaría si fuéramos tontas? ¿Valdría menos nuestra vida, tendríamos menos derechos que el resto, habría que expulsarnos de todos los ámbitos y no tener en cuenta nuestras necesidades, abusar de nosotras si además de tontas somos guapas, humillarnos? La respuesta tristemente la sabemos, porque eso es exactamente lo que sucede con todas aquellas personas (no solo las mujeres) que la sociedad considera inferiores.

Nuestra sociedad es capacitista y, como tal, no solo se asienta sobre valores orientados al logro, sino que lo exige, dejando de lado a cualquier persona que, o bien por su diversidad funcional o bien por su sexo, su etnia o su clase social, no va a tener la misma capacidad que el resto de acceder y acumular bienes materiales y poder. Y se nos invita a desear ese poder y esa inteligencia como peaje para ocupar el lugar de los importantes. Como dijo el actor y escritor mexicano Odin Dupeyron haciendo una crítica a la positividad tóxica y al lema «Si quieres, puedes» (o «pensamiento mágico pendejo», como lo llama él): ¿hay que ser siempre el número uno, no se puede ser aquí el número dos?

Los mitos, ya sabemos, funcionan muchas veces como motor de deseo, pero también como advertencia. Por eso, en el reverso del mito de la mujer guapa y tonta, nos encontramos con la mujer inteligente y, por tanto, fea y además frígida. Si contraponemos uno al otro, todo cobra sentido, porque no hay estereotipo sin su correspondiente castigo: mujeres del mundo, si destacáis en algo, que sea por ser guapas y simpáticas, porque la que se atreva a ser respondona, lista, crítica con el sistema o demasiado seria está condenada a ser una fea con la que nadie va a querer aparearse.

Como afirma la investigadora Pilar Muñoz Deleito en su trabajo sobre mujeres jóvenes de altas capacidades, ellas son las grandes ignoradas en el estudio de la inteligencia humana. Además, son consideradas un grupo de riesgo y especialmente vulnerable (según el Comité Económico Social y Europeo de 2013) y su representación en la sociedad respecto al varón es muy escasa.

Muñoz afirma que el refuerzo que hace el ambiente social de las conductas de las chicas influye en la desmotivación de las más inteligentes. Así, siempre que las niñas tienen éxito en sus estudios, todos, padres, profesores, compañeros de clase, suelen hacer la atribución de que sacan muy buenas notas debido a que son muy constantes, muy trabajadoras o a que estudian mucho, pero muy pocas veces se considera que su éxito se deba a una facilidad intrínseca. Los profesores les prestan menos atención y, además, a partir de la pubertad, se las penaliza socialmente al ser calificadas de «empollonas» de forma despectiva, porque es un término que está reñido con la feminidad y el atractivo físico y social. Por eso, la probabilidad de que las niñas superdotadas hagan todo lo posible para disimular su potencial e imitar al resto de sus compañeras más normativas es altísima.

Para describir la situación, Muñoz cita a la psicóloga Marisol Gómez: «El silencio les vale más la pena en todas las etapas de la vida, desde su tierna infancia, porque cuando quedan descubiertas pueden sufrir acoso escolar, de hecho lo sufren, sobre todo en la adolescencia, y su sensibilidad y aislamiento es aún más doloroso. Ellas saben que son diferentes y más rápidas intelectualmente que el resto de sus compañeros y compañeras, pero esta cualidad se puede convertir en su peor enemigo. La mayoría de ellas prefieren silenciarse para no molestar».

¿Cuándo llegamos?

La periodista, escritora y ministra francesa Françoise Giroud dijo en una entrevista a *Le Monde* en 1983: «La mujer será realmente igual al hombre el día en que se designe a una mujer incompetente para un puesto importante». Pues bien, ese día ha llegado..., pero la igualdad todavía la estamos esperando, quizá porque durante mucho tiempo la sociedad interpretó ese «una mujer» literalmente como una unidad de mujer, en vez de muchas.

En la Unión Europea, aunque el 60 por ciento de las personas licenciadas son mujeres, tan solo el 13 por ciento de ellas está en puestos de dirección. Y según el informe del Ministerio de Igualdad de 2023, todos los datos apuntan a que, si bien la presencia de mujeres en los distintos sectores relacionados con el poder en nuestro país es relativamente equitativa, cuando llega el momento de tomar el mando y dirigir, se rompe la baraja.

Por ejemplo, en la Judicatura española la mayoría son mujeres (el 56 por ciento), pero en los órganos centrales como el Tribunal Supremo su presencia se reduce a 15 frente a 53 varones. En la política española también existe una presencia femenina especialmente paritaria, pero solo un 22,3 por ciento de mujeres ostenta las alcaldías. El poder económico es el menos paritario: el porcentaje de mujeres en el conjunto de consejos de administración de las empresas que forman parte del Ibex 35 es del 33,7 por ciento, y

LA INTELIGENCIA Y EL PODER

en la presidencia de las mismas, apenas ocupan un 8,8 por ciento.

A nivel internacional, la tendencia es la misma. Según datos de ONU Mujeres, en octubre de 2019 había solo 10 jefas de Estado y 13 jefas de Gobierno en 22 países, y tan solo un 24,9 por ciento de quienes integran los Parlamentos de todo el mundo son mujeres. En el terreno laboral, de las 500 personas en puestos de dirección ejecutiva que lideran las empresas con mayores ingresos del mundo, menos del 7 por ciento son mujeres.

Es cierto que en España estamos muy presentes en distintos ámbitos y de forma bastante paritaria en muchos de ellos, por lo que muchas personas interpretan que, a simple vista, la igualdad está conseguida.

Sin embargo, volviendo a Giroud, nuestra presencia en la cúpula —tanto si somos brillantes como incompetentes— es ridícula en comparación con el número de aspirantes de sexo masculino.

A este problema se le llama «techo de cristal» y no es inocuo.

Por un lado, perpetúa la ausencia de referentes femeninos en titulares, libros, investigaciones, portadas de revistas y conversaciones, que siguen copadas por figuras masculinas. En una sociedad donde el poder lo es todo, vivir alejadas del mismo es no existir a muchos niveles. Como escribió en 2018 la académica Mary Beard en *Mujeres y poder*: «No tenemos ningún modelo del aspecto que ofrece una mujer poderosa, salvo que se parece más bien a un hombre».

Por otro lado, la sociedad, y en especial las mujeres, normalizamos y asumimos que el final del trayecto para nosotras es justo un paso por debajo de un hombre poderoso. Muchas encajan con estoicismo el hecho de ver cómo sus compañeros las adelantan por la izquierda y por la derecha en la carrera de ascensos, mientras se recuerdan a sí mismas todo lo que han logrado, en cualquier caso. Ser una de pocas, a medida que nos acercamos a la cima, implica cierta gratitud por formar parte de un territorio antes prohibido, y esa conciencia del esfuerzo muchas veces se vuelve en nuestra contra, porque nos sentimos obligadas a no exigir más de lo que ya tenemos. Mientras las mujeres nos frotamos los ojos, nos pellizcamos para comprobar que no estamos soñando y digerimos la proeza de haber llegado casi a la cima, nuestros compañeros varones nos apartan de un codazo para coger lo que saben que es suyo de nacimiento.

«Si soy una recién llegada, ¿quién soy yo para encima querer dirigir la orquesta?», piensan muchas, y apelan a la paciencia, al bien común, a los beneficios secundarios de no ser jefa y a otras tantas estrategias para llevar lo mejor posible el hecho de que nos pasan por encima constantemente.

Por último, la ausencia de mujeres en puestos de poder implica que, aunque estamos dentro del juego, seguimos sin dictar las normas, por lo que las viejas inercias hacen de las suyas, reproduciendo una vez más la propia definición de patriarcado, es decir, privilegiando sistemáticamente a los varones.

Y es que cuando rascamos un poquito la superficie de los datos que nos dicen que hay muchísimas mujeres que trabajan, enseguida vemos el hocico del lobo feroz asomando detrás del disfraz de inocente abuelita. Ese hocico se llama «brecha retributiva» y es la diferencia entre la ganancia media anual de las mujeres y los hombres. En 2020 fue del 18,7 por ciento, lo que sería equivalente a trabajar más de dos meses gratis al año.

Como podemos intuir, esa brecha es mayor en las ocupaciones feminizadas y precarizadas, como son el trabajo no cualificado en servicios, el sector de la industria manufacturera, los trabajos relacionados con la salud y los cuidados, el comercio y la restauración. En todos estos sectores, compuestos por una mayoría de mujeres, los pocos hombres que hay cobran más que ellas.

El hecho de que todas ellas no estén ahora mismo quemando los sillones de los despachos que limpian solo puede significar una cosa: que tenemos una capacidad sobrehumana de adaptación, mucho cansancio, poca fe en el sistema y miedo a las consecuencias. Pero que no lo hagan, a su vez, explica por qué muchos interpretan que «no es para tanto». De hecho, frases como «Si tan mal estaba, por qué no se separó» o «Si realmente la violencia sexual fuera como decís, el planeta entero estaría revolucionado» aprovechan la capacidad humana de adaptación para intentar negar el problema.

Existe un concepto en psicología llamado «vínculo traumático» que es extrapolable a esta situación. Hablamos de una dinámica de abuso de poder en la que la persona abusada es cada vez más débil y cuenta con menos recursos personales y sociales, lo que a su vez la hace menos capaz de romper el vínculo con la persona que la debilita y pedir ayuda.

En 2016 la camarera de piso de un hotel, Laly Corralero, abrió un grupo en una red social para iniciar lo que se llamó «La revolución de las *kellys*», para reclamar medidas dignas frente a las condiciones inasumibles de trabajo que soportan las mujeres que limpian los hoteles. Enseguida el colectivo se expandió por toda España y denunció una realidad que, de otra manera, hubiese permanecido invisible:

detrás de todas y cada una de esas limpiadoras sonrientes que se ocupan de rellenar el minibar como si estuvieran encantadas de hacerlo, hay una mujer explotada. Gracias a su unión, los medios de comunicación se hicieron eco de su situación y el debate sobre la brecha retributiva y otros tantos problemas del empleo femenino se pusieron sobre la mesa y generaron titulares. En las últimas décadas, de hecho, en Occidente, los problemas de las mujeres están teniendo una repercusión mediática importante y contamos con numerosos foros para dar salida a todo lo que antes era silencio y olvido.

Sin embargo, cabe preguntarse si las mujeres ya tenemos una voz propia en la sociedad más allá de nuestras insistentes denuncias.

Como explica Beard, las mujeres tenemos licencia para hablar en público pero solo en dos supuestos: para apoyar nuestros propios intereses sectoriales o para manifestar nuestra condición de víctimas.

Prueba de ello es que los discursos más famosos de la historia pronunciados por mujeres no tienen que ver ni con la ciencia, ni con la medicina, ni con la economía: hablan de nuestros problemas. «Con ello no quiero decir —subraya Beard— que las voces de las mujeres a favor de las causas femeninas no fueran, o no sean, importantes (alguien tiene que hablar en nombre de las mujeres), pero el caso es que el discurso público de las mujeres ha estado "encasillado" en este ámbito durante siglos».

Al hablar de encasillamiento, sin embargo, no debemos caer en el error de pensar que no hay miles de mujeres intentando sentar cátedra también sobre otros muchos asuntos: sociales, económicos, empresariales, artísticos, medioambientales, científicos y deportivos. Hay infinidad de ellas con conocimientos bien extensos (recordemos que somos más estudiosas), opiniones muy bien formadas y capacidad de sobra para transmitir todo ello.

Entonces, ¿por qué todavía no se nos considera «máximas autoridades» en prácticamente ningún campo? Hay dos respuestas que se interrelacionan.

La primera es que nuestra presencia (es decir, el altavoz) en los medios de difusión y en determinados sectores de referencia aún es desigual. El techo de cristal no solamente nos afecta en el entorno laboral, sino que es una cúpula que abarca otros ámbitos.

Por ejemplo, según el II Informe ColumnistAs elaborado por la consultora Planner Media en 2019, la presencia de mujeres en el periodismo de opinión en España fue bastante precaria: tan solo un 21 por ciento firma columnas y tribunas, frente a un 79 por ciento de opinión masculina. Si desglosamos los datos, encontramos además que en Política tan solo opina un 20 por ciento de mujeres, en Internacional un 21 por ciento y en Economía y Cultura apenas un 15 por ciento. Las que quedan, un 40 por ciento, se ocupan de los temas de Sociedad.

A nivel internacional, solo el 24 por ciento de las personas que se escuchan, leen o ven en la prensa escrita, la televisión y la radio son mujeres. Y en medios digitales, las mujeres son solo un 26 por ciento de las personas que redactan noticias y tuits periodísticos en internet. De hecho, ONU Mujeres considera que esta infrarrepresentación femenina en el mundo digital da vía libre a la formación de actitudes dañinas, de falta de respeto y violencia contra las mujeres en el mundo virtual.

Los Premios Nobel se otorgan anualmente como reconocimiento de logros intelectuales y académicos. Pues bien, desde 1901 hasta 2019, solo 64 de las personas galardonadas han sido mujeres, frente a 901 hombres.

Incluso en el sector culinario (aunque el «No hay lentejas como las que hace mi madre» sea uno de los estereotipos más populares en nuestra cultura) estamos fuera del podio. En la actualidad menos del 4 por ciento de la totalidad de chefs con tres estrellas Michelin (la clasificación más alta que se puede obtener) que aparecen en la conocida guía de restaurantes son mujeres.

La segunda razón es que si lo cuenta una mujer, aunque sea experta en la materia, no interesa igual que si lo cuenta un hombre. O dicho de otra manera: los hombres no escuchan a las mujeres.

A priori puede parecer un argumento falso e incluso usado habitualmente en entornos íntimos como queja femenina universal. Pero hay datos que lo confirman.

En 2021 la consultora inglesa Nielsen Book Research realizó un estudio sobre las preferencias lectoras por sexo, encontrando que de las diez escritoras más vendidas en el Reino Unido (listado en el que se encuentran las muy conocidas Jane Austen, Danielle Steel y Margaret Atwood), tan solo el 19 por ciento de sus lectores eran de género masculino, porcentaje que sin embargo es paritario cuando hablamos de los diez escritores varones más vendidos del país e incluso se acerca también bastante a la paridad cuando las autoras firman con iniciales que ocultan su género. Los datos muestran que las mujeres estamos bastante más dispuestas que los varones a leer novelas escritas por el sexo contrario.

Podríamos pensar que la calidad de las novelas femeninas es menor que las escritas por hombres y que es eso lo que justifica el poco interés por nuestros contenidos, pero esta hipótesis queda desmontada en el momento en el que vemos que las valoraciones que los lectores varones les dan a los libros escritos por mujeres es de 3,9 sobre 5 de media (frente a la valoración de 3,8 de media que le dan a las obras de sus congéneres). Es decir, que una vez que los hombres rompen con sus prejuicios y nos leen, comprueban que nuestra calidad es similar a la de cualquier otra persona que escribe bien.

Los prejuicios respecto al interés de nuestras palabras, nuestras obras, nuestras opiniones o nuestras creaciones artísticas también atraviesan la barrera del sonido. El proyecto Every Noise at Once, que contabiliza y actualiza diariamente los datos de escucha globales de la plataforma de música Spotify, en 2023 arroja los siguientes datos: si bien las personas que escuchan música están repartidas casi al 50 por ciento entre hombres y mujeres, los gustos musicales masculinos tan solo incluyen un 19 por ciento de artistas femeninas o de género mixto.

¿Somos como sociedad realmente conscientes de que el intercambio de mensajes no es en absoluto recíproco y de que media humanidad experimenta no solo ceguera, sino también sordera selectiva respecto a nosotras?

Es imposible que tengamos conversaciones reales y constructivas si, incluso después de superar todas las barreras y conseguir que nos den un escaño, un micrófono, un contrato editorial, un pódcast o una columna periodística, seguimos hablando a las paredes y recibiendo el eco de nuestra propia voz como si fuera algo normal.

Conformarnos con los aplausos de nuestras compañeras y creer que con eso es suficiente se alimenta de la visión universal de que no somos lo suficientemente buenas y nos embriaga una falsa sensación de avance.

Por eso, y por terminar con Giroud, quizá lo que habría que proclamar es que las mujeres seremos realmente iguales a los hombres el día en que estos se interesen por escuchar, ver y hacer todo aquello que durante siglos han considerado poco importante.

El baile de Elvis

No es que lo cuente la leyenda, es que lo denuncian desde hace tiempo muchas personas afroamericanas que son bien conocedoras de su historia musical: Elvis Presley usó la música negra para hacerse famoso sin dar ningún reconocimiento a esa comunidad.

Chuck Berry, Jesse Stone, Arthur Gunther y Big Mama Thornton escribieron e interpretaron mucho antes que él algunas de las que fueron sus canciones más famosas. Y no solo eso: la cultura rocanrolera negra de los años cincuenta ya se movía a golpe de pelvis, pero la industria musical de la época tuvo que mostrarle al mundo a un artista blanco haciendo lo mismo que en las personas negras era considerado obsceno para obtener el aplauso nacional. Como los artistas negros en ese momento estaban excluidos de la radio blanca, muchos oyentes de sus grandes éxitos pensaron que Presley se había inventado toda esa música, atribuyéndole nada menos que la categoría de Rey del rock and roll.

Este ejemplo de apropiación cultural explica muy bien lo que sucede cuando alguien que tiene más poder o privilegios hace un uso —aunque sea talentoso— de los logros de quienes tienen menos: que se ven como propios.

La ilustradora Riana Duncan publicó allá por 1988 una imagen en la revista británica *Punch* en la que una indignada Miss Triggs escucha a su jefe en una reunión de trabajo en la que ella es la única mujer: «Excelente sugerencia, Miss Triggs. Quizá a alguno de los hombres aquí presentes le gustaría hacerla realidad».

La física Nicole Gugliucci bautizó en 2017 este fenómeno como *hepeating* (juego de palabras en inglés que mezcla la palabra «él» con «repetición»). El término se refiere a la acción masculina de apropiarse de la idea de una compañera, reformularla y defenderla como propia, llevándose él todas las medallas y ella ningún crédito. Y aunque no contamos con suficientes datos para confirmar la magnitud de su incidencia, son muchas las voces individuales y colectivas que vienen señalando este fenómeno desde hace décadas.

Si una buena idea —de una mujer— se pierde entre las voces dominantes, que no tienen especial interés por las aportaciones femeninas, antes o después llegará alguien —un varón— que la recogerá. Si al volver a exponerla el refuerzo es inmediato, el hurto no se interpretará como tal por parte del ladrón, sino más bien como el resultado de un trabajo en equipo con su compañera. Sin arrepentimientos ni disculpas.

Pero el problema es el mismo que el del caso Elvis: para quienes escuchan esa idea de boca de su colega hombre, esta es nueva —porque no hicieron caso a la mujer que la formuló primero—, por lo que el concepto de equipo desaparece y se piensa que la réplica es el original. El resultado no es solamente que quien se lleva los laureles es el hombre, sino que para el resto de las personas se perpetúa el modelo mental de que son ellos quienes tienen las mejores ideas.

De hecho, cuando las mujeres se quejan de estas actitudes, suelen ser tachadas de egoístas o de tener una visión empresarial poco cooperativa, o les piden perdón pero a la semana siguiente vuelve a suceder lo mismo. Por eso, muchas deciden dejar que sus compañeros se lleven el mérito o tiran la toalla, y cuando se les ocurre una solución a un problema o una buena estrategia, se la callan.

Otras, como las que formaban parte del gabinete de Barack Obama durante su presidencia, según relata la periodista Juliet Eilperin en un artículo de *The Washington Post,* optaron por unirse y crear una técnica que llamaron *«amplification».* Al encontrarse en minoría (solo un tercio de los altos cargos del gabinete eran mujeres) y hartas de que los señores de la sala les arrebataran las ideas, cuando una de ellas mencionaba un punto importante, las demás lo repetían una y otra vez, dándole crédito a la autora. De este modo, los hombres no tenían más remedio que reconocer sus contribuciones.

Si valoramos honestamente la carrera de obstáculos que las mujeres tenemos que recorrer para llegar a los puestos de poder o para ser consideradas «voces autorizadas» o expertas, no debe extrañarnos que, cuando vemos a una ahí arriba, nos parezca raro y nos hagamos unas cuantas preguntas: ¿Cómo lo ha conseguido? ¿Cuál es su secreto? ¿De quién es hija? ¿Cuánto bótox se ha puesto? ¿De verdad es tan lista? ¿Quién le corta el pelo? ¿Se le habrá ocurrido a ella sola? O la mejor de todas: ¿A quién se habrá tirado?

Cuando las sospechas flotan en el ambiente es complicado disfrutar del éxito. Por eso muchas se sienten obligadas a dar explicaciones detalladas sobre sus procesos laborales, su formación y su gestión del liderazgo, o acaban incorporando a sus discursos y a su imagen pública características o rasgos típicamente masculinos — por ejemplo, Margaret Thatcher reeducó su voz con un entrenador del habla para hacerla más grave— y así acallar las sospechas sobre sus merecidos logros.

Pero seguimos siendo incapaces de asumir que las mujeres también tenemos talento. Tan incapaces que, ni aunque sea por dinero, la sociedad es capaz de dar su brazo a torcer y hacernos sitio en el Olimpo.

En 2023 la mayor gestora de fondos del mundo, Black-Rock, confirmó en un estudio que reunió información de 1.250 grandes empresas lo que ya se venía señalando desde hacía veinte años por otras consultoras: las empresas con un número paritario de mujeres en sus puestos de dirección y en sus plantillas obtienen mejores resultados económicos en general. ¿Será que las mujeres somos más listas y cuando aparecemos en escena creamos riqueza? La respuesta es no.

Es una cuestión de suma de talentos. Si el talento se divide al 50 por ciento entre hombres y mujeres, toda desviación que en mayor o menor medida se produzca sobre ese ·porcentaje representa una muy mala política de selección de personas potencialmente valiosas.

Volviendo a la premisa de que si no se aplican medidas que contrarresten los sesgos de género se termina reproduciendo inconscientemente un sistema desigual, en el momento en que las empresas integran voluntariamente a más mujeres en sus plantillas cortan de raíz con esa tendencia, el talento está más accesible, se distribuye de forma más homogénea y todo ello se refleja en los resultados.

Seguramente podemos aplicar la misma lógica a los ámbitos de poder no reconocidos como tales por la sociedad, como los que tienen que ver con los cuidados a las personas, las emociones, lo doméstico, la preservación de la naturaleza, la convivencia, etcétera. Si pudiéramos aplicar la misma paridad ahí, no solo se resignificarían instantáneamente como importantes y valiosas todas esas contribuciones que consideramos de segunda división, sino que llegaríamos, como humanidad, mucho más lejos de lo que jamás soñamos.

PARA REFLEXIONAR

- ¿Cuándo fue la última vez que decidiste no dar rienda suelta a tu ambición por miedo a no ser lo suficientemente buena?
- ¿Alguna vez te has planteado si tu profesión o tu vocación tienen algo que ver con los estereotipos de género?
- ¿Cuántas veces has sentido que tus ideas u opiniones eran menospreciadas por alguien que sabía lo mismo o menos que tú?
- ¿En qué te afecta que el éxito personal se mida por la cantidad de logros laborales o económicos, en vez de aquellos que tienen que ver con factores más humanos?
- ¿Sabías que muchas mujeres prefieren no mostrar sus conocimientos en entornos sociales o laborales por no ser tachadas de listillas?

8

Los cuidados

Hace poco quedé con un antiguo compañero de trabajo para ponernos al día. Hablamos de la empresa, del sector, de nuestras vidas. Él me dijo que estaba arrancando un par de proyectos que le tenían entusiasmado y que se iba a mudar a otra casa más grande. Y yo le conté que tenía previstos tres viajes en los próximos meses y que, además, estaba muy contenta porque me había enganchado a una actividad deportiva que me estaba gustando. Entonces él me hizo el siguiente comentario: «Bueno, entonces imagino que no te planteas ser madre porque, con esa agenda, va a ser imposible». Me quedé de piedra. La maternidad es algo que me planteo desde hace un tiempo y su comentario me llenó de rabia. No creo que en ningún caso le hubiese hecho un comentario similar a un compañero hombre.

Paula, 32 años, publicista

¿Las mujeres y los niños primero?

A veces, las personas nos olvidamos de lo que necesitamos. Especialmente en determinados entornos, la cultura, el sistema y las creencias reemplazan muchas veces a las sensaciones y las experiencias, y las racionalizan. Muchas personas vivimos demasiado alejadas de nuestros ritmos circadianos, de las señales de hambre y saciedad, del descanso adecuado, de la necesidad de estímulos externos e internos, de las molestias y dolores de nuestros cuerpos y, por supuesto, de nuestras necesidades emocionales. Seguimos el guion —horarios, trabajo, salir, entrar— y no nos paramos a escuchar lo que pide nuestro organismo y cómo lo pide.

Es cierto que para vivir en sociedad y para que esta funcione necesitamos de una cierta estructura a la que adaptarnos y acomodarnos. Tenemos que ser lo suficientemente flexibles como para mantener un eje vital, independientemente de nuestras necesidades o flaquezas momentáneas. Pero también es cierto que, cuando esa estructura está construida sobre unos cimientos equivocados, adaptarnos implica muchas veces sufrir o no encontrar jamás el momento de atender lo importante. No es verdad que vivamos en una sociedad individualista, como se dice: vivimos en una sociedad capitalista, que crea una idea de individuo a su medida —moldeado y estandarizado por la cultura de masas— y define unas necesidades muy concretas para él. Pero ese individuo está, en realidad, cada vez más lejos de sí mismo y de su espíritu crítico.

Toda nuestra vida se asienta y se organiza sobre la pretendida certeza de que las necesidades de la sociedad patriarcal son las universales y las prioritarias. La posesión de bienes, obtener beneficios, expandir territorios, vender conocimiento, acumular capital social, generar evasión, tener familia y descendencia, superarse a sí mismo, invertir en la propia imagen o ascender en la jerarquía social... son necesidades humanas. Pero no de todas las personas.

Muchas de ellas, de hecho, son absolutamente prescindibles y conforman ese individualismo que no es otra cosa que reproducir de forma aislada —sin consultarlo con nadie y desconfiando del vecino— un comportamiento bastante predecible, creyendo que somos únicas. Que vivamos sin apenas compartir experiencias personales con nuestras semejantes o sin tener en cuenta lo que hace la persona de al lado no significa que seamos individualistas, significa que vivimos de forma aislada una experiencia bastante idéntica, pero muy poco o nada basada en nuestras verdaderas necesidades humanas.

La única necesidad humana estrictamente universal es la necesidad de cuidados, desde el mismo momento en el que somos concebidas. Y más concretamente, la necesidad de darlos y recibirlos de forma interpersonal. El verdadero capital humano es la capacidad de cuidar, de sostener y de acompañar porque, cuando todo lo demás falla, eso es lo único que nos queda. Tanto al inicio como al final de nuestra vida lo vemos con claridad. Pero en el camino nos olvidamos y nos dejamos arrastrar por la corriente de lo urgente y lo superfluo, y acabamos haciendo lo que hace «todo el mundo».

Cuidar significa muchas cosas. Es una acción con distintas dimensiones, pero todas ellas implican estar en relación con un otro (aunque ese otro sea yo misma en el caso del autocuidado). Pedir y dar ayuda es cuidado. Escuchar y contar lo que nos pasa es cuidado. Preguntar y tener en cuenta las opiniones de los demás, asumir la responsabilidad de atender a otras personas y sostener a quien no puede hacerlo por sí misma también es cuidar. Y anticiparse, proteger, recordar, saludar, sorprender, ocuparse, comprender y acompañar, también.

Los cuidados son, de hecho, la forma más significativa y certera de contribuir activamente a la sociedad a la que pertenecemos y, por tanto, de generar un bienestar común, mensurable y perdurable. Y por supuesto, darle valor a los cuidados es cuidar.

En la monografía dedicada a los cuidados publicada por el Instituto de las Mujeres en 2023, Begoña Suárez y Ana Lite hablan de que este cuidado, esencial para la vida, ha sido y sigue siendo prestado mayoritariamente por las mujeres, en muchos casos migrantes. Somos las mujeres las que cuidamos haciendo que la vida ajena sea digna, las que aportamos nuestro tiempo y nuestro trabajo de forma intensiva y gratuita dentro de los hogares y muchas veces fuera.

El enfoque que proponen en su monografía incide en la idea de sostenibilidad de los cuidados, desmarcándolos del reduccionismo de que solamente las personas frágiles los necesitan (criaturas pequeñas o personas mayores o dependientes), sino que todos los seres humanos necesitamos de cuidados, a cualquier edad y en cualquier condición de salud, porque el cuidado, el afecto, el sostén, la atención y la mirada de las demás personas son necesidades humanas básicas y universales.

Sirva de ejemplo el caso de los varones adultos y funcionales, que son quienes precisamente menos debieran necesitar de ayuda y cuidados porque se perciben y se muestran a sí mismos como independientes y capaces, pero que paradójicamente son los que utilizan masivamente tanto el trabajo doméstico como el cuidado emocional y logístico de las mujeres de su entorno —madres, esposas, empleadas de hogar, secretarias, hijas y hermanas— como apoyo esencial para la sostenibilidad de su vida.

Son ellas las que hacen posible no solamente que ellos funcionen en periodos de crisis, sino también en su día a día. Cuando van a trabajar largas jornadas o hacen viajes de trabajo o placer, cuando se encierran en sus estudios durante horas para preparar un máster o unas oposiciones, cuando salen de casa todos los sábados por la mañana para entrenar, o los domingos por la tarde para jugar al póquer..., la nevera sigue llena, el papel higiénico en su sitio, las criaturas bien atendidas y la agenda organizada.

Por lo general, este trabajo de cuidados está tan asumido por ambas partes que permanece invisible y muchos varones se sienten atacados o cuestionados cuando sus parejas piden algo de reconocimiento, como si el nombrar el privilegio pusiera en riesgo la propia conciencia, cuando lo que en realidad pone en riesgo es una idea de masculinidad caduca.

En 2017 el actor Ryan Gosling tuvo la capacidad de reconocer el trabajo de cuidados de su mujer, Eva Mendes, al recoger el galardón a mejor actor durante la gala de los Globos de Oro: «Uno no llega aquí si no se apoya en una montaña de personas y yo debo agradecerles a tantas. Mientras yo estaba en esa película cantando, bailando y tocando el piano, mi pareja cuidaba de nuestra hija mientras estaba embarazada de nuestra segunda niña y ayudando a su hermano en una batalla contra el cáncer. Si no fuera por ella, ciertamente otra persona estaría aquí. Gracias, cariño».

No solamente no ardió espontáneamente al pronunciar estas palabras, sino que derribó unos cuantos estereotipos y demostró con sus palabras públicas lo que muchos utilizan en formato palabrería como escudo frente a las críticas. Gosling les dio una pista excelente a todos aquellos que repiten «No todos los hombres somos iguales» (excusa conocida como *not all men*) y les mostró el camino para de verdad dejar de serlo: reconocer que, en ocasiones, estás ahí arriba no por ti mismo, sino como resultado de las renuncias de tu pareja. Aunque lo realmente revolucionario habría sido que él mismo hubiera asumido el cuidado de su hija y de su cuñado mientras su mujer, también actriz, hubiera seguido ascendiendo en su carrera profesional para recoger ese y otros muchos galardones.

Los cuidados no remunerados

La noción de trabajo no remunerado es nueva. Hasta hace poco, trabajo era solamente aquello que reportaba una retribución económica. Y como los cuidados y las acciones realizadas por las mujeres a lo largo de la historia estaban fuera de los mercados y de los espacios públicos —actividades como criar, coser, planchar, limpiar, cocinar, segar, plantar, cortar pelos y despiojar, dar de comer a los animales, decorar, recibir y agasajar a los invitados, hacer y deshacer maletas, ordenar papeles, mantener los vínculos con la familia, educar a los hijos y a las hijas, curar heridas, ofrecer apoyo emocional, gestionar la despensa y hacer recados—, jamás se consideraron actividades económicas, sino «lo que había que hacer». Llamar a todo eso «trabajo» ya es un avance. Remunerarlo es otro cantar.

La familia es el sistema en torno al cual han operado esencialmente los cuidados no remunerados, y estos, a su vez, se articulaban tradicionalmente en una jerarquía en la que el varón ostentaba el mando. El trabajo de la esposa, según este sistema, era el de dar servicio a los varones de la familia: cubría las necesidades del esposo y privilegiaba a sus hijos varones preparándolos para su destino.

Durante siglos, anularse y sufrir en función de los demás, consiguiendo así una suerte de realización personal, ha sido un mandato firmemente impregnado en la identidad de todas nosotras.

Podría parecer que hablamos de una vida reservada a las señoras que rozaban la santidad, pero esta sumisión femenina, esta entrega gratuita al cabeza de familia y esta pulcritud en el servicio no eran, ni mucho menos, una cuestión de devoción, rezos o inciensos. Ni siquiera una cuestión voluntaria. Era la ley.

El Código Civil de 1958 en España lo dejaba bien claro: «Por exigencias de la unidad matrimonial, existe una potestad de dirección que la naturaleza, la razón y la historia atribuyen al marido dentro de un régimen en el que se recoge fielmente la tradición católica que ha inspirado siempre y debe inspirar en lo sucesivo las relaciones entre los cónyuges».

Entre otras cosas, ese principio de autoridad paterna, obediencia y sumisión al cabeza de familia se mantenía sobre hijos y esposa: las mujeres no podían obtener pasaporte ni realizar gestiones administrativas sin el permiso de sus esposos o padres, que podían incluso dar a los hijos en adopción ignorando la voluntad femenina.

Además, a los deberes jurídicos de obedecer al marido, de tener que pedirle autorización para abrir una cuenta corriente, de no poder salir del país sin su permiso y de seguirlo si unilateralmente decidía cambiar de residencia, se unía la obligación moral de ser felices pasando el mocho y cargando con tres o cuatro criaturas a la cadera.

Y aunque la legislación cambió en 1975 y las casadas dejaron de tener la consideración jurídica de menores de edad o discapacitadas mentales, esos deberes sagrados de las mujeres y las creencias sobre los que se sustentaban se han mantenido bien arraigados como parte de los cimientos de muchas familias de nuestro país, hasta la fecha.

Según datos del Instituto de las Mujeres, en 2022 el 39 por ciento de las mujeres cuida de otra persona a diario, empleando en ello una media de veinte horas semanales. Para sostener ese ritmo, el 87,39 por ciento de ellas decide tomarse una excedencia, es decir, dejar de trabajar y de percibir salario para dedicarse al cuidado de su familiar. Otras contratan a otra mujer para que haga el trabajo (en este caso, ya remunerado).

Según la Encuesta de Población Activa del último trimestre de 2022, 64.000 mujeres dejaron su trabajo para cuidar a niños y niñas, adultos, personas enfermas, discapacitadas o mayores, mientras que solamente 5.600 hombres dieron ese paso.

Las que realizan las tareas domésticas y cocinan a diario son un 84 por ciento (frente al 41 por ciento de varones), con una dedicación media de 20 horas semanales, frente a las 11 que dedican los hombres. Y en el cuidado o la educación de los hijos, las mujeres invertimos casi el doble de horas semanales que los hombres: 38 frente a 23.

Muchas de ellas, además de ocuparse de todo esto, trabajan en empresas o son autónomas. Según datos del Instituto Europeo de Igualdad de Género de 2020, prácticamente la totalidad de las mujeres empleadas en la UE (94 por ciento) presta labor asistencial no remunerada varias veces a la semana.

Esto tiene implicaciones que entroncan directamente con la brecha retributiva entre hombres y mujeres y empobrecen a estas últimas porque, con frecuencia, las mujeres recurren a empleos a tiempo parcial para conciliar el trabajo con las responsabilidades familiares.

El trabajo a tiempo parcial y el pluriempleo repercuten negativamente en sus salarios y en sus futuras pensiones, no solo porque implica que trabajan menos horas, sino también porque los salarios por hora de trabajo son más bajos que los equivalentes a los de los empleos a tiempo completo. En la UE el 29 por ciento de las mujeres afirma que el motivo principal de que trabajen a tiempo parcial son las responsabilidades relacionadas con la prestación de cuidados. Como dice Caroline Criado en *La mujer invisible*:

> Nos gusta pensar que cuando hablamos del trabajo no remunerado que realizan las mujeres nos referimos a mujeres individuales que cuidan de miembros individuales de su familia para su propio beneficio individual. No es así. El trabajo no remunerado de las mujeres es un trabajo del que depende la sociedad y del cual se beneficia la sociedad en su conjunto. Cuando el Gobierno recorta los servicios públicos que pagamos entre todos con nuestros impuestos, la demanda de esos servicios no cesa de golpe. El trabajo se transfiere simplemente a las mujeres, con todo el impacto negativo que esto representa para los índices de participación femenina en el mercado laboral remunerado y el PIB.

Según Criado, el trabajo invisible de las mujeres está totalmente integrado en el sistema, y apunta que un buen comienzo sería recopilar datos y empezar a integrarlos en la economía para construir un modelo realista y justo.

Efectivamente, el Producto Interior Bruto (PIB) es uno de los principales indicadores de la economía de un país. Mide el valor de los bienes y servicios producidos en un periodo de tiempo determinado y se utiliza a menudo para comparar el nivel de desarrollo y el estado de la economía de distintos países. Sin embargo, ese PIB no incluye las actividades que implican la producción de bienes y servicios en las que no se produce intercambio monetario.

Según un estudio publicado por el Observatorio Social de La Caixa, el trabajo no remunerado en España representó en 2010 el 40,8 por ciento del PIB. Casi la mitad. Las tareas relacionadas con la alimentación (preparación de comidas, lavar los platos, compras) son las más costosas, seguidas del mantenimiento de la vivienda (fundamentalmente limpieza pero también reparaciones). Después están las tareas relacionadas con la ropa (lavar, tender, planchar, coser), el cuidado de niños y personas dependientes, y la frecuencia de los desplazamientos para llevar a cabo esas actividades.

Sin temor a equivocarnos, podemos asegurar que las mujeres, y concretamente nuestros cuidados, son el auténtico sostén del estado del bienestar, pero seguimos asumiendo de forma tácita todo este trabajo no remunerado, sin apenas quejarnos y pagando un altísimo precio, no solo económico, sino físico y emocional.

¿Somos conscientes de ello o simplemente nos hemos acostumbrado a que las cosas son así? Lo hemos integrado de tal manera en nuestra forma de entender la vida que de verdad creemos que cuando nuestra pareja va a recoger a las criaturas al colegio hemos conseguido la igualdad. Lo creemos nosotras y lo cree todo el mundo, aunque sea mentira.

Y hemos anulado de tal manera el cansancio, el dolor, la rabia, el abandono y el malestar que lógicamente nos habitan, atribuyéndolo al estrés, a la vida moderna o a la menopausia, que lo cubrimos todo con una pizca de humor, amigas y charlas alrededor de un buen vino queriendo creer que, en el fondo, llevamos una buena vida. No la llevamos. Porque a nosotras, ¿quién nos cuida?

Y como tú ninguna

La maternidad es un buen ejemplo de esas exigencias imposibles en las que nos vemos atrapadas y de sus correspondientes dosis de impostura. La buena madre, como arquetipo, es un constructo que se ha utilizado durante siglos moldeándolo a la medida de las necesidades del momento. Por eso, ser madre es un compendio de tantas cosas, de tantas identidades, creencias, emociones y acciones superpuestas, que el resultado es un monstruo de mil cabezas inasumible para cualquier mujer que intente mirarse en ese espejo.

Desapegadas, abnegadas, bondadosas, comunitarias, protectoras, insumisas, ángeles del hogar, entregadas, poderosas y multitarea, las mujeres hemos sido nombradas desde los inicios de nuestra historia como portadoras del deber de dar la vida y, por tanto, responsables absolutas de crear, mantener, cuidar y sostener el entorno y las condiciones para que esta prospere.

La maternidad, como máxima diferencial entre hombres y mujeres, ha justificado la división sexual del trabajo, el control de nuestra sexualidad y un montón de atribuciones sobre la supuesta naturaleza femenina (como la debilidad de carácter, la necesidad de protección, la menor inteligencia, etcétera).

Pero ¿qué hay de cierto en todo ello? ¿Tenemos más instinto que los hombres? ¿Estamos las mujeres biológicamente programadas para responder con una sensibilidad única al fruto de nuestros vientres?

La neurociencia moderna ha dado muchas respuestas al hecho biológico. Sí, es cierto: madres y criaturas están interrelacionadas neurobiológicamente desde la gestación, durante y después del parto. Y para el correcto desarrollo del ser humano recién nacido es primordial un contacto temprano y duradero con su madre biológica durante varios meses.

El equilibrio y desarrollo del sistema neuroendocrino, tanto del bebé como de la madre puérpera, dependen de esta interacción, por lo que toda la sociedad en su conjunto, en principio, debería ofrecer el sostén físico, emocional, económico, familiar y afectivo para que las mujeres cuidemos a nuestras criaturas durante el tiempo que necesitemos. Así lo venimos reclamando, especialmente en el último siglo, desde diferentes ámbitos.

Sin embargo, las consideraciones en torno a los cuidados maternales no siempre han tenido tanta vigencia. Élisabeth Badinter revisó en 1980 las prácticas de crianza de las sociedades europeas entre los siglos XVII y XX. Durante este periodo estaba muy extendida la costumbre —en las zonas urbanas— de enviar a los recién nacidos al campo para ser allí criados por nodrizas (mujeres que daban el pecho). A los pocos días de nacer, mandaban a los bebés a las zonas rurales y regresaban a casa cuando tenían cinco años o más. Se ha especulado mucho sobre los motivos de esta costumbre. Se ha dicho, por ejemplo, que la elevada mortalidad infantil de la época representaba un problema si los niños/as nacían con enfermedades o las desarrollaban, ya que las madres compartían muchas veces las obligaciones y tareas de los esposos, o tenían sus propias labores que les impedían criar bebés enfermos y trabajar al mismo tiempo. Sin embargo, lejos de ayudar, esta práctica no garantizaba en absoluto el buen cuidado de las criaturas, ya que en torno a la mitad fallecía antes de regresar a sus casas.

Entonces, si las mujeres somos capaces de darlo todo por nuestros bebés y también de lo contrario, ¿en qué lugar queda el instinto maternal? Si hay deseo de maternar y nos encontramos en el contexto y el entorno idóneos para hacerlo libremente, es muy probable que las cosas fluyan de forma natural e instintiva. Pero si la sociedad nos invita a renunciar a ese deseo de cuidar tal y como nos lo pide el cuerpo, disociaremos nuestras emociones y miraremos hacia otro lado, como sucede cuando aislamos a los bebés en otra habitación y les dejamos llorar por las noches o cuando le ofrecemos nuestro útero en alquiler a otra persona que no puede o no quiere gestar. Nada de esto cambia las necesidades biológicas de los recién nacidos y las mujeres que dan a luz, ni las nefastas consecuencias de esas decisiones, pero cambia la manera en la que la cultura y el sistema moldean ese instinto a su favor.

La exaltación de la maternidad en términos propagandísticos, por ejemplo, tuvo lugar recientemente, a lo largo de los siglos XIX y XX, cuando, frente a los primeros avances de las mujeres en materias sociales y políticas en Occidente, la Iglesia, el Estado y la ciencia, que estaban muy bien establecidos en torno a unos privilegios que no les interesaba ver cuestionados, reaccionaron con contundencia.

Así, frente a la amenaza que suponían un montón de señoras acumulando poder y ante la perspectiva de que pudieran ejercerlo, la respuesta fue reubicarnos en nuestro destino «natural»: un papel gratificante, una noble función social que podíamos alcanzar a través del «instinto» maternal. Más allá de la salud física de la prole, que era nuestro cometido principal hasta ese momento, las madres pasamos a ser las únicas responsables de su equilibrio y bienestar psicológico. Y para ello, teníamos que ser capaces de crear un auténtico hogar.

Desde entonces hasta nuestros días, si algo sale mal con un ser humano, la culpa siempre es nuestra. El cine y el arte están plagados de madres cuyos desvaríos se han llevado por delante a un buen puñado de personas. ¿Buscan a un psicópata? Encuentren a su madre, ella le enseñó lo que es la crueldad. ¿Una mujer desgraciada? Su madre obsesiva no andará lejos. ¿Un adicto en la sala? Sin duda, es el subproducto de una madre irresponsable. ¿Homosexual? Acabó así por crecer siendo el mejor amigo de su madre castrante. ¿Chica frívola? Es porque intenta llenar los espacios que dejó vacíos una madre fría y desapegada. Y así un interminable listado de clichés que nos recuerdan, una y otra vez, que mucho cuidado con el tipo de madres que somos: el destino de la humanidad está en nuestras manos. De los padres ausentes, violentos o negligentes ni se habla.

Sin embargo, así como sucede con la mujer de imagen perfecta (que no existe), la madre perfecta es también imposible, porque implica ser tantas personas en una que jamás llegamos a alcanzar el ideal: entregada pero independiente, casera pero divertida, trabajadora pero dispuesta a jugar, bondadosa pero firme, con conocimientos pero no categórica, risueña, enfermera, paciente, docente, creativa, cocinera, deportista, guapa, sociable, atenta y contenta de ser todo ello.

La energía, el tiempo y los recursos emocionales y económicos que las mujeres ponemos en marcha para intentar no ya ser buenas madres, sino al menos parecerlo, son desmedidos.

Y la cantidad de libros, revistas y talleres a los que asistimos, las sesiones de psicoterapia que dedicamos a hablar de nuestras dificultades, las redes de apoyo, los malabarismos para conciliar, los desvelos, la culpa y los miedos hacen que ser madre sea un examen permanente que sabemos de sobra que no vamos a aprobar, pero para el que siempre se nos va a ver preparadas.

Como consecuencia de todo ello, la buena hija es también una entelequia. Porque es imposible contentar a esta madre que la historia nos pide que seamos. Pero por ahí vamos, dándonos la mano, compartiendo confidencias y fingiendo que somos perfectas las unas para las otras.

Como escribe la periodista Blanca Lacasa Carralón en su ensayo *Las hijas horribles,* «precisamente en este ensalzamiento tan extendido de la madre y su función en el mundo, en ese chorreo infinito de loas encendidas en los días señalados, en esa tendencia tan machacona y reiterada de sacar pecho (nosotras las primeras) con eslóganes aprendidos casi por ósmosis al estilo de "mi madre, mi referente", "mi madre, la mejor", "mi madre, la mujer de mi vida", "mi madre, una madre coraje", "madre solo hay una", se mantiene agazapado todo un sistema extremadamente conservador: ese que dictamina que una madre siempre lo hará bien, siempre sabrá y siempre constituirá un modelo a futuro».

Cuando, antes o después, las mujeres nos topamos con la verdadera maternidad —la realidad de que es imposible ser una buena madre—, nos cae encima un jarro de agua fría que nos deja despeinadas durante años. Y aun así, muchas sienten que fallan estrepitosamente si, entre caca, insomnio, soledad y desamparo, no tienen ni pizca de ganas de sonreír. Ni los familiares más cercanos ni la sociedad en su conjunto son conscientes del peso de la responsabilidad que colocamos en las mujeres que traen hijos al mundo. Solo las demás madres lo saben.

Y las que no lo son también lo saben, porque ni siquiera ellas se escapan de esa responsabilidad: a las mujeres que no tienen hijos, la sociedad las obliga, también, a disponer de un discurso relacionado con la maternidad. Tendrán que ser capaces de explicar por qué no son madres, qué peajes han pagado por ello, en qué momento sucedió, si se arrepienten, si sufren, si son felices y si han conseguido sentirse plenas pese a haberse perdido «la experiencia»…, y siempre habrá alguien que olfateará buscando cuál de todos es el ámbito de su vida en el que esta mujer ha volcado sus dosis de «instinto» que no ha podido volcar en una criatura. Así, para nuestra sociedad, las mujeres que no tienen hijos no son mujeres, son no-madres, es decir, madres con probabilidad cero. Y necesitan una buena coartada si quieren que las dejen tranquilas.

«Para criar a un niño/a hace falta una tribu entera», dice un proverbio africano. Sin embargo, en nuestra organización social actual se han empobrecido, difuminado y perdido recursos esenciales para el bienestar de todas las generaciones y, concretamente, para proporcionar un marco de desarrollo sano a las personas jóvenes. Precisamente por el fracaso del actual modelo para garantizar a las personas cuidados reales, se espera que menores de edad y adolescentes obtengan exclusivamente en sus hogares todo lo que necesitan para la vida.

Cargar las tintas en la maternidad y poner el foco exclusivamente en la educación familiar como máximo pilar sobre el que descansa la formación integral y la salud mental de las personas es una forma de desviar la atención de las carencias estructurales. Y prácticamente todas las familias de este siglo han comprado este modelo de omnipotencia maternofilial, entre otras cosas porque cada vez se tienen menos hijos y, además, se tienen más tarde, por lo que el valor y el protagonismo de las criaturas en el proyecto vital de sus madres y padres no tiene parangón en la historia.

Los niños y niñas se han puesto en el centro de la ecuación hogareña y, además, la sociedad ha depositado en las habilidades parentales todas sus esperanzas. Para las madres y los padres de hoy se cierne la obligación de aprenderlo todo sobre maternidad, lactancia, matemáticas, pediatría, crianza, resolución de conflictos, límites, aliento, motivación y psicología infantil. Y si algo sale mal, no es responsabilidad de nadie más que de quienes educan, que algo habrán hecho mal.

La culpa y el miedo que las familias experimentan frente a esta responsabilidad se transforma, a su vez, en sobreentrega e hiperprotección, lo que todavía complica más las posibilidades de que la gente joven adquiera autonomía y recursos para el futuro.

Que una buena parte de la sociedad esté mirando a las familias para intentar dar con la respuesta al hecho de que vivimos una pandemia de salud mental en adolescentes, por ejemplo, dice mucho sobre la manera en la que se está formulando el problema y voluntaria o involuntariamente pone de manifiesto la negación de que este deterioro se correlaciona con la desaparición de los agentes y las estructuras de cuidado en la sociedad y con el desgaste de las personas que, sin saberlo, asumen toda esa carga: las mujeres en su mayoría.

La desarticulación de la red de cuidados sociales tiene como consecuencia la imposibilidad de ofrecer a las personas en desarrollo un mapa sólido sobre el que realizar su recorrido vital. Dentro de casa las familias experimentan grandes dificultades para conciliar y miedo a que las cosas «salgan mal». Fuera de casa, las personas jóvenes están bastante perdidas. Sufren acoso en los centros escolares, violencia física y sexual, exposición a contenidos pornográficos violentos desde edades tempranas, redes sociales sin límite, sobrexposición de su intimidad, un culto a la imagen despiadado y un consumismo desmedido. ¿Qué esperábamos que ocurriera?

Sin embargo, una buena parte de la población sigue señalando a las familias e, indirectamente, a las madres (por blandas, por consentir demasiado, por estar demasiado o demasiado poco tiempo en casa) como causantes del desaguisado.

A propósito de las familias, Suárez y Lite recalcan:

> Un Estado social solidario debería, por tanto, tener entre sus prioridades promover la igualdad real eliminando las barreras y brechas de género y procurando las condiciones necesarias para una vida digna, entre ellas la garantía del cuidado y la atención a las personas. Para ello, es preciso universalizar el cuidado y hacerlo accesible a todas las personas. También corresponsabilizarlo. Es decir, que exista una responsabilidad solidaria entre los poderes públicos e instituciones, organizaciones, empresas y entre las personas, mujeres y hombres, para evitar que el cuidado siga recayendo mayoritariamente en las mujeres y las familias.

Cargas mentales

Mientras que lo observable se ve, lo inobservable se infiere; por ejemplo, si alguien nos preguntase cómo han llegado nuestras camisas impecables al armario cuando las dejamos ayer en el cesto de la ropa sucia, es bastante probable que

LOS CUIDADOS

seamos capaces de inferir que alguien ha debido meterlas en la lavadora, tenderlas, destenderlas, plancharlas y meterlas en el armario bien ordenadas. Nuestro conocimiento de la realidad se sustenta, entre otras cosas, en ambas funciones: la de identificar y darle sentido a lo que vemos, pero también la de imaginar causas y efectos.

Sin embargo, en ocasiones convivimos con auténticos icebergs de los que solamente vemos una pequeñísima parte del todo. Que seamos capaces de tomar conciencia de todo eso que no es observable depende, en primer lugar, de que sepamos que existe.

Por eso muchos hombres creen que el mundo está mucho más equilibrado de lo que realmente está. Y por eso la percepción de varones y mujeres respecto a temas como los cuidados es tan dispar.

En 2019 la agencia de publicidad Proximity Madrid desarrolló para P&G un estudio para el que entrevistaron a más de 2.400 personas, hombres y mujeres heterosexuales de entre 25 y 49 años viviendo en pareja con y sin hijos por toda la geografía española. El proyecto, bautizado como Descargamental, pretendía ir un paso más allá en la idea de corresponsabilidad, centrándose precisamente en el trabajo invisible de la convivencia: la carga mental.

La carga mental se entiende como la cantidad de esfuerzo mental deliberado que debe realizarse para conseguir un resultado concreto. No es la ejecución de las tareas, sino la planificación previa, simultánea y posterior a la realización de las mismas. Por ejemplo, llevar a nuestra mascota al veterinario es una tarea. Como tal, la puede asumir cualquiera de los dos miembros de la pareja, por lo que podemos imaginar que es el hombre el que se compromete a ir al veterinario el jueves a las seis de la tarde y así lo hace. La parte

285

visible de la ecuación se ha completado con éxito, pero ¿qué hay de lo otro?

Lo otro es acordarse unas semanas antes de que hay que poner la vacuna, anotarse en la agenda llamar al veterinario para pedir cita, asegurarse de que la cita cae en un día y una hora compatibles con otras responsabilidades, acordarse de sacar el transportín del maletero, saber que hay que limpiarlo, que hay que buscar la cartilla con los datos de la mascota y meterla dentro, junto con su mantita favorita y unas chucherías para después de la visita.

Todo esto, que no se ve, es carga mental. E independientemente de quién realice finalmente la tarea, el 71 por ciento de las mujeres (la cifra aumenta hasta el 87 por ciento si son madres) la lleva a cuestas no solo en este, sino en todos los asuntos comunes. Pero muy pocos hombres lo creen así.

Los resultados del mencionado estudio arrojaron un curioso paisaje en el que personas que se quieren, tienen buena relación, una convivencia armoniosa y bastante conocimiento el uno de la otra parecían sin embargo vivir en mundos paralelos.

Por ejemplo, el 73 por ciento de las mujeres opinaba que eran ellas las que se encargaban habitualmente de hacer la lista de la compra o saber si era necesario comprar algo; sin embargo, el 50 por ciento de los hombres consideraba que era una responsabilidad compartida.

La cifra se repetía también en los temas escolares cuando había criaturas en común. Otro ejemplo: el 72 por ciento de las madres aseguraba que eran ellas las que estaban pendientes de la información del colegio, reuniones con el profesorado o decisiones del AMPA…, pero el 54 por ciento de los padres opinaba que era algo que estaba en la cabeza de ambos.

Y así, discrepancia tras discrepancia, en todos y cada uno de los asuntos en común: gestión de reuniones familiares, limpieza y orden en la casa, cambio de armarios, médicos y pediatras, cuidado de las mascotas, disfraces para el colegio, pasar la ITV del coche, fechas señaladas y actividades extraescolares. Aproximadamente tres cuartas partes de las mujeres afirmaban llevar ellas el cómputo y la gestión mental de todo ello, mientras que aproximadamente la mitad de los varones afirmaba estar al tanto de todo en la misma medida.

Algo no cuadraba. O mejor dicho, uno de los dos estaba sobrevalorando su carga mental.

Existe una manera relativamente sencilla de saber quién asume realmente las responsabilidades en el hogar, y es observar a quién acuden los hijos y las hijas cuando hay algo que resolver, organizar, planificar, arreglar o solucionar. La persona a la que acudan será, casi invariablemente, la persona que asume la carga mental en el hogar. Y de las personas encuestadas, de nuevo el 70 por ciento de las mujeres afirmaba que sus criaturas acudían a ellas directamente cuando necesitaban cualquier cosa del día a día..., algo que confirmaron el 88 por ciento de sus parejas varones, lo cual ya nos da una pista de por dónde van las cosas.

Pero podemos ir más allá. Si sabemos que en nuestra sociedad las personas que cuidan pagan un peaje importante en términos laborales, sociales y de ocio, ¿por qué los varones que afirman estar al 50 por ciento en los cuidados y responsabilidades domésticas no experimentan ninguna repercusión en sus trayectorias profesionales y sus sueldos, mantienen su red social prácticamente intacta y siguen disfrutando de sus actividades de evasión?

Los datos relativos a la cantidad de mujeres que renuncian a parte de su empleo y su sueldo al ser madres o la del tiempo que dedican cada una de ellas (con descendencia o sin ella) a las labores domésticas (dos horas más al día que ellos) bastarían para invitarnos a pensar que, muy probablemente, los varones sobrevaloren su contribución a la vida en común.

Pero es que, además, la Encuesta de Empleo del Tiempo del INE de 2022 señala que las mujeres disponemos de menos tiempo libre que los hombres, concretamente de una hora y treinta y siete minutos menos al día, tiempo que pasamos organizando precisamente cuestiones relacionadas con el hogar y la crianza.

Si estos son los datos visibles, imaginemos la base del iceberg.

Una explicación de por qué los hombres sobrevaloran su contribución a los cuidados la podemos encontrar en el reconocimiento social que se recibe por esas labores. En nuestro caso, el aplauso es inexistente porque la sociedad entera asume que cuidar de todo y todos es una especie de cláusula que viene con el rol femenino, por lo que las mujeres que cuidan se apoyan entre ellas, sí, pero no desde la admiración y el reconocimiento por la odisea, sino más bien desde la empatía, el malestar compartido y el apoyo para sobrellevar las responsabilidades lo mejor que puedan, precisamente porque no hacerlo no solo no se contempla, sino que socialmente se considera una falta grave.

En el caso de los varones es justo a la inversa: en cuanto un hombre sale a pasear a su anciana madre, asiste a las reuniones del colegio o renuncia a la partida de los domingos porque tiene que planchar, se convierte en el hombre del año y recibe comentarios y aplausos que subrayan su excepcionalidad, su generosidad y su valía. Si no lo hace, no experimenta más penalización que la de su pareja quejándose.

Este dar dos y ser premiado como si hubieran dado diez, acompañado de la falta de reconocimiento social a las que dan diez todos los días, influye lógicamente en que muchos sobrevaloren su aportación y desconozcan la complejidad del trabajo físico y mental de sus compañeras. Es como si la sociedad, en cuanto hacen lo mínimo, les dijera a los hombres: «Perfecto, ya has llegado, esto era todo».

Este asunto, el de la carga mental y las arraigadas diferencias a la hora de entender los cuidados y, por tanto, de darse por satisfechos con lo que uno hace dentro de casa, tiene a millones de mujeres sumidas en una sensación —la de que asumen más carga que ellos— que en la práctica resulta casi indemostrable porque la carga mental es muy difícil de cuantificar. La convicción de los varones a la hora de asegurar que sus aportaciones no se ven o no son tenidas en cuenta —si todo el mundo me felicita por ser un hombre corresponsable, ¿por qué a mi mujer no se lo parezco?, piensan ellos— hace que casi siempre ellas tiren la toalla (aunque luego les toque recogerla), asuman que no pueden quejarse eternamente y acaben en la consulta psicológica —solas o en pareja— para dilucidar la verdad.

Pero es que además de invertir una gran cantidad de energía en procesos mentales encaminados a asegurar que las cosas marchen según lo previsto en casa y fuera de ella, las mujeres acumulamos habitualmente otro tipo de carga menos visible todavía: el trabajo emocional.

La socióloga Arlie Russell Hochschild es una de las autoras pioneras en la exploración del concepto de «carga emocional». Ella la definió en los años ochenta del pasado siglo como un trabajo de gestión emocional que las personas debían hacer en su puesto de trabajo para adaptarse a lo que se requería de ellas, poniendo como caso de estudio a las asistentes de vuelo cuyo empleo y salario dependía casi directamente de su calma, su amabilidad, su paciencia y su sonrisa.

En la actualidad el concepto de carga emocional se refiere no solamente al ámbito laboral, sino al de las relaciones interpersonales, especialmente las íntimas y familiares, y consiste en la gestión que una persona hace tanto de las emociones propias como de las ajenas para sostener el bienestar y la armonía: generar buen ambiente, reducir o reconducir emociones disruptivas, servir de puente en la relación de otras personas para facilitar el trato, anticiparse a las situaciones difíciles y activar herramientas para mejorarlas o evitarlas, y así un largo listado de tareas afectivas que tienen como denominador común el hacerse responsable no solamente de las propias emociones, sino de las de todo un sistema familiar o social.

En este sentido, la excusa de nuestra naturaleza supuestamente más sentimental viene a sumarse a todas las demás naturalezas tan convenientemente femeninas —la hogareña y la maternal— para darnos a nosotras todas las papeletas a la hora de lidiar con el asunto sensible de cualquier situación. A fin de cuentas, no hay cuidados sin cuidado emocional.

Profesiones que requieren de una alta implicación y gestión de los afectos, como lo son todas aquellas que tienen que ver con la atención a las personas —recepcionistas, secretarias, profesoras, enfermeras o psicólogas—, son profesiones altamente feminizadas en las que no se contempla la carga invisible del trabajo emocional y por tanto se minimizan los riesgos psicosociales que conllevan.

En los ámbitos familiar y de la pareja, el trabajo emocional puede llegar a ser extenuante si se suma a la carga mental y a la ausencia de corresponsabilidad. El hecho de que interioricemos desde niñas que existimos para que los demás se sientan bien hace que nuestra sobrecarga emocional en el ámbito relacional sea totalmente indetectable incluso para nosotras mismas.

Pero ahí está, flotando en el ambiente al mismo nivel que el aroma de esa paella que nos vamos a comer en la próxima reunión familiar: estaremos pendientes de que el tío Juan no se siente al lado de la abuela Felisa porque, si lo hacen, hay jaleo asegurado; sacaremos temas de conversación que puedan resultar interesantes para todo el mundo, especialmente para María, la hija de nuestro hermano, que es adolescente y se aburre con nuestras conversaciones de adultos; evitaremos hablar de política para que nuestro hermano no se ponga nervioso, y fingiremos que no hemos oído nada cuando el tío Juan diga aquello de «Ni machismo ni feminismo». Con todo ello, como la abuela está muy callada haremos unas bromas, reconduciremos la tensión a los postres cuando alguien comente que María ha ganado unos kilitos, pararemos la bala que el tío Juan le acaba de lanzar a nuestra pareja al preguntarle por su pelo en retirada y terminaremos poniendo sobre la mesa ese tema del que nadie quiere hablar pero que tenemos que resolver: qué se hace con las cenizas del abuelo.

Si además de todo ello vamos a decidir la fecha del evento, el menú, la lista de la compra, preparar la comida y poner la mesa, que los señores de la sala se levanten a recoger algunos platos será como dejar caer una gota de agua en un desierto, pero aun así, nos mostraremos bien agradecidas, conformes, satisfechas incluso, no vaya a ser que alguien se levante de la mesa con malas sensaciones.

En 2021 la Fundación Cepaim publicó una investigación sobre la carga mental y emocional. Sus autoras, Valentina

Longo y Cecilia Peguero, mostraban algunas claves en esa manera diferencial que hombres y mujeres tenemos de percibir los cuidados.

Para empezar, desvelaron que nosotras entendemos los cuidados como un continuo ilimitado y que implica la participación de todos los sistemas: trabajo físico, mental y emocional en constante interrelación. Mientras, los hombres entienden los cuidados como algo finito, con un principio y un final, como un paréntesis que más que integrarse en su vida se inserta temporalmente, colocándose ellos en un rol secundario, más como facilitadores y ayudantes que como líderes de las atenciones dedicadas a otros o al bien común.

Otra de las cuestiones abordadas en esta investigación fue que los hombres se ponen a sí mismos en el centro siempre, lo que dificulta enormemente el cuidado pleno de otras personas mientras ese cuidado sea incompatible con la atención a sus propios asuntos. Dicho de otra manera, cuando los varones cuidan, no renuncian a sus tiempos de ocio y viven con poca o nula culpa el hecho de priorizarse, a diferencia de las mujeres del estudio, impregnadas por la obligación moral de cuidar.

Por último, el estudio mostraba que el hecho de que los hombres se interesen por los cuidados depende en gran medida de sus parejas: ellas son las que asumen la responsabilidad de sugerir, invitar, pedir o suplicar que ellos se hagan cargo y tan solo asumen el rol de cuidadores principales cuando faltan las mujeres a su alrededor.

Emma Clit, en su cómic *Me lo podrías haber pedido*, describe perfectamente este comportamiento en el que los varones esperan a que sus parejas les digan lo que tienen que hacer para mostrarse dispuestos a hacerlo, en ocasiones de forma tan literal que podríamos hasta pensar que es una broma. La autora cuenta, por ejemplo, que una amiga suya le pidió a su pareja que sacara el biberón del lavaplatos para darle a su bebé la toma de la noche. Cuando llegó el momento, la joven encontró el lavavajillas abierto, el biberón sobre la encimera y el resto de los platos dentro del electrodoméstico. Mujeres como esa amiga las hay a puñados, y varones que de verdad creen que están haciendo lo correcto los hay en la misma cantidad, porque entre «Pídeme lo que necesites» y «Oye, que yo he hecho lo que me has pedido» hay siglos de nula educación masculina en los cuidados.

Para convertir esas buenas intenciones en acciones diarias realmente significativas y que las mujeres podamos dejar de vivir con toda esa sobrecarga como si no la sintiéramos, es esencial transformar los roles de género, los espacios, los tiempos y la manera de entender la vida y su sostenibilidad. Porque cuidar es una función social básica, pero implica un coste de oportunidades que sume a muchas mujeres en una espiral de la que difícilmente podrán salir solas. En este sentido, no hay cambio posible para nosotras hasta que, entre otras cosas, los varones entren en los hogares y entiendan que cuidar, contribuir y hacerse cargo no es una opción, sino un deber.

PARA REFLEXIONAR

- ¿Cuándo fue la última vez que viste a alguien deshacerse en elogios ante un hombre que ejerce una paternidad responsable?

- ¿Alguna vez te has planteado qué pasaría si las mujeres del mundo pidieran un salario por las horas que dedican a las labores domésticas?
- ¿Cuántas veces has sentido que si no te ocupas tú de las cosas en tu casa nada funciona?
- ¿En qué te afecta la carga mental emocional de tu familia?
- ¿Sabías que detalles como que los cambiadores de bebés se ubiquen en los aseos femeninos contribuyen a que los hombres piensen que esa labor no va con ellos?

Agradecimientos

A mis abuelos, mi madre y mi tía, por mostrarme el valor de la ternura, la resiliencia y la lucha.

A mis ancestras, porque vivís en mí.

A mis amigas, por ser la red que sostiene y siempre acoge. Por las interminables risas. Os admiro a todas.

A mis terapeutas, por haberse asomado conmigo a los abismos sin soltarme la mano.

A mis pacientes, por la valentía y la confianza.

De nuevo a mis hijas, porque sois mi tierra.

Y a Rafa, por los cuidados, el amor y la alegría.

Bibliografía

Abouzahr, Katie, *et al.*, «Dispelling the Myths of the Gender "Ambition Gap"», Boston Consulting Group, 2017.

Aguilar Fernández, Paloma, «Políticas de la memoria y memorias de la política», Madrid, Alianza, 2008.

Agulló Tomás, María Silveria, «En tercer plano. Estereotipos, cine y mujeres mayores», Madrid, Universidad Carlos III, 2001.

Alptraum, Lux, *Faking It. The Lies Women Tell About Sex, and the Truths They Reveal*, Nueva York, Seal Press, 2018.

Altarriba, Antonio, y Kim, *El ala rota*, Barcelona, Norma, 2018.

Anthony, Susan B., en la entrevista de Nellie Bly «Champion Of Her Sex. Miss Susan B. Anthony», *The New York World*, 2 de febrero de 1896.

Arciniega, Mittzy, *et al.*, «La ideología de la maternidad intensiva como eje de violencia simbólica», Barcelona, Universidad Pompeu Fabra, 2020.

Aristóteles, *Investigación sobre los animales*, Madrid, Gredos, 1992.

—— *Política*, Barcelona, Austral, 2011.

Atwood, Margaret, *El cuento de la criada*, Barcelona, Salamandra, 2017.

Badinter, Élisabeth, *L'Amour en plus. Histoire de l'amour maternel (*xviie-xxe *siècle)*, París, Flammarion, 1980. [Hay trad. cast.: *¿Existe el amor maternal? Historia del amor maternal. Siglos* XVII *al* XX, Barcelona, Paidós-Pomaire, 1981].

Ballo, Tania, «Las Sinsombrero. Sin ellas, la historia no está completa», Barcelona, Espasa, 2016.

Banana, Flavita, *Archivos cósmicos*, Bilbao, Astiberri, 2019.

Barjola, Nerea, *Microfísica sexista del poder. El caso Alcàsser y la construcción del terror sexual*, Bilbao, Virus, 2023.

Barret, Kelly, «Mujeres que viajan solas comparten sus consejos», *National Geographic*, 27 de enero de 2020, <https://www.nationalgeographic.es/viaje-y-aventuras/2020/01/mujeres-que-viajan-solas-comparten-consejos>.

Beard, Mary, *Mujeres y poder. Un manifiesto*, Barcelona, Crítica, 2018.

Bechdel, Alison, *Dykes to Watch Out For*, Nueva York, Harper Collins, 2008.

Bedford, Gunning S., *Lecciones clínicas de las enfermedades de la mujer*, Nabu Press, 2012.

Benéitez Prudencio, José Javier, «El cuerpo de la mujer según Aristóteles y la tradición aristotélica. Un esbozo», *Daimon Revista Internacional de Filosofía*, supl. 5, 2016.

Bengoechea, Mercedes, «Nombra en femenino y en masculino. Sugerencias para un uso no sexista del lenguaje en los medios de comunicación. La lengua y los medios de comunicación», Madrid, Universidad Complutense, 1999.

Bingen, Hildegarda de, *Scivias. Conoce los caminos*, Madrid, Trotta, 2013.

Bon, Gustave Le, «Recherches anatomiques et mathématiques sur les lois des variations du volume du cerveau et sur leurs relations avec l'intelligence», *Revue d'Anthropologie*, serie 2, n.º 2, 1879, pp. 27-104.

Bosch, Esperanza, y Victoria Ferrer, *Historia de la misoginia*, Palma de Mallorca, Anthropos, 1999.

Brown, Brené, *Atlas of the Heart. Mapping Meaningful Connection and the Language of Human Experience*, Vermillion, 2021.

—— «Listening to shame», charla TED, marzo de 2012, <https://www.ted.com/talks/brene_brown_listening_to_shame>.

Cantó, Ramón, y Luis Miguel Ruiz, «Comportamiento motor espontáneo en el patio de recreo escolar. Análisis de las diferencias por género en la ocupación del espacio durante el recreo escolar», *Revista Internacional de Ciencias del Deporte*, n.º 1, 2005, pp. 28-45.

Casillas, Elizabeth, e Higinia Garay, *La palabra que empieza por A*, Bilbao, Astiberri, 2022.

Chemaly, Soraya, *Enfurecidas. Reivindicar el poder de la ira femenina*, Barcelona, Paidós, 2019.

Clit, Emma, *Me lo podrías haber pedido*, Ciudad de México, 2017.

Collins, Rebecca L., *et al.*, «Report of the APA Task Force on the Sexualization of Girls», American Psychological Association, 2007.

Connolly, Ray, *Ser Elvis, Una vida solitaria*, Madrid, Alianza, 2021.

Cornejo Hernández, Amaranta, «Una relectura feminista de algunas propuestas teóricas del estudio social de las emociones», Interdisciplina. Centro de Estudios Superiores sobre México y Centroamérica de la Universidad de Ciencias y Artes de Chiapas, 2015.

Crann Sara E., *et al.*, «Vaginal health and hygiene practices and product use in Canada. A national cross-sectional survey», *BMC Women's Health*, 2018.

Criado Perez, Caroline, *La mujer invisible. Descubre cómo los datos configuran un mundo hecho por y para los hombres*, Barcelona, Seix Barral, 2021.

Cruz Viveros, Salino, «El aprendizaje significativo y las emociones. Una revisión del constructor original desde el enfoque de la neurociencia cognitiva», Congreso Nacional de Investigación Educativa, Universidad Pedagógica de Veracruz, 2017.

Darwin, Charles, *El origen del hombre*, Barcelona, Crítica. 2021.

Despentes, Virginie, *Teoría King Kong*, Barcelona, Literatura Random House, 2018.

Delgado, Antonio, «El sentido dramático del rito funerario. Prácticas de luto de la mujer en el País Vasco y en Portugal. Referentes a partir del arte», Universidad de Beira Interior, 2006.

Dhawan, Ebani, y Patrick Haggard, «Neuroscience evidence counters a rape myth», *Nature Human Behaviour*, n.º 7, 2003, pp. 835-838, <https://www.nature.com/articles/s41562-023-01598-6>.

Díaz Marcos, Ana María, «Corazas estrafalarias. Moda, corsés y feminismo en el cambio de siglo», *Indumenta. Revista del Museo del Traje*, n.º 3, 2020, pp. 23-39.

Domínguez, Nuño, «Una mujer y un hombre negro viajarán a la luna por primera vez en la historia», *El País*, 3 de abril de 2023, <https://elpais.com/ciencia/2023-04-03/la-nasa-presenta-a-los-cuatro-astronautas-que-viajaran-a-la-luna-por-primera-vez-en-50-anos.html>.

Duncan, Riana, *History and Her Story*, Londres, Robson Books, 1998.

Eilperin, Juliet, «White House women want to be in the room where it happens», *The Washington Post*, 13 de septiembre de 2016, <https://www.washingtonpost.com/news/powerpost/wp/2016/09/13/white-house-women-are-now-in-the-room-where-it-happens/>.

Etcoff, Nancy L., *et al.*, «Cosmetics as a feature of the extended human phenotype. Modulation of the perception of biologically important facial signals», *PLos One*, 6(10), 2011.

Etxebarria Bilbao, Itziar, *et al.*, «Intensity of Habitual Guilt in Men and Women. Differences in Interpersonal Sensitivity and the Tendency towards Anxious-Aggressive Guilt», *The Spanish Journal of Psychology*, n°. 2, 2009, pp. 540-554.

Etxebarria, Itziar, y Judith Pérez, «¿Qué nos hace sentir culpa? Categorías de eventos en adolescentes y adultos de uno y otro sexo», *Estudios de Psicología*, 24(2), 2003, pp. 241-252.

Federici, Silvia, *Calibán y la bruja. Mujeres, cuerpo y acumulación originaria*, Madrid, Traficantes de Sueños, 2004.

Fernández Guillén, F., «¿Qué es la violencia obstétrica? Algunos aspectos sociales, éticos y jurídicos», *Dilemata,* 2015.

Fernández Laveda, E., A. Fernández García e I. Belda Antón, *Histeria. Historia de la sexualidad femenina*, Cultura de los Cuidados (edición digital), 2014.

Festinger, Leon, *A theory of Cognitive Dissonance*, Stanford University Press, 1957.

Fleming, Ian, *Goldfinger*, Barcelona, Círculo de Lectores, 2003.

Focault, Michel, *El nacimiento de la clínica. Una arqueología de la mirada médica,* Madrid, Clave Intelectual. 2021.

Freud, Sigmund, *Tres ensayos sobre teoría sexual y otros escritos,* Madrid, Alianza, 2012.

García-Díaz, Celia, e Isabel Jiménez-Lucena, «Clasificando mujeres. Diagnósticos psiquiátricos y subjetividad femenina en el Manicomio Provincial de Málaga, España. 1909-1950», *Hist Cienc Saude Manguinhos,* 2021.

García Herrero, María del Carmen, y Henar Gallego Franco, *Autoridad, poder e influencia. Mujeres que hacen historia,* Barcelona, Icaria, 2018.

―― y Cristina Pérez Galán, «Mujeres de la Edad Media. Actividades políticas, socioeconómicas y culturales», publicación n.º 3339 de la Institución Fernando el Católico, Diputación de Zaragoza, 2014.

Giné i Partegàs, Joan, *Tratado teórico-práctico de frenopatología, o Estudio de las enfermedades mentales fundado en la clínica y en la fisiología de los centros nerviosos,* Nabu Press, 2020.

González Villa, Lydia, «Evolución del mito de las amazonas y su representación en la literatura juvenil actual», Universidad de Comillas, 2019.

Greenwald, Anthony G., y Mahzarin R. Banaji, «Implicit Social Cognition. Attitudes, Self-Esteem, and Stereotypes», *Psychological Review. American Psychological Association*, 1995.

Guillén Lorente, Carmen, «El patronato de protección a la mujer. Moralidad, prostitución e intervención estatal durante el franquismo», *Bulletin d'histoire contemporaine de l'Espagne*, 2020.

Gunter, Jennifer, *The Vagina Bible. The Vulva and the Vagina. Separating the Myth from the Medicine*, Nueva York, Citadel Press, 2019. [Hay trad. cast.: *La biblia de la vagina. La vulva y la vagina. Una guía de salud femenina para separar la leyenda de la medicina*, Barcelona, Cúpula, 2021].

Halnon, Emily, CNN, 2023, <https://cnnespanol.cnn.com/2023/04/23/analisis-taylor-swift-envia-poderoso-mensaje-mujeres-tour-eras-trax/>.

Harding, S, *Ciencia y feminismo*, Las Rozas, Morata, 1996.

Hochschild, Arlie Russell, *The managed heart. Commercialization of human feeling*, Berkeley, University of California Press, 1983.

Jiménez Boraita, R., *et al.*, «Determinantes de la satisfacción corporal en adolescentes de La Rioja», *Rev Esp Salud Pública*, 2021.

Juliano, Dolores, *Tomar la palabra*, Barcelona, Bellaterra, 2017.

Julibert, Elisenda, *Hombres fatales. Metamorfosis del deseo masculino en la literatura y el cine*, Barcelona, Acantilado, 2022.

Hancock, Adrienne, y Benjamin Rubin, «Influence of Communication Partner's Gender on Language», *Journal of Language and Social Psychology*, n.º 34, 2017, pp. 46-64. <10.1177/0261927X14533197>.

Hermoso Poza, Irene, *El terror feminista. Breve elogio al feminismo extremista*, Donostia, Kaxilda, 2022.

Huarte de San Juan, Juan, *Examen de ingenios para las ciencias*, Barcelona, Linkgua Ediciones, 2008.

Lacasa Carralón, Blanca, *Las hijas horribles*, Madrid, Libros del K. O., 2023.

Larrañaga, I., *et al.*, «Mujeres y hombres ante el cuidado informal. Diferencias en los significados y las estrategias», *Rev Fac Nac Salud Pública*, 2009.

LASTESIS (Colectivo), *Antología feminista*, Barcelona, Debate, 2021.

Lauzen, Martha M, «Living Archive. The Celluloid Ceiling Documenting 25 Years of Women's Employment in U.S. Films», Universidad de San Diego, 2023.

Lerner, Gerda, *La creación del patriarcado*, Pamplona, Katakrak, 2017.

Linares Antequera, Nela, Alba Garrido Lázaro, Ofelia Oliva López y Virginia González Ventosa, *Un recorrido ilustrado por la historia de las literatas en Madrid*, Madrid, Asociación Órbita Diversa, 2021,

Lledó, Eulàlia, *Cambio lingüístico y prensa. Problemas, recursos y perspectivas*, Barcelona, Laertes, 2013.

Longo, Valentina, y Cecilia Peguero Moreno, *Carga mental y emocional de los cuidados. ¿La última frontera?*, Fundación Cepaim, 2021.

López-Dóriga Alonso, Begoña, *La publicidad y la salud de las mujeres*, Madrid, Instituto de la Mujer, 2012.

López Navajas, Ana, «Análisis de la ausencia de las mujeres en los manuales de la ESO. Una genealogía de conocimiento ocultada», *Revista de Educación*, n.º 363, pp. 282-308.

Lyons, Dan, «STFU. The Power of Keeping Your Mouth Shut in an Endlessly Noisy World», Macmillan Audio, 2023.

Macharia, Sarah, «Proyecto de Monitoreo Global de Medios», Who Makes the News, 2020, <whomakesthenews.org/wp-content/uploads/2021/08/GMMP-2020.Highlights.spa_.FINAL_.pdf>.

Magnet Colomer, Jordi, «El debilitamiento del yo en el tardocapitalismo y la nueva propaganda fascista», *Oxímora Revista Internacional de Etica y Política*, 2014.

Malterud, Kirsti, «Symptoms as a source of medical knowledge. Understanding medically unexplained disorders in women», *Fam Med*, 2000.

Marcos, Natalia Carolina, «Madres de Plaza de Mayo. Cultura y política contra-hegemónicas», tesis en Estudios de la Cultura, Universidad Andina Simón Bolívar, 2007.

Martín, Nadia, *Violencia estética e imposición del ideal de la belleza*, Dirección General de Juventud del Gobierno de Canarias, 2021.

Martín Nieto, E., *La Santa Biblia*, Madrid, San Pablo, 2016.

Masters, William H., y Virginia E. Johnson, *Human sexual response*, Ishi Press Illustrated, 2010.

Mateo, Begoña, *Autonomous vehicles through gender perspective glasses*, Instituto de Biomecánica de Valencia, 2020.

Mayobre, Purificación, e Iria Vázquez, «Cuidar cuesta. Un análisis del cuidado desde la perspectiva de género», *Revista Española de Investigaciones Sociológicas*, 2015.

Melchior-Bonnet, Sabine, *La risa de las mujeres. Una historia de poder*, Madrid, Alianza, 2023.

Mileo, Agostina, y Danila Suárez Tomé, «El tabú de la menstruación como instancia productora y perpetuadora de ignorancia subjetiva y estructural», *Avatares Filosóficos*, 2018.

Molgaray, Damián, «Narraciones de género. Una exploración sobre el rol y la imagen de la mujer en mitos y leyendas populares», facultad de Ciencias Sociales de la Universidad Nacional de Lomas de Zamora, 2018.

Moreno Marimón, Montserrat, *Cómo se enseña a ser niña. El sexismo en la escuela*, Barcelona, Icaria, 1986.

Moscoso Sánchez, David, y María Martín Rodríguez, *Desigualdades de las deportistas de alta competición en España y medidas para la igualdad efectiva*, Madrid, Instituto de las Mujeres, 2023.

Muñoz Deleito, Pilar, «Mujeres jóvenes de altas capacidades. Aceptar y ser aceptada, sin miedo, sin violencia, con inteligencia», *Revista de Estudios de Juventud*, n.º 120, 2018, pp. 129-143.

Muñoz Páez, Adela, *Brujas. La locura de Europa en la Edad Moderna*, Barcelona, Debate, 2021.

Novoa Santos, Roberto, *La indigencia espiritual del sexo femenino. Las pruebas anatómicas, fisiológicas y psicológicas de la pobreza mental de la mujer. Su explicación biológica*, Valencia, Sempere, 1908.

Nowak, M., y R. Highfield, *SuperCooperators. Altruism, Evolution, and Why We Need Each Other to Succeed*, Free Press, 2011.

Núñez Paz, María Isabel, «Silencio femenino, negación de las emociones y continuidad histórico-jurídica de la violencia institucionalizada contra las mujeres», *Revista Femeris*, 2016.

O'Connell, Helen, «Anatomy of the clitoris», *The Journal of Urology*, 2005.

—— «Anatomical Relationship between urethra and clitoris», *The Journal of Urology*, 1998.

Ortega, F., «Imágenes y representaciones de género», *Asparkía*, vol. 9, 1998, pp. 9-20.

Ovejero, José, *Mujeres que viajan solas*, Madrid, Alfaguara, 2013.

Ovidio Nasón, Publio, *Fastos*, Madrid, Gredos, 2011.

Peinado Rodríguez, Matilde, *Enseñando a señoritas y sirvientas. Formación femenina y clasismo en el franquismo*, Madrid, Los Libros de la Catarata, 2012.

Pineda G., Esther, *Bellas para morir. Estereotipos de género y violencia estética contra la mujer*, Buenos Aires, Prometeo, 2020.

Piñeyro, Magdalena, *Diez gritos contra la gordofobia*, Barcelona, Vergara, 2019.

Pizán, Cristina de, *La ciudad de las damas*, Madrid, Siruela, 2024.

Platón, *La República*, Arganda del Rey, Edimat, 2019.

Pueyo, Antonio Andrés, *et al.*, *Análisis empírico integrado y estimación cuantitativa de los comportamientos sexuales violentos (no consentidos) en España*, Madrid, Ministerio del Interior, 2020.

Rapea Triniño, Beatriz, *Desarmar la masculinidad*, Madrid, Los Libros de la Catarata, 2021.

Renee Taylor, Sonya, *El cuerpo no es una disculpa*, Santa Cruz de Tenerife, Melusina, 2019.

Requena Aguilar, Ana, *Feminismo vibrante. Si no hay placer no es nuestra revolución*, Barcelona, Roca, 2020.

Revert, T., y L. Walker, «Physical Attractiveness and Social Status», *Sociology Compass*, vol. 8, 2014.

Rich, Adrienne, *Sobre mentiras, secretos y silencios*, Madrid, Horas y Horas, 2010.

Rippon, Gina, *Gendered Brain. The New Neuroscience that Shatters the Myth of the Female Brain*, Londres, The Bodley Head, 2019. [Hay trad. cast.: *El género y nuestros cerebros. La nueva neurociencia que rompe el mito del cerebro femenino*, Barcelona, Galaxia Gutenberg, 2020].

Robinson, Cynthia L., «Hair as Race. Why "Good Hair" May Be Bad for Black Females», *Howard Journal of Communications*, 2011.

Rodríguez Sardinero, Angélica, «Una aproximación al papel de la mujer en el cine español del siglo xxi», *Raudem Revista de Estudios de las Mujeres*, Universidad de La Rioja, 2021.

Rojas, Fernando de, *La Celestina*, versión en *Clásicos adaptados*, Barcelona, Vicens Vives, 2013.

Romero García, Velvet, «Resistir en silencio. Formas veladas de Rebeldía de mujeres privadas de libertad», *LiminaR. Estudios Sociales y Humanísticos*, 2020.

Rubio, María Oliva, e Isabel Tejeda, *Cien años en femenino. Una historia de las mujeres en España*, Acción Cultural Española y Ayuntamiento de Madrid, 2012.

Ruiz-Cantero, M. T., y M. Verdú, «Sesgos de género en el esfuerzo terapéutico», *Gac Sanit*, 2004.

——, E. Simón-Rodriguez y N. Papí-Gálvez, «Sesgo de género en el lenguaje de los cuestionarios de la Encuesta Nacional de Salud 2003», *Gac Sanit*, 2006.

Ryman, Anders, *Ritos de la vida*, Colonia, Evergreen, 2010.

Sam Hil, Atalanta, *A celebration of Vulva Diversity*, Ámsterdam, This is us books, 2019.

Sánchez Blanco, Laura, y José Luis Hernández Huerta, «La educación femenina en el sistema educativo español», *Revista El futuro del pasado*, 2012.

Sancho, M. G., *El duelo y el luto*, Ciudad de México, Manual Moderno, 2017.

Sanjuán, Cristina, «(Des)información sexual. Pornografía y adolescencia», Save the Children España, 2020.

Sanjuán-Quiles, A., *et al.*, «La perspectiva de las personas cuidadoras desde un análisis de género», *Rev Esp Salud Pública*, 2023.

Sansonetti, Silvia, y Eamonn Davern, Eamonn, «Women and transport», European Parliament's Committee on Women's Rights and Gender Equality (FEMM), 2021.

Serrano Vicéns, Ramón, *La sexualidad femenina. Una investigación estadística*, Madrid, Júcar, 1976.

Simón, Pablo, *et. al.*, «Informe Juventud en España 2020», Madrid, Injuve, 2021.

Snyder, Kieran, y Mallun Yen, «We analyzed 2 years of performance reviews for 13,000 workers. Here's the proof that low-quality feedback is driving employee retention down», *Fortune*, 9 de octubre de 2023, <https://fortune.com/2023/10/09/analyzed-2-years-performance-reviews-13000-workers-proof-low-quality-feedback-driving-employee-retention-down-careers-snyder-yen/>.

Solnit, Rebecca, *Los hombres me explican cosas*, Madrid, Capitán Swing, 2016.

Sontag, Susan, «The double standard of aging», *Saturday Review of Literature*, n.º 95, 1972, pp. 29-38.

Soria, Trinidad, *et. al.*, *A vueltas con la violencia. Una aproximación multidisciplinar a la violencia de género*, Madrid, Anaya, 2016.

Steinem, Gloria, (2022), «If Men Could Menstruate», *Ms. Magazine*, octubre de 1978. [Hay trad. cast.: «Si los hombres menstruaran», *Matador. Revista de cultura, ideas y tendencias*, letra 27 ((X)), 2022, pp. 18-19. Suárez Suárez, Begoña, y Ana Lite Mateo, «Reconocimiento y garantía del derecho al cuidado desde una perspectiva feminista y de derechos humanos», *In_Mujeres. Monografías feministas*, n.º 2, pp. 8-13, Madrid, Instituto de las Mujeres, 2023, < https://www.inmujeres.gob.es/CentroDoc/In_Mujeres_No2_Cuidados_p10_final.pdf>.

Tabar, María José, *Las revoltosas. ¿Pero ustedes están locas?*, Lanzarote, Cabildo de Lanzarote, 2023.

Téllez Infantes, Anastasia, Javier Eloy Martínez Guirao y Joan Sanfélix Albelda, *Masculinidades igualitarias y alternativas. Procesos, avances y reacciones*, Valencia, Tirant Humanidades, 2019.

Thomas, Amber, «Gender Parity and Dialogue in 2016's Highest Grossing Films», 2017, <https://amber.rbind.io/2017/01/07/genderfilm/>.

Tito Livio, *Los orígenes de Roma*, Madrid, Gredos, 2021.

Toneva, Yanitsa, Madeline E. Heilman y Gaëlle Pierre, «Choice or circumstance. When are women penalized for their success?», *Journal of Applied Social Psychology*, 50(11), 2020, pp. 651-659, <https://doi.org/10.1111/jasp.12702>.

Torrent Esclapés, Rosalía, *El silencio como forma de violencia*, Servicio de Publicaciones de la Universidad de Murcia, 2012.

Tramacere, Antonella, «Face yourself. The social neuroscience of mirror gazing», *Front. Psychol*, 2022.

Ugarte, Idoia, «Las estatuas son una especie de recordatorio de que nosotras no somos parte de la memoria colectiva», *El País*, 8 de marzo de 2021.

Valle Murga, María Teresa del, «Reelaboraciones de la conceptualización espacio-temporal desde el análisis feminista y su aplicación a la antropología urbana», *Ankulegi. Gizarte antropologia aldizkaria*, 1997.

Valls Llobet, Carme, *Mujeres invisibles para la medicina. Desvelando nuestra salud*, Madrid, Capitán Swing, 2020.

Vasallo, Brigitte, «¿Quién teme a la sátira lesbofeminista?», *Pikara Magazine*, 16 de abril de 2015, <https//:www.pikaramagazine.com/2015/04/quien-teme-a-la-satira-lesbofeminista/>.

Villar Salinas, J., *Repercusiones demográficas de la última guerra civil española. Problemas que plantean y soluciones posibles*, Sucesora de M. Minuesa de los Ríos, 1942.

Weil, Simone, *Opresión y libertad. Ensayos de crítica social y política*, Barcelona, Página Indómita, 2020.

Wolf, Naomi, *El mito de la belleza*, Madrid, Continta me tienes, 2020.

Woolf, Virginia, *Una habitación propia*, Barcelona, Austral, 2016.

Zagorsky, Jay, «Are Blondes Really Dumb?», *Economics Bulletin*, n.º 36, 2016, pp. 401-410.

Zota, Ami R., y Bhavna Shamasunder, «The environmental injustice of beauty. Raming chemical exposures from beauty products as a health disparities concern», *American Journal of Obstetrics and Gynecology*, 217(4), 2017.

Otras fuentes

Agencia de los Derechos Fundamentales de la Unión Europea, «Violencia de género contra las mujeres. Una encuesta a escala de la UE», Oficina de Publicaciones de la Unión Europea, 2014.
—— «A long way to go for LGBTI equality», 2020, <https://fra.europa.eu/sites/default/files/fra_uploads/fra-2020-lgbti-equality-1_en.pdf>.
Ampersand, «Wander Women Index. The Best Destinations for Solo Female Travellers», 28 de septiembre de 2018, <https://www.ampersandtravel.com/blog/2018/wander-women-index-the-best-destinations-for-solo-female-travellers/>.
Asamblea General de Naciones Unidas, «Informe de la relatora especial sobre la violencia contra la mujer», 2019.
BlackRock, «Lifting Global Growth by Investing in Women», 2023.
Comunidad de Madrid, «Encuesta Sintética de Movilidad en la Comunidad de Madrid de 2014 (ESM14)», <https://www.crtm.es/media/acmb4a2o/esm_2014.pdf>.
European Space Agency (ESA) y Mattel, «The Dream Gap Project», <https://www.esa.int/About_Us/Branding_and_Partnerships/ESA_and_Mattel_help_to_close_the_Dream_Gap>.
Fundación Igual a Igual, «Estudio sobre el tiempo que tardan las mujeres víctimas de violencia de género en verbalizar su situación», Ministerio de la Presidencia, Relación con las Cortes e Igualdad, Delegación del Gobierno para la Violencia de Género, 2018, <https://violenciagenero.igualdad.gob.

es/violenciaEnCifras/estudios/investigaciones/2019/pdfs/Estudio_Tiempo_Denuncia4.pdf>.

INJUVE, «Informe Juventud en España 2020», <https://www.injuve.es/sites/default/files/adjuntos/2021/03/informe_juventud_espana_2020.pdf>.

Instituto Europeo de la Igualdad de Género, «Desigualdades de género en la prestación de cuidados y la retribución en la UE», 2020.

Instituto Mapfre Seguridad Vial, «Amaxofobia. Miedo a conducir», marzo de 2015, <https://documentacion.fundacionmapfre.org/documentacion/publico/es/media/group/1082242.do>.

Instituto Nacional de Estadística (INE), «Encuesta de Condiciones de Vida 2022».

—— «Encuesta de Empleo del Tiempo de 2022».

Ministerio de Cultura y Deporte, «Anuario de Estadísticas Deportivas 2023».

Ministerio de Igualdad. Instituto de las Mujeres, «Diagnóstico de las mujeres jóvenes en la España de hoy», 2019.

—— «Sexualización de las niñas en la publicidad», 2020.

—— «La sexualidad de las mujeres jóvenes en el contexto español», 2022.

—— «Mujeres jóvenes y acoso en las redes sociales», 2022.

—— «Principales indicadores estadísticos igualdad», 2023.

Ministerio de Sanidad, Consumo y Bienestar Social con la colaboración del Instituto Nacional de Estadística, «Encuesta Nacional de Salud de España 2017».

Nielsen Book Research, <https://www.theguardian.com/books/2021/jul/09/why-do-so-few-men-read-books-by-women>.

Observatorio Social de la Fundación La Caixa, «Cuánto vale el trabajo doméstico en España», elaborado por Marta Domínguez Folgueras, del Instituto de Estudios Políticos de París, diciembre de 2019, <https://elobservatoriosocial.fundacion-

lacaixa.org/es/-/%C2%BFcu%C3%A1nto-vale-el-trabajo-dom%C3%A9stico-en-espa%C3%B1a->.

ONU Mujeres, «Visualizar los datos. La representación de las mujeres en la sociedad», 26 de febrero de 2020, <https://www.unwomen.org/es/digital-library/multimedia/2020/2/infographic-visualizing-the-data-womens-representation>.

Parlamento Europeo, «Mujeres y transporte», 2021, <https://www.europarl.europa.eu/RegData/etudes/STUD/2021/701004/IPOL_STU(2021)701004_EN.pdf>.

Planner Media, «II Informe ColumnistAs», 2019, <https://almeria.fape.es/wp-content/uploads/2019/03/columnistas_2019_v7-flyerData.pdf.>.

Programa de las Naciones Unidas para el Medio Ambiente, División de Tecnología, Industria y Economía (PNUMA), «Mercury in products and wastes», 2008.

Proximity Madrid, proyecto Descargamental, <https://www.programapublicidad.com/pg-lanza-descargamental-proximity-madrid/>.

RTVE, «Mujeres *skaters:* "La principal barrera es sentir vergüenza"», 1 de julio de 2023, <https://www.rtve.es/noticias/20230701/objetivo-igualdad-mujeres-skaters-principal-barrera-sentir-vergueenza/2450324.shtml>.

Social Progress Imperative, «Informe global 2022»,<https://www.socialprogress.org/global-index-2022-results/>.

Sociedad Española de Cirugía Plástica Reparadora y Estética, «La realidad de la cirugía estética en España», 2022.

Sociedad Española de Medicina Estética (SEME), «Estudio dimensionamiento e impacto social de la medicina estética en España 2021», 2022.

UNESCO, «Behind the numbers. Ending school violence and bullying», 2019.

Rafael Narbona

Maestros *de*
la felicidad

De Sócrates a Viktor Frankl, un viaje único
por la historia de la filosofía

Rocaeditorial •

NADA ES COMPARABLE
AL ASOMBRO DE VIVIR

Este es, ante todo, **un libro sobre la esperanza**. No pretende per-
turbar, inquietar o desasosegar, sino **confortar, serenar y curar**.
Exaltar la vida. Mostrar que el ser humano puede elegir, que se
puede salir de las regiones más sombrías y que el optimismo no
es una ingenuidad, sino un gran ejercicio de lucidez.

Acompañado por **Sócrates, Marco Aurelio, san Agustín o Mon-
taigne**, entre otros, Rafael Narbona recorre **la historia de la filosofía desde una nueva y extraordinaria perspectiva**. A la vez que
conocemos a los verdaderos maestros de la felicidad, descubrimos
emocionantes fragmentos de su propia vida que nos revelan un
camino de superación personal al alcance de todos.

«Cuando te levantes por la mañana, piensa en el privilegio
de vivir, respirar, pensar, disfrutar, amar».
MARCO AURELIO

«La vida espera algo de nosotros».
VIKTOR FRANKL

LUCÍA LUENGAS
@luciawesom

UNA
FORTALEZA
EN TU
MENTE

Conquista tu salud mental y haz
de ella un castillo indestructible

Rocaeditorial ●

LA FORTALEZA ES LA NUEVA BELLEZA. EMPIEZA A CONSTRUIR LA TUYA.

Nuestra mente es el castillo que habitaremos toda la vida. En este libro encontrarás las claves que nos ofrece la psicología para recorrerlo y convertirlo en el mejor lugar del mundo, habitación por habitación.

Un libro que funciona como un psicólogo de cabecera: las instrucciones para vivir bien son un mapa de nuestra mente, solo hay que atreverse a adentrarse en ella y aprender a disfrutar de todos los rincones.

La guía definitiva para saber si tu relación
puede sanarse, cuándo decir adiós y cómo salir
más fuerte sea cual sea el camino que elijas.

Tanto para seguir con tu pareja de una manera más sana como
para darte cuenta de que te encuentras en una relación tóxica
que deberías abandonar; tanto si atraviesas una dolorosa ruptura
como si estás empezando a conocer a alguien, *Amores ideales,
rupturas reales* te da todas las herramientas para dejar de sufrir
por amor.

Práctico, revolucionario y basado en los más de veinte años de
experiencia del autor como psicólogo de terapia de pareja, con
este libro cambiará todo lo que crees sobre el amor y serás una
persona más fuerte y eficaz a la hora de gestionar tus relaciones
sentimentales.

«Para viajar lejos no hay mejor nave que un libro».

Emily Dickinson

Gracias por tu lectura de este libro.

En **penguinlibros.club** encontrarás las mejores
recomendaciones de lectura.

Únete a nuestra comunidad y viaja con nosotros.

penguinlibros.club

Penguin
Random House
Grupo Editorial

penguinlibros